本著作由高原科学与可持续发展研究院资金支持出版

青海少数民族大学生积极心理品质与心理健康

陈永涌 著

中央民族大学出版社
China Minzu University Press

图书在版编目（CIP）数据

青海少数民族大学生积极心理品质与心理健康/陈永涌著.—北京：中央民族大学出版社，2024.5

ISBN 978-7-5660-2181-6

Ⅰ.①青… Ⅱ.①陈… Ⅲ.①少数民族—大学生—心理健康—健康教育—研究—青海 Ⅳ.①G444

中国国家版本馆 CIP 数据核字（2024）第 076459 号

青海少数民族大学生积极心理品质与心理健康

著　　者	陈永涌
策划编辑	赵秀琴
责任编辑	周雅丽
封面设计	舒刚卫
出版发行	中央民族大学出版社
	北京市海淀区中关村南大街 27 号　邮编：100081
	电话：（010）68472815（发行部）　传真：（010）68933757（发行部）
	（010）68932218（总编室）　（010）68932447（办公室）
经 销 者	全国各地新华书店
印 刷 厂	北京鑫宇图源印刷科技有限公司
开　　本	787×1092　1/16　印张：24.5
字　　数	294 千字
版　　次	2024 年 5 月第 1 版　2024 年 5 月第 1 次印刷
书　　号	ISBN 978-7-5660-2181-6
定　　价	95.00 元

版权所有　翻印必究

前 言

　　习近平总书记在十九大报告中提出要实施健康中国战略，人民健康是民族昌盛和国家富强的重要标志。人民的健康不仅仅包括身体上的健康，也包括心理上的健康。积极心理学研究的迅猛发展为提升人民心理健康水平起到了重要作用，为应对复杂环境提供了价值参考。作为触及人类发展基因的心灵"革命"，积极心理学为人们面对困难和挫折提供重要的心理支撑，也为建设健康中国、创造人民的可持续幸福感起到助推作用。习近平总书记指出："在青海不谋民族工作不足以谋全局"。青海省地处青藏高原，北接柴达木盆地，东临黄土高原，是典型的高原多民族地区。

　　民族心理学在心理学研究中占有重要地位。在心理学之父冯特开创的科学心理学体系中，民族心理学是其重要组成部分。冯特建立世界上第一个实验室常常被心理学界所称道，然而，他晚年有近30多年时间致力于民族心理学的研究著述，却长期并不受学术界重视。甚至有学者认为冯特仅仅开创了一个"半科学的心理学"，他的民族心理学研究是"非科学的"。伴随着近20年来国际心理学的文化研究热潮的日益深入发展，国内外学术界已出现了开始重新认识冯特晚年对科学心理学贡献的端倪，例如我国台湾有学者提出，应该将冯特的民族心理学一词翻译为'文化心理学'才更为恰当一些。实际上，冯特开创了"两个心理学"的科学体系内容,而他的许多后继者则把"两个"变成了"一个"。包括民族心理学在内的文化心理学是现代心理学"多元一体"知识框架中不可或缺的重要组成部分。当前国际上方兴未艾的文化研究热潮,在一定程度上有力地推进了有关心理人类学、民族心理学、跨文化心理学和文化心理学等论域问题的深入开掘。

民族心理特征是一个民族在长期的历史发展中形成的、比较稳定的、持久的精神状态,它涉及人的价值观念、普遍的社会心理、行为方式和习惯、态度、情感等,是该民族全体成员普遍具有的稳定的心理特征。民族心理特征的形成是一个历史的过程,是一个民族在长期地与其赖以生存的自然环境、社会环境以及与自我进行交互活动中不断地积淀出来的对自然、社会以及自我的认知,并汇集成有自身特征的集合体,反映的是其生活样态与历史文化积淀。同时,它也通过一定的生产和生活方式及各种文化产品,如生活习俗、道德观念、生产行为、交往行为以及艺术、体育活动等展现出来。每一个民族在长期的发展过程中,都有自己成长的历史轨迹,都会创造出灿烂辉煌的民族文化,形成属于他自己的心路历程,这对每一个民族而言都是无价之宝,弥足珍贵。相对于系统化、抽象化的社会意识形式而言,民族心理是民族共同的爱好、风俗、习惯、气质、情操、传统、民族自豪感、民族自我意识以及某民族共同的行为准则、价值观念、情感方式、自发倾向和信念等观念形态的综合体,尽管它属于较低层次的社会意识,是尚未分化、处于混沌状态且不够深刻的社会意识,但它是一个民族独特性的标志和展现。作为一个民族的文化内核,揭示一个民族的心理,就是在探索一个民族的精神成长的内涵,了解一个民族的心理特点就是了解一个民族精神世界的钥匙。

地球上的人类实际上是一种命运共同体，而国家则是一种民族命运的共同体。民族多元化是民族心理学产生的社会现实与传统历史根源，民族心理学研究不仅载负了一种普遍性的历史使命，而且承载了寻求差异性的现实任务。因此，对多元民族群体、个体的民族心理规律和民族心理健康的探求，对于积极促进中华民族的大团结、实现中国梦的伟大理想，具有很强的学术理论意义与现实针对性。

本书内容将从积极发展观出发，通过追踪研究范式，在新的心理健康结构框架下，对青海少数民族大学生积极心理品质与心理健康水平进行动态测评，并探索少数民族大学生心理健康干预策略。从多角度、多水平动态的对当今青海少数民族大学生心理健康水平及影响因素进行综合考察，积极探索新时代思想政治工作的新要求、新方法将有利于开展民族大学生的心理健康教育工作的新局面。主要观点如下：

第一，基线调查。青海少数民族大学生积极心理品质与心理健康水平的基线调查。采取文献法、数据统计、实地调研等方式，调查了青海少数民族大学生积极心理品质和心理健康水平的总体现状，并对青海少数民族大学生的积极心理品质和心理健康水平的基本情况和发展趋势进行了基础研究。从积极发展观出发，关注青海少数民族大学生积极心理品质与心理健康水平及其促进策略，是对以往"问题视角"的弥补，可丰富和推动该领域的研究，促进社会对青海少数民族大学生积极心理品质与心理健康水平的重视，准确把握高校心理健康教育工作的着力点，不断推进其创新发展；

第二，实证调查。青海少数民族大学生积极心理品质与心理健康发展的追踪研究。采用纵向追踪设计，对551名少数民族大学生通过间隔1年的2次追踪测试鉴别出积极心理品质与心理健康水平的核心指标，全面反映青海少数民族大学生积极心理品质与心理健康水平的动态特征及与关键影响因素间的因果关系，为干预方案提供依据；丰富高校心理健康教育工作的延展性，构建起"大思政"工作机制，强调心育工作的重要性，进而实现全程育人、全员育人、全方位育人。

从生命历程视角出发，探索不同发展阶段青海少数民族大学生积极心理品质与心理健康水平的特征，建立其动态测评体系。高校心理健康教育工作要从满足青年大学生的个性需要和成长成才着眼，要因事而化、因时而进、因势而新，切实增强高校心理健康教育工作的时代性、亲和力和感召力，不断提高青年大学生的积极心理品质和心理健康水平，使其成为德才兼备、心理健康、全面发展的栋梁之材。

第三，干预研究。青海少数民族大学生积极心理品质与心理健康水平的促进（干预）研究。研究表明积极心理品质与心理健康指数呈正相关，通过SCL-90测试筛选出120名得分在90-160分的学生作为被试群体，这部分学生不具有明显的心理问题和疾病。以积极心理学为理论背景进行团体心理干预，探索积极心理干预对青海少数民族大学生积极心理品质的提升作用，使心理健康教育工作落实、落细、落地。为今后青海省高校思想政治工作和心理健康教育工作的开展提供一定的实践指导，并探讨了提升大学生积极品质的可能途径。采用积极心理干预促进手段提升少数民族大学生积极心理品质和心理健康水平，对民族发展、地区稳定具有现实意义，是推动积极型社会、凝心聚力共筑中国梦的坚实基础。

建构"学校-网络"模式的青海少数民族大学生积极心理品质与心理健康水平干预系统，提供有益借鉴和富有操作性的指导方案，发挥各方面教育力量和教学因素，教育引导学生自觉培育和践行社会主义核心价值观，实现新时代心理健康教育工作手段的实时、互动。用中国梦激扬青春梦，做好高校心理健康教育工作，为学生点亮理想的灯、照亮前行的路，促进少数民族大学生群体的稳定和谐发展，铸牢中华民族共同体意识。

总的来说，全书结合十九大报告中提出要实施健康中国战略，将积极心理学的理念引进人民群众的社会生活中，培养积极心理品质与积极心态，对响应国家重视人民心理健康的方针政策具有重大的理论意义，同时紧密结合高校工作和大学生思想实际，从心理健康教育角度出发，立足积极的视角诠释遇到的心理问题，探索如何凭借自身的力量去解决问题。对"如何获得幸福"和"美好生活的本质是什么"等问题的探讨，对积极情绪和优良品质的科学研究，不仅揭示了人类幸福生活的真谛与人生价值的内涵，也增强了个体的生活满意度，健全生活质量评价体系，而且对建设健康中国，构建和谐社会有着重大的现实意义。努力把新形势下高校心理健康教育工作做新做活做实。

在此书的撰写过程中，对于我既是学习的过程，也是挑战自我的过程，本人虽竭尽努力去搜集资料，但仍感到难以概齐全，成文仓促，书中难免会存在一些不足与疏漏之处，冀请专家和读者提出宝贵的建议。不甚感谢！

陈永涌

目 录

001　**第一章　积极心理学及其研究**

002　**第一节　积极心理学的概述**
002　　一、积极心理学的内涵
014　　二、积极心理学的主要观点
016　　三、积极心理学的特征与功能
019　**第二节　积极心理品质**
020　　一、积极心理品质的内涵
024　　二、积极心理品质结构
031　　三、积极心理品质结构的发展
041　**第三节　积极心理干预**
043　　一、积极心理干预的定义
045　　二、积极心理干预的理论模型
046　　三、心理干预的理论研究
048　　四、系统干预的理论研究
049　　五、娱乐媒介干预
050　　六、已有大学生心理干预实践研究
051　**第四节　积极心理学的发展**
051　　一、积极心理的国外发展趋势
063　　二、积极心理的国内发展趋势

072	三、理论基础
080	四、已有研究的启示

082　第二章　心理健康及其研究

083	**第一节　心理健康概述**
083	一、心理健康的含义
085	二、心理健康的标准
091	三、心理健康理论
096	**第二节　心理健康的研究现状**
097	一、心理健康研究现状
114	二、心理健康的影响因素
116	三、存在的问题
117	**第三节　大学生心理健康教育**
117	一、大学生心理健康教育的含义
119	二、当代大学生心理健康教育内容
127	三、大学生心理健康教育的重要性和必要性

133　第三章　大学生幸福感及相关研究

134	**第一节　幸福感概述**
134	一、幸福感的内涵
136	二、幸福感的研究取向
138	三、幸福感的影响因素
139	**第二节　幸福感的研究现状及发展趋势**
139	一、幸福感的国内相关研究现状及发展趋势
141	二、幸福感的国外相关研究现状及发展趋势

145	第三节　PERMA模式研究现状及发展趋势
145	一、PERMA模式的国内相关研究现状及发展趋势
148	二、PERMA模式的国外研究现状及发展趋势
153	三、PERMA模式与幸福感关系的国内外研究及发展趋势

156　第四章　青海少数民族大学生积极心理品质与心理健康的现状及相关研究

157	第一节　青海少数民族大学生积极心理品质及心理健康水平现状调查
158	一、研究对象与目的
160	二、研究工具
162	三、研究程序与数据处理
162	四、研究结果
184	五、分析与讨论
190	第二节　青海少数民族大学生在积极心理品质与心理健康水平的相关性分析
190	一、青海少数民族大学生积极心理品质与心理健康各维度相关性分析
192	二、积极心理品质各维度与心理健康各变量之间的回归分析
200	三、青海少数民族大学生在积极心理品质与心理健康水平关系：应激的中介作用
209	四、分析与讨论

第五章　青海少数民族大学生积极心理品质与心理健康发展的纵向研究 … 215

第一节　研究设计 … 216
一、研究对象 … 217
二、研究方法 … 218
三、研究工具 … 219
四、研究假设 … 220
五、研究技术路线图 … 221
六、数据收集 … 222
七、数据处理 … 222

第二节　研究结果 … 222
一、青海少数民族大学生积极心理品质与心理健康总体状况 … 222
二、青海少数民族大学生积极心理品质与心理健康发展趋势 … 225
三、前后测试中积极心理品质与心理健康的特点 … 226
四、青海少数民族大学生积极心理品质与心理健康的交叉滞后分析 … 231
五、青海少数民族大学生心理健康关键预测因素探索 … 235

第三节　讨论与分析 … 239
一、青海少数民族大学生积极心理品质的特点与变化 … 239
二、青海少数民族大学生心理健康的特点与变化 … 241
三、青海少数民族大学生积极心理品质与心理健康的关系 … 245
四、研究启示 … 247
五、研究结论 … 248

250	**第六章　青海少数民族大学生积极心理品质及心理健康促进实验研究**
251	第一节　积极心理品质促进实验设计
251	一、实验目的与假设
252	二、积极心理品质促进方案设计理论
255	三、积极心理团体干预方案设计
256	四、线上视频干预设计
257	第二节　积极心理团体及心理健康促进实验实施及结果分析
257	一、被试选取
258	二、实验变量
259	三、积极心理团体辅导的实施
263	四、线上视频干预的实施
264	五、积极心理干预结果
271	**第七章　基于PERMA模式积极心理干预对青海少数民族大学生幸福感的影响研究**
272	第一节　研究背景和意义
272	一、研究背景和核心概念界定
276	二、研究目的和意义
277	三、理论基础
280	四、已有研究启示
281	第二节　青海少数民族大学生幸福感现状调查
281	一、研究目的和假设
281	二、研究设计
284	三、青海少数民族大学生幸福感调查结果分析

296	四、分析与讨论
303	**第三节　积极心理干预实验**
303	一、实验设计
305	二、积极心理干预实验方案
308	三、半结构化心理访谈方案
310	四、实验流程
312	五、积极心理干预实验结果
317	六、分析与讨论

319	**第八章　青海少数民族大学生积极心理品质与心理健康水平的培育**
320	一、培育青海少数民族大学生积极心理品质的对策
333	二、青海少数民族大学生心理健康水平的提升与培育
346	三、幸福干预策略

349	**参考文献**
360	**附　录**
374	**后　记**

当代心理学正处于新的历史转折时期，心理学家扮演着极为重要的角色和新的使命，那就是如何促进个人与社会的发展，帮助人们走向幸福，使儿童健康成长，使家庭幸福美满，使员工心情舒畅，使公众称心如意。

——塞利格曼（Seligman）

第一章　积极心理学及其研究

随着整个人类社会的和平与发展，对正常人的研究越来越引起心理学家的重视。在这种时代背景下，积极心理学的概念一经提出，就受到了广泛的关注。积极心理学思潮基于塞利格曼的思想和理论，在科学研究的基础上寻找个人、群体和组织的积极品质，并努力培养和发挥这些优秀品质，从而帮助个体达到和实现一种丰盈和蓬勃兴盛的状态。积极心理学将心理学研究的焦点从病理学治疗转向了个体的积极品质和性格优势，它关注发现和培养人的优势和美德，促成个体的福祉；它所关注的建设人与自然、人与社会的和谐关系则更是现代化社会治理追求的最终目标。

本章主要对积极心理学的内涵、观点、结构、在干预实践中的应用及国内外的发展趋势进行了简要介绍。首先对积极心理学的内涵、主要观点及特征与功能做了概述；其次介绍了积极心理学的内涵、结构以及结构的发展；再次介绍了积极心理干预的定义以及理论模型，并介绍了相应的心理干预、系统干预的理论研究及娱乐媒介干预，通过已有大学生心理干预实践研究的例子说明积极心理干预方法和理论在实践中的应用；最后对积极心理学国内外的发展趋势做了简要的讨论，并说明相关理论基础。

第一节　积极心理学的概述

积极心理学是一种注重预防和提升，在现有水平上提升个体心理品质的心理学，采用并复兴了亚里士多德的理论框架，认为心理学应该将善良和积极内驱力作为核心假设，其相关理论有心盛、心流、正念与快乐方程；积极心理学的主要观点集中在实现心理学的价值平衡、个人的积极力量和对问题做出积极的解释；积极心理学的特征是倡导积极的取向、致力于实现价值的回归、坚持科学实证，其功能是积极增进、积极预防、积极治疗。

一、积极心理学的内涵

积极心理学是心理领域的一场革命，也是人类社会发展史中的一个新里程碑。自1998年由美国著名心理学家塞利格曼提出即成为心理学研究的新热点。积极心理学是一个研究、实践和培训领域，在世纪之交引起了心理学概念和实践的巨大改变。以人本主义和存在主义思想为基础的积极心理学将心理学的焦点从病理学治疗转向个体健康和群体发展。其与传统心理学的区别在于，传统心理学注重的是心理疾病的治疗，即在已有疾病的情况下提出治疗的方案；而积极心理学注重的是预防和提升，即在个体心理健康的前提下提升个体的心理品质。

国内外学者对积极心理学进行了大量的研究，对积极心理学进行了不同的定义。Rich认为，积极心理学是关于普通人的优点和美德的科学研究，旨在发现有效的、正确的、有改善作用的心理因素，认为积极心理学就是心理学。[1] Linely、Joseph等人认为，从一般意义上来说，积极心理学采用心理学理论、研究和干预技术来理解人的行为中的积极的、适应性的、创造性的、情感满意的因素。[2] Csikszentmihaly认为，积极心理学聚焦于研究人的最佳功能，旨在弥补目前心理学的失衡状态，呼吁关注人的功能和经验中的积极方面，并与人的消极方面的理解相整合；在应用层面，积极心理学是关于产生幸福感的过程和机制的知识。[3]

我国研究者崔丽娟和张高产认为积极心理学是利用心理学目前已比较完善和有效的实验方法与测量手段来研究人的力量和美德等积极方面的一个心理学思潮。[4] 邵迎生认为积极心理学运动旨在重新在心理学内部倡导"好品格"概念；而作为"好品格"的构成"美德"的实现，是通过"品格强项"的建构达致的。[5] 张倩和郑涌认为，积极

---

[1] Rich G J. Positive Psychology: An Introduction[J]. Journal of Humanistic Psychology, 2001, 41（01）: 8–12.

[2] Linley P A, Joseph S, Harrington S, et al. Positive Psychology: Past, present, and (possible) future[J]. Journal of Humanistic Psychology, 2006, 1（1）: 7, 8, 10.

[3] Csikszentmihaly M. Legs or Wings? A Reply to R. S. Lazarus[J]. Psychological Inquiry 2003, 14（02）: 113, 113–115.

[4] 崔丽娟, 张高产. 积极心理学研究综述——心理学研究的一个新思潮[J]. 心理工科学, 2005, 28（02）: 402–405.

[5] 邵迎生. 对积极心理学学科定义的梳理和理解[J]. 华东师范大学学报（教育科学版）, 2008, 26（03）: 54–59.

心理学主要是对最理想的人类机能进行科学的研究，其目标是发现使得个体、团体和社会良好发展的因素，并运用这些因素来增进人类的健康和幸福，促进社会的繁荣。①

综合国内外关于积极心理学概念的界定，我们认为积极心理学是一种注重预防和提升，在现有水平上提升个体心理品质的心理学。不仅要研究病态、弱点和疾病，也要对美德、个人成长和主观幸福感等进行研究；心理治疗不仅仅在于修复创伤，也在于培养更好的心理品质。积极心理学的主要观点集中在实现心理学的价值平衡、个人的积极力量和对问题做出积极的解释。帮助人们关注事物积极的一面，关注是什么使人们感到幸福和快乐。

（一）积极心理学的起源与发展

20世纪30年代Terman关于天才和婚姻幸福感的研究，荣格关于生活意义的研究可以说是积极心理学领域最早的探索。然而第二次世界大战爆发后，心理学主要致力于治愈战争创伤以及治疗精神疾患。关于人类积极情绪的研究被迫搁置，积极心理学刚刚燃起的火苗几近熄灭。心理学也一直局限于消极心理学的研究，拘泥于关注人类的疾病和缺陷。心理学的发展似乎陷入了停滞。五六十年代，随着人本主义思想的诞生，马斯洛、罗杰斯等心理学家开始研究人性的积极方面，虽然没有使主流的心理学研究方向发生根本的变化，但是在一定程度上引起心理学家对于心理活动的积极方面的重视，为积极心理学后来的崛起奠定了理论基础。

20世纪六七十年代，美国心理学会前任主席塞利格曼通过研究动物的"习得性无助"行为，发现人类也会出现由于对环境事件的"习得无助"而产生抑郁。他认为，既然人与动物可以通过学习获得

---

① 张倩，郑涌.美国积极心理学介评[J].心理学探新，2003，（03）：6-10.

无助感，那么可能也能够通过学习获得乐观。随后，在其研究中他发现了"习得性乐观"，即乐观可以通过学习获得，学会维持乐观的态度不仅有助于避免抑郁，而且有助于提高健康水平。塞利格曼也开始转向研究人类的乐观与悲观的归因风格。并相继出版了《学会乐观》和《真实的幸福》等著作。在其大力倡导下，越来越多的心理学家开始涉足积极心理学的研究。正如塞利格曼所言："当一个国家或民族被饥饿和战争所困扰的时候，社会科学和心理学的任务主要是抵御和治疗创伤；但在没有社会混乱的和平时期，致力于使人们生活得更美好则成为他们的主要使命。"[1] 所以，和平与发展的年代里，心理学领域的研究开始转向发掘人性的优点，开发和培养人类的美好品德。积极心理学这颗被遗忘的明珠终于被擦去了蒙尘，散发着它本来耀眼的光芒。

（二）积极心理学的贡献

积极心理学在心理层面上，是关于积极的主观体验、过去的幸福感和满意度、流畅性、快乐、感官的愉悦、现在的幸福、以及对未来乐观和希望的建设性认知；在个体层面上，是关于积极的人格特质，包括爱、勇气、人际关系技巧、审美感受、毅力、宽恕、创造性、未来规划、才能和智慧；在团体层面上，是关于公民美德和使人成为更好的公民，包含了责任、养成、利他主义、文明、节制、宽容和职业道德。

首先，积极心理学致力于研究如何使个人、群体和社会发挥积极作用和走向繁荣。它既是对集中于解决心理问题的病态心理学的反叛，又是对人性中的积极层面、人的理性的复归，同时又符合当前人

---

[1] Ruark, Jennifer K. Redefining the Good Life: a New Focus in the Social Sciences.[J]. Chronicle of Higher Education, 1999.

类追求高质量社会品质的要求。① 提出心理学不仅要研究病态、弱点和疾病，也要对美德、个人成长和主观幸福感等进行研究。它强调个人的积极力量和对问题做出积极的解释。引导人们关注事物的积极一面，寻找幸福和快乐的原动力。在临床领域，积极心理学旨在增进幸福，而不是减轻痛苦。心理问题的解决不应只局限于创伤的修复，更在于培养积极的心理品质，提高抗逆力，以求能够自主面对困境与压力、调解内心的不适。

其次，积极心理学强调心理学应该像其他自然和社会学科一样，试着去描述感兴趣主题的结构和自然功能。传统的心理学训练人们用批判的眼光来看待积极的事物。临床心理学家把大部分的注意力都集中在疾病的诊断和治疗上，在寻求"补救"的过程中，忽略了心理健康的本质。这种怀疑的态度本身可能就构成了一种消极偏见，阻碍了对现实的正确理解。事实上，人类的正常活动不能在纯粹的负面或问题集中的参照中去解释，大多数人对自己的生活感到快乐和满意。积极心理学使人们开始关注事物积极的一面，它关注的是，是什么使人们感到幸福和快乐。

最后，积极心理学突出了积极情感和积极心理品质在健康中起到的作用。负面情感与健康之间的关系已经在心理神经免疫学领域得到了广泛的研究。研究发现，具有抑郁情绪的人对疫苗的免疫反应较平均水平更差，同时体内潜伏的系统更容易被激活。而积极情感则可以增强免疫能力。Cohen等人的研究表明，积极情感与患病率呈负相关，即积极情感能够减低患病率，更可观的是积极情感与低患病率之间的

---

① 翟贤亮，葛鲁嘉. 积极心理学的建设性冲突与视域转换[J].心理科学进展，2017，25（02）：290-297.

相关程度要明显高于消极情感与高患病率之间的相关程度。[1] 积极的情感不仅有助于降低患病的风险，而且也促进了身体康复。国外学者研究发现，有更多积极情感的人，在一年之内，心脏病发作、中风或髋部骨折等健康问题，有几乎3倍的康复机会。[2] 积极情感同时有助于创造和保持社会联系，从而保护良好的健康。积极的情感很可能对身体系统产生直接影响。一些研究表明，各种各样的愉快刺激可以产生不同的心理一生理影响。[3] 例如，左额叶皮层活动的增加容易使人感到愉快，同时积极的言语不仅可以刺激免疫球蛋白的分泌，并且可以减少唾液皮质醇。

（三）积极心理学的人本主义取向

积极心理学并不是简单地对人本主义进行了继承，而是在继承人本主义心理学思想的基础上进行了超越。两者都以正常人为研究的对象，认为人的本质是好的、善良的，人是拥有自由意志，并且有自我实现的需要的，同时两者都强调研究人的优点和价值，将人性自然因素的一面作为研究的重点。但人本主义将对人的研究局限于人的自然因素上。积极心理学充分地考虑到了这一点，将人置于社会环境中进行研究，研究积极情绪、积极心理品质、积极的个性特征等。这是积极心理学在研究对象上对人本主义心理学的超越。在研究方法上，积极心理学既没有站在人本主义心理学的一边与传统主流心理学对立，

---

[1] Cohen S, Alpher C M, Doyle W J, et al. Turner R B. Positive emotion style predicts resistance to illness after experimental exposure to rhinovirus or Influenza A virus[J]. Psychosomatic Medicine, 2006, (68): 809–815.

[2] Ostir G V, Goodwin J S, Markides K S, et al. Differential effects of premorbid physical and emotional health on recovery from acute illness[J]. Journal of the American Geriatric Society, 2002 (05): 713–718.

[3] Watanuki S. & Kim Y K. Physiological responses induced by pleasant stimuli[J]. Journal of Physiological Anthropology and Applied Human Science, 2005 (24): 135–138.

也没有站在传统主流心理学的一边对人本主义心理学进行批判。积极心理学吸收了各流派心理学研究的优势与长处，灵活运用，有机结合，逐渐形成以科学实践研究为主的研究体系，但也没有抛弃人本主义现象学的方法，强调崇尚人文精神与科学技术的统一，技术继承与发展创新的统一。[①] 从这一点上讲，这是在研究方法上对人本主义心理学的继承与超越。积极心理学对个体的研究主要集中在个体的美德、力量、积极情绪，而非是以一种病态的角度来解读人的心理，充分体现了以人为本的思想，这也是对人本主义心理学的继承。在心理治疗上，积极心理学充分吸收了人本主义心理学在心理治疗过程中以来访者为中心的观点。人本主义心理治疗的着眼点在个人的成长和自我实现，积极心理治疗认为要对人的潜能、力量进行发掘，这与人本主义治疗观是高度契合的。人本主义心理治疗和积极心理治疗二者都强调个体的自助变化，注重个体在治疗过程中的主体地位，治疗过程中强调当事人的主体地位。心理治疗观大致相同。[②] 积极心理治疗相对于人本主义治疗的创新之处在于充分考虑到了当事人的现实能力，以解决冲突为中心，而不是过分依赖于当事人本身。

（四）积极心理学的哲学基础

哲学家Wartofsky认为，关于个体和个体发展的观点主要有三种：亚里士多德的道德框架、达尔文进化论的观点和马克思主义观点。这些观点代表了对人类和人类发展不同的假设。积极心理学的基本思想是积极的个人品质、幸福快乐的生活愿望，这与亚里士多德的哲学观相契合。亚里士多德模型关注的是具有美德的个体以及使个体发扬美

[①] 宋宝萍,于小强,王珂.积极心理学的起源与人本主义心理学的关系探究[J].现代医用影像学, 2013, 22（06）: 557-563.

[②] 方舒.试论人本主义治疗理论与积极心理学的治疗观[J].山西师大学报（社会科学版）, 2012,（S1）: 151-153.

德的内在特征和动机。在亚里士多德的模型中，美德被分为两种：思想的美德和性格的美德。思想的美德来源于教育，而性格的美德是在习惯中习得的。同样地，美德的概念构成了积极心理学的概念基石。智力活动、天赋、创造力和卓越的认知能力是积极心理学的核心。此外，在心理学中，智慧、勇气、人道、正义、节制和超越都属于美德的范畴，被认为是普遍的美德。

在亚里士多德的模型中，成长和改变是主体和现象的基本维度。个体的行为受到动态原则的驱使，朝着更好或更完美的方向前进。在《尼格马可伦理学》第一卷中，亚里士多德阐释了他的完美主义的概念：每一种技艺、每一种探索、每一个行动或决定，都是在追求尽善尽美。完美是一切事物奋斗的方向。因此，在亚里士多德的理解框架中，追求更完美的事物构成了人性的核心，个体能够引入积极目标和价值观并努力实现他们。正如亚里士多德一样，积极心理学认为，个体喜欢运用自己的能力。Seligman和Csikszentmihalyi重新阐述了亚里士多德关于动机的观点：享受是指个体在突破体内平衡限制时所体验到的良好感觉。[①]

积极心理学很明显地采用并复兴了亚里士多德的理论框架，并认为心理学应该将善良和积极内驱力作为核心假设。传统主流心理学认为，个体只有一种动机系统，即自利动机，它被认为是最主要和最真实的动机，其他动机包括道德和社会动机都是其衍生品。积极心理学反对这种占主导地位的关于人类动机性质的消极假设。置身于希腊传统美德理论之中，积极心理学认为人类的本质是社会和道德的。在希腊哲学中，个体并不被认为是一个完全独立的存在，而是存在于社会

---

① Seligman M E, Csikszentmihalyi M. Positive Psychology: An Introduction[J]. American Psychologist, 2000, 55（01）: 5-14.

关系之中。在亚里士多德的参照系中，以自我为中心的逻辑犯了一个根本性的错误，即把个体排除在社会关系之外。如此一来，个体也就被置于美好生活之外了。与亚里士多德理论框架一致，积极心理学认为善良和道德的行为既不来自文化，也不来自社会的道德规则，而是来自个体内心的潜能，能力和美德是可以加以培养的。

（五）积极心理学的相关理论

在积极心理学发展的数十年中众多学者提出了若干相关理论。

1. 心盛

"心盛"是由英文flourishing翻译，是积极心理学领域的重要概念，主要指的是高度完全心理健康。个体状态达到心盛时，对于生活通常富有热情，在表现上富有活力，不仅仅是在个人的生活中，同时在社会互动中也能保持较高的积极与主动情绪。也就是说处在心盛状态中的个体不仅仅是为了完成任务或者度过一段时间，更是为了有目的和意义的生活。[①] Huppert（2005）认为心理健康可分成下列几种："心盛"阶段（flourishing）、"心常"阶段（moderate mental health）、"心衰"阶段（languishing）、"心病"阶段（mental disorder），对应阈值区间反映了常态分配情况下各种类型的人口比例情况。[②] 从图1-1分析可知，多数群众的心理健康状态均为中度健康，存在心理疾病或者是高度健康者占比极小。其中心衰者因为心理健康水平较低，所以是高危人群，这部分群体很可能出现心理疾病。[③]

---

① Fairman N, Knapp P, Martin, Andrés. Flourishing: Positive Psychology and the Life Well-Lived[J].Jo-urnal of the American Academy of Child & Adolescent Psychiatry, 2005, 44 (08): 834-835.

② Huppert F A, Baylis N, Keverne B. The Science of Well-Being Physically active lifestyles and well-being[J]. The science of well-being [M]. Oxford University Press, 2005. 140-169.

③ Huppert F A. A New Approach to Reducing Disorder and Improving Well-Being[J]. Perspectives on P-sychological Science, 2009, (01): 108-111.

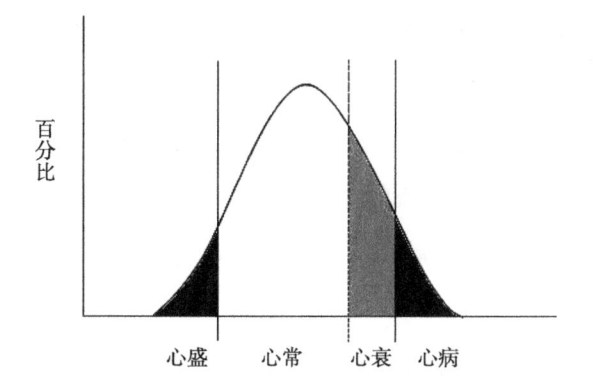

心理健康发展历程的光谱（Huppert, 2005）

图1-1　Huppert心理健康历程分布图

2. 心流

心流由英文"Flow"翻译而来，也译作化境（Zone）或福流，也有人将其翻译成伏流，还有人将其翻译为沉浸状态或者是神驰状态。这个概念是由米哈里·契克森提出的。心流理论的雏形可以追溯到马斯洛研究提出的"高峰体验"。所谓心流也就是个体将所有精神和注意力均投放在特定活动的心灵体验；一旦产生这一体验，个体将会出现强烈的充实感和兴奋感。根据这一理论，个体体验有心流前兆、心流体验和心流结果三个阶段。自我效能感属于心流前兆。[①] 进入心流状态的个体有下列4种特征：第一，自动运转特征，在这一情况下，个体做事几乎无须额外思考，完全凭借身体自然发挥；第二，时间感知停滞，进入心流状态的个体，甚至无法感受到时间的流逝，直到回到正常状态后，才会意识到时间的流逝；第三，不觉他物，进

[①] Srivastava K, Shukla A & Sharma N. Online flow experiences The role of need for cognition.self-efficacy.and sensation seeking tendency[J]. International Journal of Business Insights and Transformation, 2010, 3（02）: 93-101.

入心流状态，对某项事物高度关注的情况下，很难察觉到手机振动或者是饥饿等内外刺激和感受；第四，体会愉悦，投入的事情最终完成之后，个体将体会到强烈的成就感、满足感以及愉悦感。心理研究指出，能够给个体带来心流的主要活动有竞技和非竞技类运动、做学问、审美及各种计算活动。①

3. 正念

正念治疗也译作觉察减压，强调通过觉察降低自身的应激。最早由卡巴金于1979年提出，他将来自佛教禅修的"觉察"带入以西方心理学及身心医学为背景的心理治疗中。② 卡巴金认为正念是指在有注意、有目的、专注当下并且不进行任何评判情形下形成的觉知③，是一种专注于当下，是完全开放，关注于当下的自我体察，这一状态下不进行任何批评和批判，以全然的接纳和好奇心，迎接脑海和内心的所有念头；其核心在于直视并接纳当下的所有状态觉知。长期实践和大量文献资料报告都证明正念治疗能够有效地缓解各类焦虑症及重大创伤后症候群。④⑤

正念治疗包含七个要素：（1）初心：保持好奇心，把面对每一次的事物接触，都当成首次面对，始终保持对当前当下事物的新鲜感和

---

① 朱颖，侯玉波.线上福流与下线后的积极情感：生活满意度的中介作用[J].北京教育学院学报（自然科学版），2015，10（01）：8-16.

② Kabat-Zinn J. Mindfulness-based interventions in context：Past. present and future. Clinical Psychology：Science & Practice.10.144-156[J].2003，10（02）：144-156.

③ Kabat-Zinn J. Some reflections on the origins of MBSR. skillful means and the trouble with maps[J]. Contemporary Buddhism，2011，12（01）：281-306.

④ Gu J, Strauss C, Bond R, et al. How do mindfulness-based cognitive therapy and mindfulness-based stress reduction improve mental health and wellbeing? A systematic review and meta-analysis of mediation studies[J]. Clin Psychol Rev, 2015, 37：1-12.

⑤ Mclaughlin K A, Nolen-Hoeksema S. Rumination as a transdiagnostic factor in depression and anxiety[J].Behav Res Ther，2011，49（03）：186-193.

强烈的体验；（2）接纳：充分体察感知内外事物、客观现象和自己的身心状态变化，完全接纳出现的一切；（3）不加评判：坚持客观观察的视角和态度，对于当下体察到的一切事物，都不进行任何对错或好坏的判断；（4）自我慈悲：正视和完全接纳自己原本的模样，在这一过程中建立对自己的接纳和信赖，避免对自身进行任何批判或伤害；（5）平等心：温柔的感知身心产生的全部体验，以欢欣的态度接受这些体验和感受，调动注意力关注身体内外感受到无拘无束；（6）不刻意努力：始终让身心关注当下，放弃一切欲望和付出，完全放松自己并没有任何需要达成的目标，也没有需要改变的对象；（7）顺其自然：对当前的事物进行本来感知，接受当前事物与感受的自然发展和现实存在，顺应其变化过程和节奏，进行客观的观察和感受，身心无须施加任何应激或压力。执行正念训练的主要方法有：盲眼静观、身体扫描、步行冥想、观息冥想、觉察聆听等。

4. 快乐方程

塞利格曼在他的著作《真正的快乐》中提出了一条"快乐方程"，即 H=S+C+V（Happiness 快乐指数=Set Range 天生的快乐幅度+Circumstances 现实环境和个人际遇+Voluntary Activities 个人控制范围）。塞利格曼在书中指出，每个人的快乐品质有40%来自天生的情绪基调，有的人天生乐观，而有的人天生抑郁，一般人以为后天环境和个人际遇最重要，但原来环境际遇在快乐方程式中只占20%，因人们在适应环境或际遇后，心情会恢复至自身水平。最后，40%是自主能力，包括思想模式、对事情的理解、应付问题的能力及行为模式等。由此可见，快乐可掌握在自己手中，而"积极思考"便是最实际和有效的方法。

塞利格曼及其他学者认为最底层的快乐是享乐，享乐并不能给人类带来真正的快乐，原因在于享乐只是个体感官的即时满足，无须太大的能耐和思考，且并不长久；较高层次的快乐是满足，须通过才能的发挥及努力而达至。每个人若能认识及发展自己的专长或性格优点，经过努力并获得成功时，所得到的满足非单纯享乐可以比拟；最高层次的快乐感知是个体运用其性格优势或专长，投身于富有意义的活动或事业，令身边的人或者是环境社区获益，这才是真正的快乐，亦是有意义及有价值的人生。研究发现，快乐可为人带来心智、身体、表现、创意，以及人际关系等多方面的好处。心理学家芭芭拉·弗雷德里克森教授提出快乐情绪能扩宽及建立个人能力的理论，用科学方法证明快乐情绪能够给人带来更加活跃的思维和新的创意，令人形成冒险探索新事物的欲望，培养和发展学习能力。

二、积极心理学的主要观点

（一）实现心理学的价值平衡

心理学自成为一门独立的学科以来就具有三项使命：治疗人的精神和心理疾病、帮助普通人生活得更加充实幸福、发现并培养具有非凡才能的人。第二次世界大战以后，心理学把自己的研究重点放在了研究人的心理问题上，侧重于研究一些外在刺激带给人的消极影响及其消除方法。把人看作是一种被动的只会对外界强化刺激做出反应的动物，认为只有当你指出并纠正了他的缺点和问题，他才会做出相应的反应，积极心理学把这种心理学模式称为"病理式"心理学，也叫消极心理学。消极心理学过分强调自己的矫正功能，习惯于从问题入手开展工作，这种研究范式使许多心理学家学会了如何在困境中帮助他人得到改变并生活幸福，但却不知道如何对待良好条件下的社会成员。而且这种研究范式的工作重点常常在少部分问题成员身上，忽视了全体成员主动发展和生活幸福，即忽视了心理学在培养全体社会成员的勇气、乐观、有理想、人际和睦、信念、工作热情、诚实、坚定性和从容不迫性等方面的作用。

积极心理学认为心理学不应仅对损失、缺陷和伤害进行研究，而是应对人类自身所拥有的潜能、力量和美德进行研究，强调心理学应实现基本价值回归的再次平衡，因此积极心理学是对当代心理学研究价值的一种重新回归，它充分体现了以人为本的思想，提倡积极人性论，它主张使人的潜力得到充分的发挥并生活幸福。它把培育人的积极品质作为社会科学研究本身的根本目标，这样就使其目标和人性目标高度一致，使人与社会和谐相处。

（二）强调研究每个人的积极力量

积极力量就是指正向的、具有建设性的力量和潜力。积极心理学主要从三个层面来研究人的积极力量。一是从主观层面上。主张心理学要研究个体对待过去、现在和将来的积极主观体验。在对待过去方面主要研究了满足、满意、骄傲、安宁、成就感等积极体验；在对待现在方面主要研究了高兴、幸福、福乐和身体愉悦等方面；在对待将来方面主要研究了乐观、充满信心和希望等积极体验。二是从个体层面上，主张研究积极人格。积极心理学在人格研究中特别强调研究人格中所包含的积极方面和积极特质，特别是研究人格中关于积极力量和美德的人格特质，在这方面，积极心理学研究了包括智慧、友好、尊严和慈祥等24种人格特质。三是从集体层面上。积极心理学主张研究积极的社会系统，它主要研究了家庭、学校和社会等组织系统，提出这些系统的建立要有利于培育和发展人的积极力量和积极品质。

（三）提倡对问题作出积极的解释

积极心理学提倡对个体和社会所具有的问题作出积极的解释。"积极心理学认为心理问题本身虽然不能为人类增添力量和优秀品质，但问题的出现也为人类提供了一个展现自己优秀品质和潜在能力的机会。"①

积极心理学主张从两个方面来寻求问题的积极意义，首先是多方面探寻问题为什么会产生的根本原因，其次是从问题本身去获得积极的体验（Miller & Harvey, 2001）。②

三、积极心理学的特征与功能

（一）积极心理学的特征

1. 倡导积极的取向

积极心理学是致力于研究人的积极品质和美好品德的一门学科。它从关注人类的疾病和弱点转向关注人类的优秀品质，将心理学领域里有关人类的积极品质的内容的研究集合起来，用客观实证的方法来研究人类的积极品质和力量，倡导人类要用一种积极的心态来对人的许多心理现象作出新的解读，并以此来激发每个人身上所固有的某些实际和潜在的积极品质和积极力量，从而使每个人都能够得到属于自己的幸福。

2. 致力于实现价值的回归

积极心理学把着眼点放在发现和挖掘积极品质和积极力量的同

---

① 任俊，叶浩生.积极：当代心理学研究的价值核心[J].陕西师范大学学报（哲学社会科学版），2004，33（04）：106-111.

② Miller E D, Harvey J H. The interface of positive psychology with a psychology of loss: a brave new world?[J]. American Journal of Psychotherapy, 2001, 55（03）: 313-22.

时，更加关注人类的生存和发展，强调人的价值。它使心理学的研究视野从过多地关注人的消极层面转向更多关注人类的价值层面，体现了心理学本身深刻的人文关怀，从而实现了心理学价值的回归。

3. 坚持科学实证

积极心理学是在传统心理学科学完善的研究方法的基础上建立起来的，全盘继承了主流心理学发展而来的操作性定义、评估方法、试验方法、干预手段和结果检验等研究方法。给"自然中的心灵"以"科学的关注"。

（二）积极心理学的功能

1. 积极增进

塞利格曼指出："如果心理学家希望改善人类的状况，仅仅帮助那些患病的人是不够的。大多数'正常'的人也需要榜样和忠告，以过上更丰富、更令人满意的生活。这就是为什么研究者们，如威廉·詹姆斯、卡尔·荣格和亚伯拉罕·马斯洛，对探索精神的极度兴奋、娱乐、创造力和高峰体验感兴趣的原因。当这些兴趣被医疗化和物理学项目所掩蔽时，心理学家忽略了其议程中的一个基本的组成部分。"[1]

积极心理学就是要纠正这种忽略，把帮助"正常人"过上更丰富、更令人满意的生活作为心理学的首要任务纳入心理学的议程——这就是积极心理学的积极增进功能。

2. 积极预防

积极心理学极为重视心理疾病的预防。塞利格曼在思考自己担任心理协会主席的使命时，正是把预防作为主题。他指出多数心理学家

---

[1] Seligman M E. & Csikszentmihalyi M. Special issue on happiness, excellence, and optimal human functio–ning [J]. American Psychologist, 2000, 55（01）: 5-183.

把注意力集中在治疗上,帮助那些一旦问题变得不堪忍受而寻求治疗的人。但是,"在我看来,治疗通常太晚了。如果在人们状况好的时候采取行动,就会省去大量的眼泪"①。

他认为,心理疾病是可以预防的,而积极心理学的干预则是预防心理疾病的主要的、有效的手段。积极心理学发现,存在具有缓解心理疾病作用的积极人格素质或人格力量,诸如勇气、人际关系技巧、理性、洞察力、乐观、诚实、现实主义、心系未来等通过识别和增强人们身上的这些积极的人格力量,就能够有效地对心理疾病进行预防。塞利格曼的研究显示,经过学习乐观的训练,儿童和成年人的抑郁和焦虑在未来两年中的发生率降低50%,训练10岁儿童乐观地思考和行动,也使他们在青春期的抑郁发生率降低50%。塞利格曼进而指出:"与此相类似,我相信,如果我们希望预防那些成长在危险地区的青少年吸毒,那么,有效的预防之道不是治疗,而是识别和增强已有的人格力量。那些心系未来,善于交往,能从运动中获得安适的青少年,就不会有吸毒的危险。如果我们希望预防一个由于遗传因素而存在危险的青年人罹患精神分裂症,我认为,修补损坏将无济于事。反之,我认为,如果他掌握了人际交往的技巧,具备强烈的工作道德,学会在逆境中坚韧不拔,那么,他会降低罹患精神分裂症的风险。"②

3. 积极治疗

塞利格曼认为,在心理治疗中,除了少数具有特殊作用的技术外,还有一些"非特殊"因素达到了心理治疗的效果。塞利格曼把那

---

① Seligman M E. Authentic happiness: Using the new positive psychology to realize your potential for lasting fulfillment (book). Simon and Schuster, 2004.

② Snyder C R. & Lopez S J. Oxford handbook of positive psychology [J].Oxford University Press, USA, 2009.

些所谓的"非特殊"因素区分为两类。一类他称之为"策略",另一类他称之为"深度战略"。他认为好的治疗包含了诸如注意、亲善、信任、真诚、权威人物、服务收费和职业技巧等"策略"。至于"深度策略",塞利格曼认为并不复杂,好的治疗者都在用它。但它们没有名称,没被研究,并受困于疾病模式。在各种深度战略中,塞利格曼更看重"增强具有缓解作用的人格力量"。这些"具有缓解作用的人格力量",主要包括勇气、人际关系技巧、理性、洞察力、乐观、诚实、坚韧、现实主义、快乐能力、心系未来、发现目的等。塞利格曼指出,几乎所有的胜任的治疗者都在心理治疗中帮助病人增强这些人格力量。其所发挥的作用比迄今所发现的特殊的治疗因素更大。也就是说,积极心理学具有重要的治疗功能。

第二节 积极心理品质

积极心理品质是积极心理学的重要组成部分,是个体在遗传、后天环境和教育培养的共同作用下形成的一种相对持久的、稳定的心理特质,其显著特点是正向的、积极的。其特征包括稳定性、可塑性、建设性、存在个体差异性和选择缺失性、每个积极心理品质都具有不良的对立面。本节主要介绍了积极心理品质的内涵及其结构,以及不同年龄阶段积极心理品质结构的异同,并对积极心理品质结构的发展进行了总结,其内容包括:积极心理品质的相关研究、积极心理品质结构的相关研究、积极心理品质的测量。

一、积极心理品质的内涵

积极心理品质是积极心理学的重要组成部分，是个体在遗传、后天环境和教育培养的共同作用下形成的一种相对持久的、稳定的心理特质，其显著特点是正向的、积极的。心理品质是心理学概念体系中最为重要的概念，心理品质包含两层意义：心理质量，亦可称之为心理水平；心理指标，即平衡心理能量水平高低的指标。[①] 积极（positive）一词来源于拉丁语Positum，意指潜在的、积极的、正面、肯定的意思。积极心理学较传统主流心理学对"积极"的内涵有着更加深刻的理解。首先，积极是一个行为过程，包括过程的体验；其次，积极是指主观上的感受，包括个体的认知、情绪和行为；再次，积极具有文化的相对性，不同的民族、国家、宗教信仰和文化背景下的积极蕴含着不同的意义；最后，积极心理学中的"积极"不仅包含外在积极，更看重的是人的内在的积极，这种积极状态是指个体所具有的出色的综合心理素质。[②] 积极心理品质是心理品质的子集，与其他心理品质一样，是个体思想、情感和行为的集中体现。积极心理品质具有稳定性、建设性和潜在性等特征。它包含了积极的认知品质、积极的情绪情感和良好、积极的心态。目前已有研究发现积极心理品质可以通过多种途径促成积极的结果，预防心理疾病，感受幸福。例如，人际优势有助于建立友谊，增加个体获得社会支持的水平，进而体验到幸福；超越的力量使青少年有更深刻的目标感，以及在挫折中提供安慰来提升幸福感；智慧可以加强参与感；节制则可以

[①] 王婷婷.青少年积极心理品质评价研究综述及教育启示[J].上海教育研究，2018，(03)：58-63.

[②] 李自维.大学生积极品质评价与心理健康教育相应模式研究[D].重庆：西南大学，2009.

强化避免幸福感的行为。[①] Hillson 等人于 1999 年首次提出"Positive Personality",在此之后塞利格曼又使用不同的词汇对积极心理品质进行了界定。Christopher、Peterson 等人认为积极心理品质主要包括六种核心美德,即智慧和知识、勇气、爱与人性、正义、节制、灵性与超越。孟万金和官群通过对中国大学生的测试认为,中国大学生的积极心理品质主要包括六大维度:智慧和知识维度、勇气维度、人性维度、公正维度、节制维度和超越维度。

(一) 积极的认知品质

认知是个体重要的心理活动,是个人意识的集中体现,对个体的情绪和行为具有重要的调节作用。积极的认知是保持心理健康的重要机制,也是积极心理品质的重要组成部分。认知涉及当前经验和个体内部标准的比较。认知风格或方式的不同决定着认知结果的不同。积极的认知风格或认知方式可以提高个体的生活满意度。

积极的自我认知会产生满足感,对自我的满意度是预测主观生活质量的有力因素。研究表明,自我满意度与生活满意度的相关关系要高于家庭生活满意度、收入满意度和朋友满意度。[②] 它的三个方面与生活满意度具有预测性关系:自我价值感,即自尊;改变环境的自我意愿,即控制感和对未来的乐观感。对自尊、控制和乐观需要的满足取决于积极的自我认知。在进行认知判断时,人们通常不会参照客观标准,而是参照内部标准。在这种情况下产生的认知结果是偏高

---

① Gillam J, Adams-Deutsch Z, Werner J, Reivich K, Coulter-Heindl V, Linkins M, Winder B, Peterson C, Park N, Abenavoli R, Contero A, Seligman M E P. Character strengths predict subjective well-being during adolescence[J].The Journal of Positive Psychology, 2011, 6(01): 31-44.

② Cummins R A, Nistico H. Maintaining Life Satisfaction: The Role of Positive Cognitive Bias[J].Jour-nal of Happiness Studies, 2002,(03): 37-69.

的，也就是说在逻辑上没有任何障碍，让每个人都觉得自己高于平均水平。就幸福而言，人们认为自己比别人更幸福，这表明他们认识到自己的幸福水平很高，它创造了比大多数人更幸福的感觉。这种幸福优越感并不是虚幻的，而是一种心理意象，是一个建立在错误假设的基础上的正常而准确的心理图像，是一种积极认知偏差（Positive Cognitive Bias，PCB）。它具有两种特征：非特异性和不可证伪性。非特异性是指，它们与客观评价自身的特定技能或品质无关，如唱歌或画水墨画的能力。相反，它们与一些很难清晰界定的模糊概念有关，如我比大多数人都幸运。相关证据表明，PCB在一些特定的情况下是不会显现的，如个体在技能任务中不会表现出控制的PCB；当被试要求仔细考虑特定人群的属性时，个体的完美认知偏差会显著降低。[①] 一个可能的解释是，当个体在考虑他人的特定属性时，可能也会被迫考虑自身的客观立场，如果最终的评估结果是，他们在这些属性上与他人相似或更差，那么受访者可能会得出他们并不比他人优秀的结论。因此，在维持生活满意度上，PCB的一个关键方面就是非特异性。这就引出了它的第二个重要性质，即他们在经验方面是不可检验和重复的，因此PCB是无法证伪的。主观幸福感的PCB由于缺少客观参考而很难进行测试或验证。个体通常选择一个"比自己差的"他人作为参照，从而保持主观幸福。控制的PCB也很难被核实，因为当经历成功时，个体自身的努力与外部因素对成功的影响是很难分辨的。同样，认为自己的未来会比别人更美好的乐观看法也很难被否定，因为未来还未发生。由于其他信息处理的偏差，PCB的不可证伪性也被降低了。其中一种偏差是，个体更容易关注与他们已有认知保

---

① Weinstein N D. Unrealistic optimism about future life events[J].Journal of Personality and Social Psychology, 1980,（39）：806-820.

持一致的信息，并积极抵制不一致的信息。因此PCB的非特异性和不可证伪性使其成为一种可靠的机制，通过这种机制，个体能够保持积极的自我认知，从而获得自我满足和生活满足。因此，在当前这一特殊时期，应该养成积极的认知方式，保证满足感的获得。

（二）积极的情绪情感品质

情绪是个体对客观事实是否符合自身所需所产生的态度体验。长期以来，情绪与健康的关系是心理学研究的热点。通过控制情绪的体验和表达，有意识地减少情绪失控的情形，已被发现对个体健康具有显著影响。[1] 有意识地控制消极情绪的释放不仅仅会影响心理健康，也会导致身体疾病的发生。例如，悲伤的慢性抑制会引发哮喘等呼吸疾病；对愤怒的慢性抑制会引发心血管等疾病；对表达的抑制可能会加速癌症的发展。[2] 控制消极情绪会诱发身心的健康问题，而使用认知策略消极情绪则很少导致疾病的发生。

积极情绪是个体心理和谐的主要内容，也是幸福感的主要标志，有维持和促进健康的作用。当个体体验到积极情绪时刻，如喜悦、兴趣、满足、爱等，正是不受情绪困扰的时刻，如焦虑、悲伤、愤怒等。个体积极情绪和消极情绪的总体平衡已被证明有助于维持主观幸福感。从这个意义上说，积极情绪是各种心理机制正常运作的信号。积极情绪产生的积极影响不是短暂的，而是长期有效的。积极情绪特质高的个体较少患有抑郁症、社交恐惧症和焦虑症等精神疾病。与此同时，积极的情绪体验不仅降低了身心健康问题的风险，同时也降低了参与危害健康行为的概率，如吸毒、酗酒、吸烟等行为。除此之

---

[1] Gross J J. The emerging filed of emotion regulation: An integrative review[J].Review of General Psy-chology, 1998,（02）: 271-299.

[2] Pandey R, Choubey A K. Emotional and health: An overview[J].Psychology and Health, 2010,（17）: 135-15.

外，积极的情绪体验在面对疾病和其他生活逆境时起到了保护作用。积极的影响也可以作为一种缓冲，以对抗应激的不利生理后果。

（三）积极的心态

态度，个体自身对社会存在所持有的具有一定结构和比较稳定的内在心理状态。心态，即心理态度，是由现在和过去的经验引起个体心理活动在一段时间内出现的相对稳定的状态。积极心态，即PMA（Positive Mental Attitude，PMA）是指个体在面对事物时既考虑事物的好的一面，同时也考虑事物坏的一面，但重点是好的一面，那么它将产生好的结果。PMA并不是短暂的心理冲动，而是一种相对稳定的、较强的心理倾向。它可以使个体在面对困难时保持一贯的积极态度，面对挫折时迎难而上，保持毅力，并最终取得成功。PMA能够使人在苦难中看到希望，从而增加生活的勇气和信心。

PMA会对个体的身体健康产生影响，它有助于从疾病中恢复，甚至治愈癌症。心态的转变和表达会逆转疾病的进程。在日常生活中，积极的心态也可以增强人的活动能力、强化人的心理、促进人与人之间的互动、形成积极的心境和创造财富。[1]

二、积极心理品质结构

在建设健康中国，构建和谐社会的大背景下，2021年7月12日，教育部印发的《关于加强学生心理健康管理工作的通知》提出加强源头管理，全方位提升学生心理健康素养[2]，而培养积极心理品质是提

---

[1] 周东滨.积极心态：和谐社会构建中的重要心理因素[J].内蒙古师范大学学报（教育科学版），2010，23（01）：79-81.

[2] 教育部办公厅关于加强学生心理健康管理工作的通知（教思政厅函[2021]10号）[J].中华人民共和国教育部公报，2021（9）：3.

升心理健康的重要方面，通过探究积极心理品质结构可以帮助挖掘和培养良好的心理品质。在文献梳理的过程中发现，积极心理学的出现，将对于心理学的注意力引向了人类的品格优势，认为人类的心理发展过程中个体本身就有积极力量和美好品质。这为学校心理健康教育体系研究指出了一个新的尝试方向，从被动解决学生的心理问题到主动激发学生正向的心理品质来预防学生出现心理问题，二者双管齐下、齐头并进。在培养良好的心理品质之前，研究积极心理品质的结构则为关键。

（一）积极心理品质的概念

积极心理品质被定义为通过个体的认知、情感和行为而反映出来的一组积极人格特质，也叫性格优点。[①] 是个人通过先天潜力和环境教育的相互作用形成的相对稳定的心理品质。[②] 具有个体差异性、稳定性、可塑性以及跨文化一致性[③]。

积极心理品质结构则是依据性格理论和假设划分的积极心理品质的维度，在不同学者的研究中划分标准略有不同，最早是根据VIA项目中的分类，后来学者对其分类进行了丰富，并做出微小的调整。

（二）积极心理品质的特征

积极心理旨在让个体追求更高水平的适应，积极心理品质是使人适应环境的最佳力量。与人格特征相似，由于人们受道德和文化的影响，积极心理品质也被认为是不同的，所以在对积极心理品质的查阅后，概括为以下共同特征：

[①] 张宁，张雨青.性格优点：创造美好生活的心理资本[J].心理科学进展，2010，18（07）：1161-1167.

[②] 王新波.中国中小学生积极心理品质数据库建设新进展[J].中国特殊教育，2010，（04）：90-94.

[③] 陈志方.大学生积极心理品质结构研究[D].漳州：漳州师范学院，2013.

第一,稳定性。它具有跨时间、跨情景的特点。它不可能像技能一样,被荒废或浪费,而是可以普遍地得以体现;并且研究发现,这些积极心理品质在30岁之后持续稳定,此后缓慢增长。

第二,可塑性。积极心理品质不像焦虑、愤怒等消极品质经过进化,或是根植于不可逆转的生物学基础,具有本能性,而是半自动化或非自动化的,需要经过后天挖掘和培养的品质。

第三,建设性。积极心理品质能够促进个体应激适应能力,增进个体的幸福体验。积极心理品质本来就具有社会期望性,具有该品质的个人会受到周围人的欣赏,在处理事件和个人生活上,都会带来一定程度的幸福。

第四,积极心理品质存在个体差异性和选择缺失性。不同个体具有的积极心理品质的维度、数量和程度可能不尽相同。个体可能无法完全拥有所有积极心理品质,但只要个体具备使自己与众不同的品质,个体就算是具有积极心理品质。

第五,每个积极心理品质都具有不良的对立面。积极和消极是两个完全独立的、有各自定义的变量,积极心理品质并不是消极解除之后的一个附属结果,并不会伴随消极心理的消除而自然产生。

总的来说,积极心理品质是优点,具有稳定的、实在的建设作用,其并非遗传而得,而是很大程度上依赖于环境和自我的影响。

(三)不同年龄阶段积极心理品质结构的异同

1. 小学阶段

孟万金和张冲[1](2014)根据心理学基本原理,即个体发展首先体现在认知、情感和意志三大心理过程以及个体所具有的社会属性建

---

[1] 孟万金,张冲,Richard Wagner.中国小学生积极心理品质测评量表研发报告[J].中国特殊教育,2014,(10):62-66.

构了小学生积极心理品质结构的六个维度并编制量表进行测查，这六个维度分别是认知维度——知识和智慧、情感维度——人际和社交、意志维度——恒心和毅力、律己维度——节制与谦让、利群维度——公正和合作、超越维度——信念和境界。

2. 中学阶段

孟万金和张冲[①]（2016）在《中国小学生积极心理品质量表》的基础上进一步针对初中生、高中生分别修订《中国初中生积极心理品质量表》和《中国高中生积极心理品质量表》，合并修订出《中国中学生积极心理品质量表》。在此研究中发现，中学生积极心理品质维度及结构与小学生相同，只是比小学生增加了4项，比中小学生平均值增加了2项。在认知维度上，小学生有创造力和求知力2项；而中学生则有3项。在情感维度，小学生包含爱和友善2项，而中学生增加了社交智力。在意志维度，小学生包含执着和真诚2项，而中学生分化出了勇敢，在利群维度，小学生与中学生也一样，都包含合作力和领导力2项。超越维度，小学生包含感恩与理想、幽默风趣2项，而中学生包含3项，除幽默不变，感恩与理想发生分化，感恩与审美合成心灵触动，精神信念与希望合成信念与希望。初中生与高中生积极心理品质各维度、各项没有本质性差异。

高永金、张瑜[②]（2015）等人在研究孟万金的中小学生积极心理品质量表的过程中发现这个量表调查的学生学段跨度非常大，从小学到高中十二年学段均包含在内，然而小学生、初中生和高中生的心理发展水平不尽相同，大跨度年龄的适用性值得进一步的研究和探讨，

---

① 孟万金，张冲，Richard Wagner.中国中学生积极心理品质测评量表修订报告[J].中国特殊教育，2016,(02)：69-73+79.

② 高永金，张瑜，博纳.初中生积极心理品质量表的编制[J].心理学探新，2015,35(04)：360-366.

再者，该量表在编制过程中存在年级的缺失，这对于测查整个群体的积极心理品质发展水平的普适性提出了质疑。他们做了进一步的研究来补充和证实。所以他们的研究选用和借鉴了前人的研究成果，给初中生的积极心理品质界定了一个可操作性的定义：积极心理品质就是个体由积极品质和积极力量所构成的人格结构，它是人固有的、持久的、稳定的人格特质，它是多维度的，是包含个体思想、情感和行为等各方面的一系列积极品质的集合。他们还构建并验证了初中生积极心理品质结构模型。它除具有兴趣好奇、热爱学习、创造才能、思维判断、洞察悟性、勇敢无畏、坚持勤奋、正直诚实、生机活力、爱与被爱、善良慷慨、社交智慧、公民责任、公正平等、领导才能、宽容宽恕、谦逊谦虚、谨慎审慎、自我控制、美的领悟、感恩感激、希望乐观、幽默风趣、信仰信念这24个一阶因子外，还存在智慧、勇气、仁爱、正义、节制和卓越等六个深层人格特质。兴趣好奇、热爱学习、创造才能、思维判断、洞察悟性这5个一阶因子组成二阶智慧因子，勇敢无畏、坚持勤奋、正直诚实、生机活力这4个一阶因子组成二阶勇气因子，爱与被爱、善良慷慨、社交智慧这3个一阶因子组成二阶仁爱因子，公民责任、公正平等、领导才能这3个一阶因子组成二阶正义因子，宽容宽恕、谦逊谦虚、谨慎审慎、自我控制这4个一阶因子组成二阶节制因子，美的领悟、感恩感激、希望乐观、幽默风趣、信仰信念这5个一阶因子组成二阶卓越因子，完善了孟万金教授的中小学生积极心理品质结构和量表。

3. 大学阶段

孟万金和官群[①]（2009）对于大学生积极心理品质量表的编制中，

---

① 孟万金，官群.中国大学生积极心理品质量表编制报告[J].中国特殊教育，2009，（08）：71-77.

注意到了中小学生某些没有分化的品质在大学阶段开始分化,将六个量表做了一下结构维度的分类:智慧和知识维度——认知的力量、勇气维度——情感的力量、人性(情)维度——人际的力量、公正维度——公民性力量、节制维度——避免极端的力量、超越维度——精神信念的力量。在智慧和知识维度中,中小学生中"好奇心"和"热爱学习"是合并的,而在大学生那里则是分离的;在人性(情)维度中,中小学生中"社交智慧"是没有分化出来的,而在大学生阶段则分化出来了"我总是知道别人做事的动机""我擅长觉察别人的感觉"的"社交智慧"。"爱"与"被爱"在24项积极人格品质中原本合在一起的品质,在大学生中也分化出了两个因子。

在卢会志[1](2014)的研究中,维度上与孟万金的研究也具有一定的相似性,包括认知的力量与其求知与创造力因素相似;情感的力量与其意志力因素相似;人际的力量与其人际力量因素相似;公民性力量与其品德因素相似;但有些孟万金研究中的相似因素并未在他的研究中形成独立的因素。如避免极端因素。文中作者提到两者的区别主要体现在:他的研究发现了中国大学生积极心理品质的"品德因素",包括善良、正直、宽容、乐观、感恩、诚信和责任感会受到中国传统文化的影响,在中国人的心理品质结构中形成独立的品德因素是可能的,具有文化的特殊性。孟万金的研究中的"情感的力量"在中国文化视野下热情、真诚更应该属于人际能力,勇敢更具有创造性品质而坚持更属于意志力的范畴。孟万金研究中的"精神信念"在他的研究中没有能够形成独立的因素,可能与中国文化中的信仰认同感偏低有关。

---

[1] 卢会志.大学生积极心理品质因素结构分析[J].青年学报,2014,(04):85-87.

刘学绥[1]（2020）等人的研究分别从心理过程和个性心理两个不同的角度来构建大学生积极心理品质结构模型。分别是"认知—情感—意志"心理过程建构的"交互式"动态模型，侧重反映积极心理品质各因子之间的关系和根据个性心理结构（个性倾向性、个性自我调节和个性心理特征）建立的"内隐—外显"层次模型，侧重体现积极心理品质的层次特点。两种结构模型各有侧重、各有优点，共同展示积极心理品质这一心理能量系统中各因子所处的位置及作用。

值得注意的是在大学生中存在的特殊群体。在温义媛[2]（2011）对于留守大学生积极心理品质的质性研究中，发现"留守经历"大学生的积极品质包括8个维度或主题，它们分别是接受现实、成就动机、目标定向、意志坚强、积极乐观、善于学习、情绪调控、社会支持。罗涤和李颖[3]（2012）也关注了大学校园的留守大学生，他们认为留守大学生是成年留守儿童群体中的佼佼者，在他们身上也有共性的特点或优势。对留守大学生的特点和优势进行深入研究，激发留守大学生内在的积极力量和优秀品质，并利用这些积极力量和优秀品质最大限度地挖掘自身潜力，有效处理和解决各种问题，乐观面对生活也是积极心理健康教育研究的一个重要内容，是帮助和引导留守大学生健康成长的有效途径。在他们的研究中发现留守大学生的积极心理品质包括快乐品质、处事品质、意志品质、奋进品质和亲和品质5种类型。留守大学生的积极心理品质具有性别上的差异，女性的积极心

---

[1] 刘学绥，张勇，王义宁.大学生积极心理品质的量表编制与结构研究[J].校园心理，2020，18（06）：477-482.

[2] 温义媛."留守经历"大学生积极心理品质的质性研究[J].赣南师范学院学报，2011，32（04）：91-94.

[3] 罗涤，李颖.高校留守大学生积极心理品质研究[J].中国青年研究，2012，（08）：83-87.

理品质优于男性；家庭中孩子的个数也会对留守大学生的积极心理品
质产生影响，非独生子女的积极心理品质显著高于独生子女；留守大
学生的积极心理品质还具有阶段上的差异，曾经留守过的显著高于正
在留守的。留守大学生对于五种积极心理品质重要性的评价由高到低
分别是：奋进品质、处事品质、亲和品质、意志品质和快乐品质，并
由此构建了留守大学生积极心理品质理论模型。

臧运洪、杨静[1]等人的关注点放在了贫困大学生身上，对其积极
心理品质结构进行了验证，他们假设贫困大学生群体由于他们自小的
成长背景、人生经历和心理挫折体验等和普通大学生存在一定的差
异，这也可能导致他们有不同的积极心理品质结构。结果发现贫困大
学生积极心理品质量表由四个因子组成：智慧勇气、仁爱、公正节制
和卓越，包含 24 种积极心理品质，量表具有良好的信效度。在智慧
勇气、仁爱、公正节制三个因子方面贫困大学生得分均显著高于非贫
困大学生得分。感恩、善良、爱心、虔诚、公平是贫困大学生的优势
积极心理品质，创造力、审美、领导力、好学和坚持是其弱势积极心
理品质。在研究群体共同的心理发展特征的过程中，关注到个别群体
的差异。

三、积极心理品质结构的发展

（一）积极心理品质的相关研究

积极心理学发展初期，对于个体层面的积极品质的研究非常浅
显，学者们或者对某种特定的品质展开研究，或者是围绕积极品质的

---

[1] 臧运洪，杨静，伍麟.贫困大学生积极心理品质量表的结构验证[J].心理学探新，2017，37（05）：449-453.

形成和作用进行研究。

Baltes和Staudinger专注于研究智慧的特性。[①] Winner研究创造力与天才。[②] 在积极品质的形成方面，部分学者关注社会文化的影响，认为积极品质是后天习得和自我决定的。而持进化论观点的人认为人类生活环境影响其行为特征的变化。Massimini等从生物进化和文化进化的角度认为人类的积极品质是影响人类心理行为选择的一个重要因素，并且直接作用于人类的行为模式；过去的经历对当下的生活有重要的影响，人类的心理选择不仅由适应和生存的压力所驱动，而且也受重现积极体验的需要所驱动，积极的适应和调整可以改变个体的行为，只要有可能，人们所采取的行动往往是能使他们感到充实、有能力和有创造力的行为[③]。同时，家庭社会科学家和家庭治疗专家也进行了相关的实质性学术研究，并应用于家庭美德的结构等相关领域。

在积极品质作用及影响方面，主观幸福感、乐观、幸福、自我决定被认为是影响个体生活质量的基本品质。[④] 积极品质作为影响个体和社会发展的重要因素之一，Myers从人类是如何实现幸福的，哪些人的生活是从幸福的角度出发，用实证的方法证明年龄、性别和收入等并不是幸福的最终来源，拥有对未来的希望、广泛的社会性支持、

[①] Baltes P B. & Staudinger U M. Wisdom：A metaheuristic（pragmatic）to orchestrate mind and virtue toward excellence[J]. American Psychologist, 2000, 55：122-136.

[②] Winner E. The origins and ends of giftedness[J]. American Psychologist, 2000, 55：159-169.

[③] Massimini F. & Fave D A. Individual development in a bio-cultural perspective[J]. American Psychologist, 2000, 55：24-33.

[④] seligman M E P. & Czikszentmihalyi M. Positive psychology：An introduction[J]. American Psychologist, 2000, 55（01）：5-14.

明确的生活目标这些积极品质，才是获得幸福的真正途径。[①] 自我决定论的研究关注点在于人类基本的成长需求、心理需求的满足与自我激励、心理健康之间的关系。自我决定论从个体的内在动机出发，假定有三种需要，能力、自主、关系，这些需要是先天的、必需的、普遍的，对促进个体的自我成长、自我整合、社会心理发展和个体的幸福是必不可少的。自我决定论不仅关注了积极发展倾向的独特本质，也分析了与这些倾向相对抗的社会环境。当个体的先天需要被满足时，就有助于个体的健康和幸福，当个体的需要没有被满足时，就会导致疾病和不幸。从自我决定论的角度来看，对于个体三种需求都是必不可少的，假如说，社会环境提供了能力的需要，但没有满足个体关系的需要时，极可能会导致幸福的缺失。[②]

Sheldon 和 Laura 则认为对个体的积极品质的研究要从 24 种积极的个人特质开始，具体包括乐观、爱、交往能力、美德、工作能力、感受力、创造力、天赋、灵感、宽容、毅力、勇气、防御机制、智慧、自我决定论等，这些品质是影响个体主观体验的重要因素。[③]

随后，积极品质研究的不断发展，关于积极品质的提升，积极品质与个体的心理状态、行为表现等的研究逐渐增多。Foster 和 Lloyd 提出一些识别和应对。

（二）积极心理品质结构的相关研究

2000年，以 Seligman 为首的"价值在行动"（value in action，简

[①] Myers D G. The funds, friends, and faith of happy people[J].American Psychologist, 2000, 55: 56–67.

[②] Ryan R M, & Deci E L. Self-determination theory and the facilitation of intrinsic motivation, social development, and well-being[J]. Am Psychol., 2000, 55（01）: 68–78.

[③] Sheldon K M, & Laura K. Why Positive Psychology Is Necessary[J]. Am Psycho, 2001, 56（03）: 56–67.

称VIA）项目启动，研究和探索人类重要卓越品质，致力于制定人类力量与美德的权威标准与目录。[①] 2004年，Peterson和Seligman对囊括了精神病学、青少年发展到哲学、宗教、心理学等学科的大量涉及美德和性格优势的文献做了回顾，还兼顾了中国、南亚、西方等多种文化之后，发现了普遍存在并受到重视的六种核心的美德：智慧、勇气、人性、正义、节制和超越（Dahlsgaard, Peterson, &Seligman, 2005）。之后根据十项标准从众多的候选性格优点中选择了24个，并将其归类到6大美德分类下，构建了"价值—行为分类体系"（the Values in Action Classification）来描述人类的性格优点（VIA-Classification of Strengths, VIA-CS）[②]，并于2005年正式出版，与临床精神障碍为核心的美国精神疾病诊断标准（DSM）相对应，成为其积极副本，成为积极心理品质的理论结构。2004年Haslam[③]在Peterson和Seligman的基础上，借鉴大五模型，以实证研究为基础，得出了与VIA-CS相关的内隐结构。

研究者Park peterson认为美德是普适的，是这六种分类所具有一定的跨文化性有待各国学者去考证的。[④] 在Park peterson的VIA-IS量表中包含了24种积极心理品质和六种美德分别为：智慧（创造力、好奇心、心胸开阔、好学、洞察力）、勇气（勇敢、毅力、正直、活

---

① 江雪华，申荷永.美国积极临床心理学的研究现状[J].中国健康心理学杂志，2006, 14（04）: 463-465.

② 张宁，张雨青.性格优点：创造美好生活的心理资本[J].心理科学进展，2010, 18（07）: 1161-1167.

③ Haslam N. & P. Bain & D. Neal. The Implicit Structure of Positive Characteristics[J]. Personality and Social Psychology Bulletin, April, 2004, 30（04）: 529-541.

④ Park N, Peterson C. Moral competence and character strengths among adolescents: The development and validation of the Values in Action Inventory of Strengths for Youth[J]. Journal of Adolescence, 2006c, 29: 891-910.

力)、人性(爱、仁慈与慷慨、社交智慧)、公正(公民责任、公平、领导力)、节制(宽容、谦虚、谨慎、自我控制)、超越(对美和卓越的欣赏、感恩、幽默、希望、信念)。

Peterson等人所主导的The Values In Action项目的启动,对积极品质的研究产生深远影响。这是一项对积极品质进行分类和测量的项目,VIA的分类是与精神病理学中的DSM(Diagnostic and Statistical Manual)分类相对应的。相关研究学者们在进行人类积极品质研究时,做了广泛的跨文化研究,他们假定美德具有一种跨历史、跨文化的相似性,在此基础上,他们建构了六种核心美德二十四种心理品质并通过跨文化实证的方式为此建立了一个测试工具"Values in Action classification of character strengths and virtues"来测试这些积极品质,如表1-1。

表1-1 VIA 美德结构

	核心美德	具体品质
美德一	智慧与知识	好奇心、爱学习、判断、灵活性或独创性、社会智力、观察
美德二	勇气	英勇、坚韧性、正直
美德三	人性和爱	仁慈、爱
美德四	正义	公民职责和权利、公平、领导能力
美德五	节制	自控、审慎、谦卑
美德六	超越	美、感激、希望、灵感、宽恕、幽默、风趣

Values in Action理论包括三部分:积极心理学、特质理论和美德。积极心理学是积极心理品质理论的最重要的理论依据;特质理论是人格心理学的部分内容,个体性格具有复杂的结构,只有将单个特质分

开才有可能发现个体差异，才能测量单独的优势和美德。哲学中的美德论是这六个因子筛选的依据，其中涉及苏格拉底、亚里士多德、奥古斯丁和阿奎那哲学思想中部分德育论。①

VIA分为儿童版（VIA-Youth）和成年版两个版本，其中成年版本包括24个积极心理品质，总共有240道题目，每项心理品质包括7—13个题项。

国内进行积极品质结构研究的学者主要是孟万金。2006年，孟万金主持"中国学校积极心理健康教育实验与推广"的研究是我国积极心理健康教育迈出的重要一步，他在这方面针对不同对象进行了多方面的研究。对中国大学生积极品质的研究是由孟万金和官群主持的，他们在VIA-Adult和《中国中小学生积极心理品质量表》基础上改编而成《中国大学生积极心理品质量表》。结果发现，大学生的积极品质结构包括六个部分，20个积极品质。②详细结果列于下表1-2。

表1-2 《中国大学生积极心理品质表》中大学生积极品质结构

维度	核心美德	具体品质
维度一	智慧与知识	创造力、好奇心、热爱学习、思维与观察
维度二	勇气	真诚、勇敢坚持、热情
维度三	人性（情）	感受爱、爱与友善、社交智慧
维度四	公正	团队精神、正直公平、领导能力
维度五	节制	宽容、谦虚、审慎、自制
维度六	超越	心灵触动、希望与信念、幽默风趣

---

① Banicki K. Positivepsychology on character strengths and virtues.A disquieting suggestion[J]. New Ideas inPsychology, 2014,（33）: 21-34.

② 官群，孟万金，John Keller.中国中小学积极心理品质量表编制报告[J].中国特殊教育，2009,（04）: 70-76.

此外，刘玉娟和孟万金对中学生的道德品质做出探索，将中学生的积极道德品质分为可信任、尊重、责任感、公正、关心、公民义务六个维度。[①]《中国教师积极心理品质量表》由张冲、孟万金编制，包含了21项积极心理品质，共66个项目，其模型积极品质的建立过程与大学生积极品质建构过程相似。[②] 从表1-1和1-2内容可见，《中国大学生积极心理品质量表》是基于中国人的文化和理解方式对VIA项目的改编。相比VIA中的某些品质，《中国大学生积极心理品质量表》中的品质更适于国人的理解。

（三）积极心理品质的测量

在性格力量与美德分类目录的基础上，制定关于积极心理品质有效、可靠而稳定的测量工具，对于研究临床心理问题以力量与美德为取向的病因学至关重要。[③]

对于积极心理品质的测量，一方面有助于个体了解自身的积极特质发展，帮助人们更加合理有效发挥自身长处，以提高绩效和生活满意度；另一方面可用来评估不同群体、年龄层次的性格力量状况，从而针对性地提出促进个体积极发展的预防和干预计划。积极心理品质的量表均以塞利格曼等人为基础，其量表的结构与24种性格优点的内容与分类有很大相关性。

[①] 刘玉娟，孟万金.中学生积极道德品质测评量表的编制研究[J].中国特殊教育，2010，(04)：75-79.

[②] 张冲，孟万金.中国教师积极心理品质量表的编制研究[J].中国特殊教育，2011，(02)：58-64.

[③] 江雪华，申荷永.美国积极临床心理学的研究现状[J].中国健康心理学杂志，2006，14(04)：463-465.

1. 国外相关研究

Seligman等人在CSV的基础上，开发了"价值—行为特征量表"（Values in Action Inventory of Strengths，VIA-IS），来测量VIA-CS中的美德与性格品质。每10个题目测量一种性格品质，共有24个分量表。被试通过自我报告的方式来完成VIA-IS，使用5点量表计分。[1]

Peterson和Seligman对VIA-IS的信度和效度进行了检验[2]：（1）所有分量表的信度都在0.70以上；（2）所有分量表在间隔四个月后的重测信度系数α都大于0.70，具有良好的稳定性；（3）实验证明量表具有良好的效度，自我报告的性格优点与量表的测查结果之间的相关大于0.50。同样，朋友和家人对受试者性格优点的评价与量表所得到的测评结果之间也具有很强的相关性（rs>0.30）。VIA-IS是一份由240道题目组成的超长问卷，原研发者也承认这一问卷存在题目过多的问题，可能会影响测验的信度和效度。VIA-IS的汉语和其他语言的翻译版本也在编制过程中。[3]

Clifton等人编制了Clifton Strengths Finder来测量人们工作领域的品质与才能，它为网络在线测验，由180道题目组成。Lopez等人对其进行的信度和效度检验表明[4]，该量表具有较高的内部一致性（α系数为0.55—0.81），重测信度也在0.70以上。

---

[1] Park N, Peterson C, Seligman M E. Strengths of character and well-being [J]. Journal of Social and Clinical Psychology, 2004,（23）.

[2] 张宁，张雨青.性格优点：创造美好生活的心理资本[J].心理科学进展，2010，18（07）：1161-1167.

[3] Duckworth A L, Steen T A, Seligman M E. Positive psychology in clinical practice[J]. Annual Review of Clinical Psychology, 2005,（01）: 629-651.

[4] Lopez S J, Hodges T, Harter J. The Clifton Strengths Finder Technical Report: Development and Validation[J]. Gallup Management Journal, 2005,（01）: 1-63.

上述量表的适用对象主要为成年人，对青少年则并不适用，为此，在VIA-IS的基础上，Park及其同事开发了专门针对青少年的性格优点量表——"青少年价值—行为特征量表"（VIA-Youth）[1]，该量表共有189个项目（每种性格优点7—9个项目），采用5点Likert量表形式计分，适用范围是10—17岁。通过对不同样本施测，Park和Peterson对其进行了内在一致性、稳定性和有效性等方面的检验，结果较为理想。

儿童的认知和语言能力都还不够成熟，自我报告问卷并不适用于儿童，针对此问题，Epstein编制了"行为与情绪等级量表"（The Behavioral and Emotional Rating Scale）[2]，它通过成年人对儿童品质的排列来完成对其测量，内容包括五个方面：人际交往品质、学校机能、家庭参与、情感品质和个体品质。

近年来，研究者借鉴了儿童人格领域的研究方法。首先由父母对孩子人格特点进行自由描述，然后对父母的描述进行内容分析来了解年龄较小的儿童的性格特点，以及测查年龄在10岁以下的儿童所表现出来的性格优点（Park&Peterson，2006）。[3]

2. 国内相关研究

国内官群、孟万金等（2009）参考以Seligman等人的VIA-CS分

---

[1] Park N, Peterson C. Moral competence and character strengths among adolescents: The development and validation of the Values in Action Inventory of Strengths for Youth[J]. Journal of Adolescence, 2006, 29 (6): 891-909.

[2] Epstein M H, Mooney P, Ryser G, Pierce C D. Validity and Reliability of the Behavioral and Emotional Rating Scale (2nd Edition): Youth Rating Scale[J]. Research on Social Work Practice, 2004, (14): 358-367.

[3] Park N, Peterson C. Moral competence and character strengths among adole scents: The development and validation of the Values in Action Inventory of Strengths for Youth[J]. Journal of Adolescence, 2006, 29 (6): 891-909

类理论架构以及测量工具，根据ShaneJ.Lopez（2006）对美国四个主流咨询心理学杂志上关于积极心理品质论文进行内容分析后的归纳和总结，并结合中国传统文化精髓和当前的国情，于2009年先后组织编制了中国中小学生积极心理品质量表和中国大学生积极心理品质量表。《中国中小学生积极心理品质量表》一共分为6个分量表，分别对应六大美德分类：智慧、勇气、人性、正义、节制和超越，量表包括15项积极心理品质，61道实测题目。① 《中国大学生积极心理品质量表》同样由6个分量表组成，包括20项积极心理品质，62个题项。这一系列的研究填补了国内该领域的空白。②

刘玉娟和孟万金（2010）编制了积极道德品质测评量表，将中学生积极道德品质量表确定为可信任、尊重、责任感、公正、关心、公民义务六个维度。③ 张冲和孟万金在分析西方积极心理学和国内心理健康教育方面的研究成果之后，通过对1080名中国教师的测量，编制成中国教师积极心理品质量表，该量表由智慧、勇气、人性、公正、节制和超越六大分量表组成，包含21种积极心理品质，共有66道题目。④

关于中国人积极心理品质数据库建设方面，从2009年下半年开始，中央教科所特殊教育研究中心在全国范围内实施大规模测评，选取全国七大区域25个地级市214所中小学，整班抽取从小学三年级到

---

① 官群，孟万金，John Keller.中国中小学生积极心理品质量表编制报告[J].中国特殊教育，2009,（04）：70-76.
② 孟万金，官群.中国大学生积极心理品质量表编制报告[J].中国特殊教育，2009,（08）：71-77.
③ 刘玉娟，孟万金.中学生积极道德品质测评量表的编制研究[J].中国特殊教育，2010,（04）：75-79.
④ 张冲，孟万金.中国教师积极心理品质量表的编制研究[J].中国特殊教育，2011,（02）：58-64.

高中三年级的学生共39179人，获得有效样本34528人，初步建成了全国中小学生积极心理品质发展的全国万人数据库和七大区域数据库。① 孟万金通过对全国各地10万名大中小学生分层抽样调查施测，建立了一个全国万人数据库以及东北、华北、华东、华中、华南、西南、西北七大区域数据库，从而建立了学生群体的全国性常模。②

第三节　积极心理干预

积极心理干预没有一个明确的定义，学者们对于积极心理干预的内涵存在不同的理解，积极心理干预的基本策略包括开发积极特质、感知积极体验、培养积极思维、营造积极关系；积极心理干预的理论模型有希望理论与分层集成框架模型；系统干预的理论依据、系统干预的理论起源于现代系统理论，它的核心思想是宇宙万物都可以看成多个子（分）系统构成的大系统的集合；娱乐媒介是能够吸引观众关注并给观众带来乐趣与放松的信息以及信息传递形式；心理干预经过多年的发展已经建立起了相对完整的理论实践体系，并在近些年相关学者开始了针对大学生的心理健康干预研究。

在过去的几十年里，许多心理治疗方法已经被开发出来了，用于治疗常见的心理问题和疾病，如抑郁症和焦虑症。认知行为疗法、问题解决疗法和人际关系疗法已经被证明对解决心理问题和疾病是有效

---

① 王新波.中国中小学生积极心理品质数据库建设新进展[J].中国特殊教育，2010，（04）：90-94.

② 孟万金.积极心理健康教育：奠基幸福有成人生[J].中国特殊教育，2010，(11)：3-8.

的。在预防和早期干预领域，如抑制抑郁过程、阻断恐慌发展和充分美好的生活也是行之有效的。但是，正如世界卫生组织对心理健康的定义所表明的，心理健康不仅仅是没有心理疾病，心理健康是指个人能够意识到自己的能力，能够应付日常生活中的压力，能够富有成效的工作，能够为自己所处的团体和社会做出贡献。根据这一定义，幸福感和积极功能是心理健康的重要因素。它强调人们可能不患有精神疾病，但也不感到快乐，在生活中表现出高度的功能障碍。同样的，患有精神障碍的人，可以通过良好应对疾病而感到快乐，并享受令人满意的高质量生活。主观幸福感是指个体对自身整体生活的认知和情感评价。心理健康关注的是个体的最佳功能，包括希望和人生目标等概念。幸福的好处包括提高工作效率，建立更有意义的关系和减少医疗保健的涉入。幸福感也与身体健康有着积极的联系，这种联系可能是由健康的生活方式和更健康的免疫系统介导的，它可以缓冲压力的不利影响。此外，研究表明，幸福感可以降低患精神疾病和精神障碍的风险，并有助于降低患有疾病个体的死亡风险。

  Seligman和Csikszentmihaly在他们的著名文章《积极心理学：导论》中率先提出了积极心理学这一理论构想。他们认为，心理学研究中普遍存在消极偏见，主要集中在消极情绪和治疗心理健康问题和障碍上。尽管幸福和人类繁荣的基本概念已经研究了几十年，但缺乏基于证据的干预措施。自Seligman和Csikszentmihaly的开创性文章发表以来，积极心理学运动迅速发展，因此，在过去的十几年中，干预研究的数量大大增加，其中许多研究证明了积极的心理干预的有效性。

一、积极心理干预的定义

积极心理干预关注的主题是"积极的",强调生活中的积极方面,它没有一个明确的定义,也没有明确的指导方法来说明是积极心理干预方法。[①] 对于积极心理干预的内涵存在不同的理解。

从内容入手的观点着重关注积极心理干预的内容和主题。Seligaman等人认为,积极心理干预的方法并不是直接针对个体的消极情绪或心理问题进行针对性治疗和干预,而是利用个体自身存在的"积极资源"(如积极情绪、性格优势、生命意义等)来抵消消极症状,并且对于"积极情绪"的开发,能够为个体建立情绪缓冲区,减少在结束干预后消极情绪和心理问题再次发生的概率。[②] 在此理论观点上,Seligman等人(2006)设计的积极心理治疗练习囊括了14个环节来帮助患者提升"积极策略",并以此来降低抑郁。从结果和效果入手的观点将积极心理干预的手段和结果作为切入点。虽然从内容入手的观点描述了所有积极干预的措施,但这种描述也包含了其他非积极干预的措施。幸福普遍被认为是有益而无害的,但元分析数据表明,在高水平的幸福水平下不仅不能带来生理和心理的健康,反而会付出一定的代价。[③] 显然,以内容作为切入点对积极心理干预进行定

[①] Parks A C, Biswas-Diener R. Positive Intervention: Past, Present, Future. In T. B. Kashdan & J. V. Ciarrochi (Eds.), Mindfulness, acceptance, and positive psychology: The seven foundations of well-being (pp. 140-165) [M]. Oakland, CA: New Harbinger Publications, 2003.

[②] Seligman M E P, Steen T A, Park A C. Positive psychotherapy[J]. American Psychologist, 2006, 61 (08): 774-788.

[③] Gruber J, Mauss I B, Tamir M A. Dark Side of Happiness? How, When, and Why Happiness is Not Always Good[J]. Perspectives on Psychological Science, 2011, 6 (03): 222-233.

义太过于宽泛。

　　Frdeickson在2004年提出了积极情绪的拓展建构理论，并据此认为提升积极情绪从而帮助面对问题和困境可以作为积极心理干预的一种手段。① Sin和Lyubomirsky认为积极心理干预是通过培养积极情绪、积极行为和积极认知从而提升幸福感的有意义活动。② 在对先有研究的回顾和分析的基础上，Parks和Biswas-Diener认为积极心理干预应该满足三个基本条件：积极心理干预是一种将积极话题作为关注点的干预措施，强调生活中的积极方面；积极心理干预措施的运作机制是积极的，并以积极结果变量作为目标，是一种旨在促进健康而非修复弱点的干预方式；积极心理干预的对象是正常的个体，目标是使个体的功能水平从现有水平变得更好。③

　　Lomas等人则认为，积极心理干预没有明确的措施，很难准确的对其进行定义，它并不由干预本身定义，而是由这些干预措施应用的人群定义。④ Lomas等人将积极心理干预宽泛地定义为经实践检验，能够促进非临床人员心理健康的干预措施。这个定义倾向于关注其运用的对象和环境。Lomas等人同时强调，这一定义并未否定积极心理干预在临床领域的运用，积极心理干预可以同传统心理治疗相互结合在临床治疗中使用。

---

① Fredickson B L. The broaden-and-build theory of positive emotions[J]. Philosophical Transactions of the Royal Society B: Biological Sciences, 2004, 359（1449）: 1367-1377.

② Sin, Lyubomirsky. Enhancing well-being and alleviating depressive symptoms with positive psychology interventions: a practice-friendly meta-analysis[J].Journal of Clinical Psychology, 2009, 65（05）: 467-487.

③ Linley P A, Joseph S, Harrington S, et al. Positive Psychology: Past, present, and（possible）future[J]. Journal of Humanistic Psychology, 2006, 1（01）: 7, 8, 10.

④ Lomas T, Hefferon K, Ivtzan I. The LIFE Model: A meta-theoretical conceptual map for appliede positive ps- ychology[J]. Journal of Happiness Studies, 2015, 16（05）: 1347-1364.

从以往研究对积极心理干预的定义来看，积极心理干预是多维的，从单一视角对其进行解读是有失偏颇的。段文杰等人提出的积极心理干预的定义包容性较强，对适用对象、方法手段、干预目标都给出了相应的范围。本研究将采用段文杰等人对于积极心理干预的定义。

二、积极心理干预的理论模型

Snyder提出的希望理论已经成为心理学研究中应用最广泛的希望模型。[①] 该理论认为，希望是一种个体积极追求目标的认知过程，包含了目标思维、路径思维和动力思维三个部分。[②] 以希望理论为基本，Snyder提出了称为希望疗法的一系列干预方法。干预的过程可以分为灌输希望、确立目标、加强路径思维、加强动力思维四个方面。[③] 刘孟超、黄希庭将希望理论与其他理论进行了比较，并概括总结了希望在学业成就、心理健康、生理健康、人力资源管理、物质滥用治疗方面的作用。[④] Feldman和Dreher设计了一次九十分钟的干预方法，以

[①] Feldman D, Dreher D. Can hope be changed in 90 minutes? Testing the efficacy of a single-session goal-pursuit intervention for college students[J]. Journal of Happiness Studies, 2012, 13（04）: 745-759.

[②] Cheavens J S, Feldman D B, Gum A, Michael S T, Snyder C R. Hope therapy in a community sample: A pilot investigation[J]. Social Indicators Research, 2006, 77（01）: 61-78.

[③] 陈海贤，陈洁. 希望疗法：一种积极的心理疗法[J].桂林师范高等专科学校学报，2008,（01）: 121-125.

[④] 刘孟超，黄希庭. 希望：心理学的研究述评[J]. 心理科学进展, 2013, 21（03）: 548-560.

增加大学生希望目标导向思维。[①] 希望疗法也被广泛运用于疾病护理和康复领域。

分层集成框架模型（Layered Integrated Framework Example，LIFE）是由Tim Lomas、Kate Hefferon和Itai Ivtzan在2015年提出的。[②] 这一模型为积极心理学研究提供了一个全面的多维幸福感模型。它确定了与积极心理学相关的不同维度，包括主观心理、客观身体（大脑）、主体间文化和主体间社会。此外，它将这些领域分层到不同的层次，在模型中引入进一步的细微差别和复杂性。LIFE模型代表了应用积极心理学的潜在领域。它被定义为改善幸福感的科学和实践，我们可以在所有这些层面进行干预，针对所有层面，促进积极幸福感。LIFE模型只是一种可能的多维模型，也是将这些维度分层的一种方式，这种多维框架可以推动积极心理学向前发展。

三、心理干预的理论研究

传统理论中的干预，指的是运用心理学理论针对特定对象采取的有计划、有步骤的行动，影响其个性特征、心理活动或问题，使其朝着特定目标和方向发生转变的过程。心理干预的方法和策略有很多，针对不同心理问题，通常需要选择不同的干预方法和策略，从而修正行为、情绪状态或感知觉。心理干预的措施也有着许多用处，其中最常见和重要的作用就是治疗心理障碍。采取心理干预不但能够使得症

[①] Stone N J, Van Horn L. Therapeutic lifestyle change and Adult Treatment Plan Ⅲ: Evidence then and now[J]. Current Atherosclerosis Reports, 2002, 4（06）: 433-443.

[②] Lomas T, Hefferon K, Ivtzan I. The LIFE Model: A Meta-Theoretical Conceptual Map for Applied Positive Psychology[J]. Journal of Happiness Studies, 2015,（16）: 1347-1364.

状明显减轻，而且也能够从根本上扭转精神障碍和心理障碍。干预措施可以多种多样，并且可以根据他们的需要专门针对接受治疗的个人或群体进行调整。这种多功能性增强了他们在处理各种情况下的有效性。①

积极心理干预的目的是通过促进积极的情绪、行为与想法，从而提高个人或群体的幸福感②，并非改善病理、修正负面想法或者对不良行为模式进行调整，是一个通过培养积极情感、积极行为和积极认知从而提升幸福感的有意义活动。③ 与传统意义上的干预行为相比不同之处在于，传统的干预方式是通过帮助来访者克服影响或消除影响其发展成长的阻碍从而帮助来访者；而积极心理干预是直接强化能够增加来访者幸福感的因素。④ 这也符合积极心理学所倡导的所有人可以追求幸福的理念。

作为"积极的"心理干预，干预目标必须以广义的"幸福"为目标，而这种幸福指的就是一个人生活的积极评价与对积极情感的频繁体验和对消极情感的不频繁体验的总和，因此，提高一个人的幸福感

---

① Domínguez Martínez T, Manel Blonqué J, Codina J, Montoro M, Mauri L. & Barrantes-Vidal N. "Rationale and state of the art in early detection and intervention in psychosis" Salud Mental, 2011, 34（04）: 341-350.

② Parks A C, Biswas-Diener R. Positive Intervention: Past, Present, Future.In T.B. Kashdan & J.V. Ciarrochi（Eds.）, Mindfulness, acceptance, and positive psychology: The seven foundations of well-being（pp. 140-165）[M]. Oakland, CA: New Harbinger Publications, 2013.

③ Sin, Lyubomirsky.Enhancing well-being and alleviating depressive symptoms with positive psychology interventions: a practice-friendly meta-analysis[J]. Journal of Clinical Psychology, 2009, 65（05）: 467-487.

④ Pawelski J O. What does positive psychology mean by "positive" [J].Retrieved October, 2008, 10: 2011.

可以增加积极方面，减少消极方面。① 干预研究使用不同的结果来覆盖这些方面，包括增加幸福，对生活的满意度，提高生活满意度、积极正面的情绪、化解消极或抑郁。而积极心理干预的机制是积极的，并以积极结果变量作为目标；这是一种旨在促进健康而非修复弱点的干预方式，积极心理干预的对象是正常的个体，目标是使个体的功能水平从现有水平变得更好。②

总的来讲，积极心理干预的方法就是加强一个人的积极心理品质，减少其未来受到负面情绪影响的可能性，同样，已有的痛苦的心理也会得到减轻和控制。

四、系统干预的理论研究

系统干预的理论依据。系统干预的理论起源于现代系统理论，它的核心思想是宇宙万物都可以看成多个子（分）系统构成的大系统的集合。每一个子系统和小系统都是完整系统。首先，系统与外界环境之间进行着复杂的物质和能量的交互，因而产生相互作用。其次，系统内子系统都具有其作用和功能。而且在特定条件和背景下，这些子系统相互之间有复杂的作用影响，最终使得整个大系统实现更强作用甚至新的功能。最后，强调整体性，所谓整体性也就是大系统最终实现的功能和作用大于所有子系统的简单叠加。

---

① Schueller S M, Kashdan T B, Parks A C. Synthesizing positive psychological and interpreting interventions: Suggestions for conducting meta-analyses[J]. international journal of wellbeing, 2014, 91-98.

② Parks A C, Biswas-Diener R. Positive Intervention: Past, Present, Future.In T.B. Kashdan & J.V.Ciarrochi（Eds.）, Mindfulness, acceptance, and positive psychology: The seven foundations of well-being（pp. 140-165）[M]. Oakland, CA: New Harbinger Publications, 2013.

五、娱乐媒介干预

娱乐媒介的广义概念是具备娱乐性的所有媒介。其中娱乐指的是能够引发受众关注，调动兴趣并给受众提供愉悦和快乐体验的活动，其中给观众带来乐趣并吸引其关注是核心；"媒介"主要指的是承载信息并进行信息传递的各种渠道和形式，有时也指代媒介类传递的信息内容。两个概念合并即可得出娱乐媒介的概念，也就是能够吸引观众关注并给观众带来乐趣与放松的信息以及信息传递形式。

娱乐视频主要指的是有娱乐性的视频，这一类视频能够引起观众的关注和调动观众的兴趣，使其心情愉悦放松，释放其应激压力和反应。有研究人员将其称作娱乐媒介。如刘宣文等人（2014）就认为娱乐媒介是易得常见的能够吸引观众的资源，是能够给人带来快乐令人放松的视频，因其具有动态生动的形象和画面以及强大的感染力，所以成为当前网络媒体最广泛使用的一种媒介形式。运用视频调动观众的积极情感，对比传统诱导个体情绪的方式，更加高效且便捷，现有研究表明，视频刺激能够给干预对象营造正面积极的情绪状态，使其体会到兴趣、快乐、欢喜和满足。

以娱乐媒介为内容的心理干预研究显示，每天观看一次5分钟左右的喜剧视频，可以让大学生被试感受到更多的欢乐，同时对其乐观、希望和复原力水平有明显的提升作用，并感受到了更多的社会支持；同时，观看娱乐短片能显著降低被试的应激和消极情感水平、提高中性水平。其中喜剧短片存在增加积极情感、减轻焦虑与抑郁情绪的作用，并且能够进一步提高心理资本中的复原力、乐观以及希望三个维度评分。因此在本研究中的网络干预中视频媒介的干预采取喜剧视频作为干预材料。

六、已有大学生心理干预实践研究

心理干预经过多年的发展已经建立起了相对完整的理论实践体系，并在近些年相关学者开始了针对大学生的心理健康干预研究。有学者认为针对焦虑的心理干预措施可以将放松反应与认知行为疗法相结合，Heaman针对护理专业大学生的研究中，经过5周的放松反应与认知干预，被试的焦虑程度明显减低。[①] Johansson在其研究中经过8个阶段放松与认知行为的心理健康干预，其被试的焦虑与抑郁维度得分明显减少。[②] 随着互联网的发展也有人提出了线上心理健康干预并进行了实践。PanajiotaRäsänen等人的研究中以大学生为被试进行了为期7周的在线接受与承诺治疗（ACT）的对照实验，结果表明实验被试的幸福感、正念技能有显著提升，同时自我报告中的应激、抑郁症状与对照组相比明显减少，并且在随后的12个月中的追踪调查显示其影响依然存在。[③]

[①] Heaman D. The quieting response（QR）: a modality for reduction of psychophysiologic stress in nursing students.[J]. Journal of Nursing Education, 1995, 34（01）: 5-10.

[②] Johansson, Noreen. Effectiveness of a stress management program in reducing anxiety and depression in nursing students.[J]. Journal of American College Health, 1991, 40（03）: 125-129.

[③] Räsänen P, Lappalainen P, Muotka J, et al. An online guided ACT intervention for enhancing the psychological wellbeing of university students: A randomized controlled clinical trial[J]. Behaviour Research & Therapy, 2016, 78: 30-42.

第四节 积极心理学的发展

国外积极心理学的相关研究较为丰富,从最初的主观幸福感等的研究到目前的积极心理干预的研究,呈现出从理论到测量再到应用的发展历程,国内积极心理学的研究随着时间的推进,研究方向和成果数量也在发生着变化。通过对以往研究的总结发现,积极心理学在提升大学生心理健康实践中的运用不足,纵向研究较少,我们要注重研究的发展性与长期性、加大实践干预研究的力度。本节主要介绍了积极心理的国外发展趋势与国内发展趋势,概括了积极心理的理论基础,最后对已有研究做出了总结。

一、积极心理的国外发展趋势

(一)积极心理学的国外发展趋势

积极心理学是研究积极情绪、积极性格特征和个体能力的心理学研究的总称,积极心理学的研究并不是为了取代已有研究对人类苦难、弱点和失衡的认识,而是为了补充心理学研究的不足。其目的是对人类经历的高峰、低谷以及期间的一切有一个更全面、更平衡的理解。积极心理学的研究最早起源于西方,西方心理学家制定了测量工具和研究方法。国外积极心理学的相关研究较为丰富,从最初的主观幸福感等的研究到目前的积极心理干预的研究,呈现出从理论到测量再到应用的发展历程。

在1999—2013年间发表的文章中,有42%是理论性文章,58%是实证性文章。理论性的文章涵盖了四个关键应用领域。大多数文章涉及积极的临床心理学、积极的组织心理学、积极的学校心理学和积极的青年心理学。因此积极心理学的理论研究已经拓展到包括儿童、青少年和成人在内的整个人类生命周期。此外，概念性文献涉及各种重要的环境，如学校、工作和临床环境。实证性的文章主要集中在积极心理学与幸福感、业绩、成长、干预研究等方面，并且越来越多的证据证明积极心理干预是有效的。

积极心理学在二十几年的发展历程中，在各领域都开展了积极的研究。首先出现的就是积极心理干预，其次是行动价值观强项分类。积极心理学的研究者制定了在分类中包含的标准：力量本身是有价值的，而不是达到目的的手段；力量的多少是有个体差异的；力量是得到普遍认可的；力量有助于生活的充实。积极心理学的提出导致了大量幸福感研究的出现，这些幸福感是工作、学校、健康、人际关系和老龄化等方面理想结果的原因，而不仅仅是结果。研究者们认为有利的外部条件，如就业、安全、健康和社区参与将导致更高的幸福感。研究已经证明，幸福也会产生令人们满意的结果：增强免疫系统，减少感冒；减少疾病的发生；与更多的健康行为有关；能够预测寿命和收入增长；为公司带来更好的业绩，等等。

积极教育也是目前积极心理学的主要应用领域之一。积极教育的假设是：积极的学校和积极的教师是在一种文化中创造更多幸福的关键。积极教育制定的干预措施与课堂相适应，并与传统的教学措施一起产生幸福感。它在全球范围内得到广泛应用，数千名教师采用了积极教育措施。

（二）积极心理品质的国外发展趋势

国外的大多数研究是基于性格优势和美德（CSV, Character Strengths and Virtues）而不是"positive character（积极性格）"，因

此对于国外的研究现状，本研究以Character Strengths and Virtues作为关键词在Web of Science进行搜索。国外学者的相关研究既囊括了理论研究，也包含了实证研究。Crossan，Mazutis 和 Seijts将CSV和道德决策相结合，提出了一种基于美德的模型（Virtue-Based Orientation，VBO）将其定义为一种通过自我反省、利用美德加深性格优势的能力，是一种可以发展的能力。[1] McGovern 和 Miller运用CSV来提高教学技能，为教师发展创建了三个集成模块：教师和学生的美德和性格优势、考察教师个体差异和细化教师行为。[2]

Seligman等人提出了积极心理品质的VIA（Values in Action）分类体系（见表1-3），将积极心理品质提炼为六种核心要素：智慧、正义、勇气、仁爱、节制和超越。这六种积极心理品质对应着24种性格优势。与智慧对应的性格优势包括创造力、好奇心、思维开阔、热爱学习和洞察力；与正义相对应的性格优势包括公平、领导力和团体合作；与勇气相对应的性格优势包括本真、无畏、毅力和热忱；与仁爱对应的性格优势包括善良、爱和社会智力；与节制对应的性格优势包括宽容、谦虚、谨慎和自我调节；与超越对应的性格优势包括欣赏、感恩、希望、幽默和虔诚。它们存在于任何时间和空间中，也存在于每一种宗教和文化中。

目前已有研究发现积极心理品质可以通过多种途径促成积极的结果，预防心理疾病，感受幸福。例如，人际优势有助于建立友谊，增加个体获得社会支持的水平，进而体验到幸福；超越的力量使青少年

---

[1] Crossan M, Mazutis D. & Seijts G. In search of virtue: The role of virtues, values and character strengths in ethical decision making[J]. Journal of Business ethics, 2013, 113（04）: 567-581.

[2] McGovern T V, & Miller S L. Integrating teacher behaviors with character strengths and virtues for faculty development[J]. Teaching of Psychology, 2008, 35（04）: 278-285.

有更深刻的目标感,以及在挫折中提供安慰来提升幸福感;智慧可以加强参与感;节制则可以强化避免幸福感的行为。[1]

表1-3　VIA积极心理品质和性格优势分类

积极心理品质	特征	性格优势	特征
智慧	获得和运用知识的认知能力	创造力	用创新且有效的方式做事情
		好奇心	对所发生的事情感兴趣
		思维开阔	从多方面思考和审视
		热爱学习	掌握新的技能、话题和知识体系
		洞察力	能够为他人提供明智的意见
正义	公民优势	公平	以公平正义的理念对待所有人
		领导力	组织并开展集体活动
		团队合作	作为团体的一员,高效的工作
勇气	面对内外部压力,达到目标的意志	本真	表现真实的自己
		无畏	不惧威胁、挑战和困难
		毅力	完成设定的目标
		热忱	以兴奋和活力迎接生活
仁爱	人际优势	善良	乐于助人
		爱	重视与他人的密切关系
		社会智力	了解自己和他人的动机和感受

---

[1] Gillam J, Adams-Deutsch Z, Werner J, Reivich K, Coulter-Heindl V, Linkins M, Winder B, Peterson C, Park N, Abenavoli R, Contero A, Seligman M E P. Character strengths predict subjective well-being during adolescence[J]. The Journal of Positive Psychology, 2011, 6(01):31-44.

续表

积极心理品质	特征	性格优势	特征
节制	自控、审视、谦卑	宽容	防止过剩的力量
		谦虚	让成绩说话
		谨慎	小心进行选择
		自我调节	调节自己的感受和行为
超越	让心灵开阔的优势	欣赏	欣赏生活中各个领域的美好、卓越和精彩
		感激	意识到并感激发生过的好事
		希望	期待最好的结果并努力实现它
		幽默	给自己和他人带来欢乐
		虔诚	有信仰，有追求

（三）积极心理干预的国外发展趋势

国外对于积极心理干预的研究起步较早，相关研究较多。对国外的实证研究进行汇总分析，其策略大致可以分为开发积极特质、感知积极体验、培养积极思维和营造积极关系四种手段。

（1）开发积极特质

积极的个人特质是积极心理学三大研究主题之一。Peterson和Seligman等人提出了积极心理学视角下的CSV（Character Strengths and Virtues）体系，即性格优势和优点，在CSV总体框架下包含了24种积极特质。基于性格优势进行干预是一种定制化的干预策略，被试可以利用个体突出的性格优势开展相应的活动，提升自身的发展。Jordi Quoidbach、Alex M. Wood和Michel Hansenne针对"对未来的想象"这一能力设计了为期15天的干预措施，将被试随机分配到三个情境下，分别让三组被试试着用最精确的方式去想象明天可能会合理地发生在自己身上的积极事件、负面事件和一般性事件,意在帮助被试通过积极想象未来提升幸福感。[1] Kathryn M. Page和Dianne A. Vella-Brodrick在利用自身优势能够促进健康的基础上,开发了一种积极的、基于自身优势的员工福利项目,这一项目旨在帮助员工识别和应用他们的优势,通过努力实现自我和谐的目标,精心安排他们的工作,进入心流,培养关系,以提高幸福感。[2] 在这一类型干预中,被试首先通过问卷调查,识别突出优势的方式了解自身存在的优势,通过强化学会在日常生活中如何使用自己的优势,通过不断的练习提升幸福感。

(2)感知积极体验

积极体验主要指有价值的主观体验,是积极心理学三大研究主题之一,包括了主观幸福感、愉悦感、满足感、希望、乐观和幸福等。[3] 积极心理干预策略通过感恩、品味等方式帮助个体感知和体验积极情绪。

感恩是积极体验的重要组成部分。是一种愉快的状态,与满足、幸福、自豪感和希望等积极情绪有关。[4] 感恩的策略较为常用的是将被试作为受馈者,每天或每周对值得感激的事件进行记录,其他的感

---

[1] Quoidbach J, Wood A M, Hansenne M. Back to the future: the effect of daily practice of mental time travel into the future on happiness and anxiety[J]. Journal of Positive Psychology, 2009, 4 (05): 349-355.

[2] Page K M, Vella-Brodrick D A. The working for wellness program: RCT of an employee well-being intervention[J]. Journal of Happiness Studies, 2013, 14 (03): 1007-1031.

[3] Seligman M E P, Csikszentmihalyi M. Positive Psychology: An Introduction[J]. American Psychologist, 2000, 55 (01): 5-14.

[4] Emmons R A, McCullough M E. Counting blessings versus burdens: An experimental investigation of gratitude and subject well-being in daily life[J]. Journal of Personality and Social Psychology, 2003, 84 (02): 377-389.

恩干预策略还包括了感恩拜访、感恩书、感恩图等。感恩干预策略能够帮助被试获得积极情绪，提升幸福感，降低负面情绪。"三件好事"的书写也是与感恩干预相关的练习。感恩干预和"三件好事"是积极心理干预的常用策略。

　　品味被定义为一种倾向，专注于享受过去、现在和未来的积极事件，被视为一种对积极情绪的可控制感知，在这种控制中，一个人通过自己的意志产生、强化或延长对事件的享受。① 品味包括三个组成部分：品味过去、品味将来和品味现在。② 品味和正念都集中在当下的体验，两者之间的区别在于，品味把注意力集中在积极的情绪体验上，并通过意识加工使积极情绪体验得以增强或延长；正念把注意力集中在任何情感、情绪体验上，无论其是消极的、积极的还是中性的，注意力集中在一般的关注和体验上，而不是强化情感。③ 品味的积极心理干预主要有两种，第一种是试图强化单一的方式来享受当下，如通过影响被试的时间意识，写下时间意识改变后的感觉。④ 第二种是试图从更普遍的角度来提升对当下的品味，如通过鼓励被试每天花一点时间去享受每天匆忙完成的事情，思考记录和匆匆走过有什么不一样的感受。⑤

---

　　① Hurley D B, Kwon P. Results of a study to increase savoring the moment: differential impact on positive and negative outcomes[J]. Journal of Happiness Studies, 2012, 13（04）: 579-588.

　　② Bryant F B. Savoring Beliefs Inventory（SBI）: A scale of measuring beliefs about savouring[J]. Journal of Mental Health, 2003, 12（02）: 175-196.

　　③ Blass E M. The Psychobiology of Curt Richter[M]. Baltimore, York Press, 1976.

　　④ Kurtz J L. Looking to the future to appreciate present: The benefits of perceived temporal scarcity[J]. Psychological Science, 2008, 19（12）: 1238-1241.

　　⑤ Seligman M E P, Steen T A, Park A C. Positive psychotherapy[J]. American Psychologist, 2006, 61（08）: 774-788.

（3）培养积极思维

培养积极思维。积极思维是在认知加工过程中以积极乐观的态度看到事物好的一面，表现出积极的情感和积极的应对。① 乐观和希望是积极思维研究的两大话题。

Snyder提出的希望理论已经成为心理学研究中应用最广泛的希望模型。② 该理论认为，希望是一种个体积极追求目标的认知过程，包含了目标思维、路径思维和动力思维三个部分。③ 以希望理论为基本，Snyder提出了称为希望疗法的一系列干预方法。干预的过程可以分为灌输希望、确立目标、加强路径思维、加强动力思维四个方面。④ 刘孟超、黄希庭将希望理论与其他理论进行了比较，并概括总结了希望在学业成就、心理健康、生理健康、人力资源管理、物质滥用治疗方面的作用。⑤ Feldman和Dreher设计了一次九十分钟的干预方法，以增加大学生希望目标导向思维。⑥ 希望疗法也被广泛运用于疾病护理和康复领域。

---

① 姜子云，谭顶良. 积极心理学背景下儿童积极思维的研究进展[J]. 西北师大学报（社会科学版），2018，（02）：124-130.

② Feldman D, Dreher D. Can hope be changed in 90 minutes? Testing the efficacy of a single-session goal-pursu- it intervention for college students[J]. Journal of Happiness Studies, 2012, 13（04）：745-759.

③ Cheavens J S, Feldman D B, Gum A, Michael S T, Snyder C R. Hope therapy in a community sample: A pilot investigation[J]. Social Indicators Research, 2006, 77（01）：61-78.

④ 陈海贤，陈洁. 希望疗法：一种积极的心理疗法[J].桂林师范高等专科学校学报，2008,（01）：121-125.

⑤ 刘孟超、黄希庭. 希望：心理学的研究述评[J]. 心理科学进展，2013, 21（003）：548-560.

⑥ Stone N J, Van Horn L. Therapeutic lifestyle change and Adult Treatment Plan Ⅲ: Evidence then and now[J]. Current Atherosclerosis Reports, 2002, 4（06）：433-443.

乐观,《牛津词典》将其定义为一种充满自信和希望的倾向。[1]乐观可以抵消人们的负面经历。大量的研究表明,乐观与各种积极功能有关,如身心健康、动机、努力等。乐观主义包括目标导向和高度的自我效能感和以问题为中心的应对方式相联系的现实导向。[2] 根据这一概念,Shapira和Mongrain修订了"理想自我"方案,这项研究表明,培养乐观主义的行动导向方面和纯认知方面可能会产生更积极的结果。[3] Seligman提出了具有普适性的乐观习得结构,即ABCDE结构(A:负性事件,B:对该事件的既有信念,C:既有信念导致的后果,D:对既有信念的讨论,E:激励)。[4] 这一结构被广泛应用于心理学和教育学的研究当中。

(4) 营造积极关系

营造积极关系。积极关系可以被理解为受到他人关心、融入社会和得到社会支持的感觉,包括了与他人分享情感、共通性和爱,被认为是人类最基本的需求。[5] 积极心理干预策略通过鼓励被试广泛参与亲社会行为、利他行为以及积极回应他人帮助等方式来帮助被试建立、保持和提升积极关系。

---

[1] Oxford University Press. The Oxford Dictionary[M]. London/New York: Oxford University Press(2006).

[2] Carver C S, Scheier M F, Segerstrom S C. Optimism[J]. Clinical Psychology Review, 2010,(30):879–889.

[3] Shapira LB, Mongrain M. The benefits of self-compassion and optimism exercises of individuals vulnerable to depression[J]. The Journal of Positive Psychology, 2010, 5(05): 377–389.

[4] Seligman M E P. Learned Optimism: How to change your mind and life[M]. New York: Simon & Schuster, 1998.

[5] Tansey T N, Smedema S, Umucu E. et al. Assessing College life adjustment of students of abilities: Application of the PERMA framework[J]. Rehabilitation Counseling Bulletin, 2018, 61(03): 131–142.

善意行为（Acts of Kindness）是一种诱导和激发被试表现出亲社会行为和利他行为的积极心理干预策略。善意行为能够促进个体的积极情绪，积极情绪反过来促进善意行为的发生，最终提升个体的幸福感。[①]

资本化（Capitalization）和积极、建设性回应（Active Constructive Responding）是积极心理干预策略中有效提高人际关系质量和个人幸福感的两种互补的方式。资本化是指分享自己生活中的积极事件，这能够产生除事件本身之外的积极影响。积极、建设性回应是指对他人分享的好消息做出积极的回应。研究发现，资本化与更高的积极影响和更好的生活满意度有关，其内在益处能够帮助被试建立和巩固一个健康、牢固的人际关系，而积极、有建设性的回应能够提升情绪健康和关系质量。[②]

（四）积极心理干预对积极心理品质影响的国外发展趋势

积极写作被认为是一种有效的提升情商和幸福感的有效手段。写作任务可以帮助个体获得一种自我效能感，这种自我效能感与未来情绪管理有关，还可以帮助写作者重新评估和审视过去的事件。Burton和King比较了书写积极经历和写作控制条件的效果，在每次写作之前和写作之后都对情绪进行了测量，发现与对照组相比，积极经历的写作能够增加积极情绪体验和积极情感。[③] 而在Wing、Schutte和Byrne的研究中，发现书写积极事件后，情商也会得到增加，情商较

---

① Layous K, Nelson S K, Kurtz J L. & Lyubomirsky S. What triggers prosocial effort? A positive feedback loop between positive activities, kindness, and well-being[J]. The Journal of Positive Psychology, 2017, 12（04）：385-398.

② Gable S E, Reis H T, Impett E A. et al. What do you do when things go right? The interpersonal and interpersonal benefits of sharing positive events[J]. Journal of Personality and Social Psychology, 2004, 87（02）：228-245.

③ Burton C M. & King L A. The health benefits of writing about intensely positive experiences[J]. Journal of Research in Personality, 2004,（38）：150-163.

低的人从积极写作中获益更多。① 积极写作还包含了写最好的自己（Best Possible Self）。Layous、Nelson 和 Lybomirsky 进行了一项为期4周的积极干预活动，学生每周写一次关于"最好的自己"的文章，结果表明BPS活动显著地促进了积极情感和心流，而且增加了两者之间的关联，且在线参与和当面参与之间没有差异。②

优势干预是积极心理干预的另一种主要形式，包括基于性格的优势干预和基于长处的干预。Seligman等国外学者对被试的优势进行测量，并要求被试在未来的一周内用不同的方式使用自己的优势，结果显示干预后被试的快乐水平上升，抑郁水平下降。③ 性格优势干预的原理是，利用个体的优势是令人兴奋的，因此，个人最大优势的发展应该导致更多的参与度和成就感，从而提高幸福感。Quinlan、Swain 和 Vella-Brodrick 对基于性格优势的干预进行的研究表明，不同的群体需要不同的策略；长时间的干预比短时间的干预更有效，但也仅仅只能产生中等的效果；并非所有的干预都能成功转化幸福感的提升。④

正念常常被积极心理学干预所采用。正念通常被称为一种意识训练，是一种训练思想、心灵和身体的方式。正念虽然经常与冥想联系在一起，但正念并不仅仅是一种冥想技巧，正念是一种存在方式，是

---

① Wing J F, Schutte N S. & Byrne B. The effect of positive writing on emotion intelligence and life satisfaction[J]. Journal of Clinical Psychology, 2006, 62（10）: 1291-1302.

② Layous K, Nelson S K. & Lybomirsky S. What is the optimal way to deliver a positive activity intervention? The case of writing about one's best possible selves[J]. Journal of Happiness Studies, 2013, 14（02）: 635-654.

③ Seligman M E, Steen T A. & Park N. Positive psychology progress: Empirical validation of interventions[J]. American Psychologist, 2005, 60（05）: 410-421.

④ Quinlan D, Swain N. & Vella-Brodrick D A. Character strengths interventions: Building on what we know for improved outcomes[J]. Journal of Happiness Studies, 2012, 13（06）: 1145-1163.

一种深刻的认识，一种对生活的了解和体验。正念可以被理解为一种内在的和始终存在的意识，以及旨在提高正念注意力和意识的具体实践。正念包含三个核心要素：意图、注意和态度。正念练习的目的是帮助训练和发展心智，使其达到最佳的共情、喜乐、同情、觉知和洞察力状态，最终达到完全解脱的目的。Shapiro、Jazaieri 和 Sousa 对正念和积极心理学的关系进行了综述，进行正念练习的群体生活目标更强、控制性更强，同时神经质更少，表现出更好的初始反应灵活性、主观焦虑更少，反复练习正念冥想可以逆转慢性压力带来的影响，不仅如此，冥想和正念还可以提高智力和记忆力，增强心理灵活性，培养创造力、乐观、同理心、自我同情能力、道德成熟等。[①]

心理时间旅行（Mental Time Travel, MTT）是一种基于想象的积极心理干预方式。MTT 指的是一种能力，它允许人类在精神上向后投射自己的时间，以重温过去的事件和想象未来发生的事件。MTT 提供了一种选择优势，它提高了个人在新的情况下的灵活性和通用性，以制定和采用长期战略计划来适应选定的生活。Quoidbach、Wood 和 Hansenne 考察了未来心理时间旅行对幸福和焦虑的影响发现，想象积极事件会导致幸福感的提升，但有意地想象消极事件并不产生焦虑感。[②]

---

① Shapiro S L, Jazaieri H. & Sousa S D. Mediation and Positive Psychology[M]. Oxford University Press, 2016.

② Quiodbach J, Wood A M. & Hansenne M. Back to the future：The effect of daily practice of mental time travel into the future on happiness and anxiety[J]. The Journal of Positive Psychology, 2009, 4（05）：349-355.

二、积极心理的国内发展趋势

（一）积极心理学的国内发展趋势

国内积极心理学的研究随着时间的推进，研究方向和成果数量也在发生着变化。2007年前对于积极心理学的研究较少，2003—2006年的关于积极心理学所产出的研究结果仅仅有58篇，占总数的1.2%。但是到了2007年论文产出的数量有了较快的增长，2007年的论文产出数量高于2003—2006年论文数量的总和。其后，从2009年开始论文的产出数量大幅增长，可见积极心理学的研究依然是国内心理学界研究的一个热点。利用信息可视化软件可以清晰地看出国内积极心理学的热点走向，如图1-2、1-3：

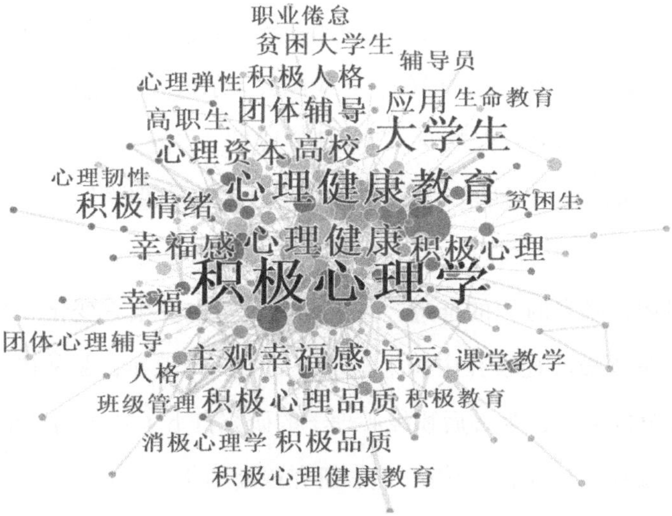

图1-2　研究热点

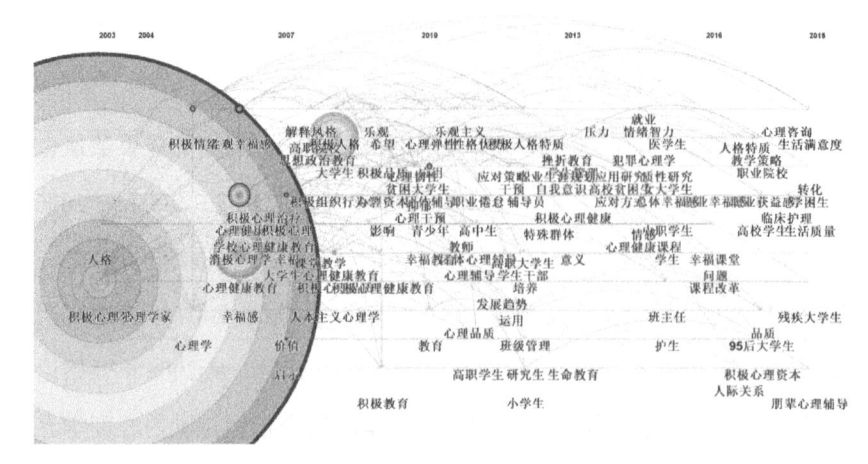

图 1-3　时间线

图1-2所得关键词共线图谱中，图片中处于中心网络的研究节点即为研究热点，年轮颜色与发文时间一致，颜色较浅的表示最近的时间，颜色较深的为较早的时间，年轮越大表示该关键词相关的研究结果越多，反之相关研究越少。当前研究成果最多的关键词是"人格"，第二位到第四位分别是"积极心理学""消极心理学""积极""人本主义心理学"。同时在图1-3中可以表明积极心理学研究的时间演进过程，随着时间的推进，关键词的分布也发生着变化。2003—2007年是积极心理学在中国生根发芽的第一个五年，是从国外前沿汲取养分的五年，为日后积极心理学的研究打下了扎实的理论基础。2008—2012年，国内积极心理学研究逐渐细化、深化，对乐观、主观幸福感、宽恕、感恩等积极心理品质和积极人格进行了初步探索，并将积极心理学与中国传统文化相结合，探索中国传统文化中的积极心理学要素，迈出了积极心理学本土化的第一步。2013年至今，国内积极心理学研究持续发展，研究增速随着研究的深化开始放缓，研

究领域更加深化，更加跟进时代步伐。

中国的积极心理学研究可以分为理论研究阶段和应用研究阶段，理论研究主要集中在积极心理学被引进国内的前五年，这一期间产出的论文主要对积极心理学进行了介绍和引进，研究大多集中在产生背景、研究领域以及意义和不足等方面。经过前五年对积极心理学理论的介绍，国内的研究开始转向应用研究，主要集中在教育领域，这可能与研究者大多从事教育行业有关，这其中从积极心理学的视角对心理健康进行的相关研究表现得更为突出。虽然在其他学科领域相关研究也有所涉及，但是相较于在教育领域的发展，其他领域的相关研究并不充分。从这一点上来说，国内积极心理学的研究视域较为狭隘。在研究方法方面，积极心理学讲求"拿来主义"，国内的积极心理学也遵循了这种"拿来主义"，借用了西方积极心理学的研究理论和研究方法，这样做的好处就是使积极心理学在国内得到了快速的发展，但这种"拿来主义"使积极心理学的本土化研究较少，由于东西方的文化、习俗、思维方式等存在一定的差异，所以西方的研究方法和理论并不一定适合于国内的研究。

（二）积极心理品质的国内发展趋势

国内对积极心理品质的研究主要集中在各年龄层的学生群体当中。既有现状分析，也有测量工具的编制和模型框架的构建。国内学者张婵通过对国外文献进行回顾得出结论，积极心理品质具有两方面的作用：一方面，积极心理品质与积极的发展结果有正向的关系，能够对学业成就、青少年贡献、主观幸福感等方面进行正向预测；另一方面，积极心理品质与消极的发展结果有负向关系，能够负向预测抑郁、危险问题、行为问题。[1] 李自维和张维贵通过问卷调查考察了当

---

[1] 张婵. 青少年积极品质的成分、测量及其作用[D]. 长春：东北师范大学，2013.

代大学生的积极心理品质,大学生积极品质的自我评价整体表现良好,但创造力、人际吸引力和勇气等存在明显不足,应该有针对性地培养大学生的积极品质,以自信心和创造力为重点。① 刘媛媛通过开放式访谈和问卷调查,确定了大学生积极心理品质的模型,包含了13个不同因子,并在此基础上提出了大学生积极心理品质培养途径。②

(三) 积极心理干预的国内发展趋势

国内对于积极心理干预的研究是从探究积极心理干预理论和理清国外研究进程起步的,后逐渐开始了实践研究。

1. 关于积极心理干预学术史和理论的研究

苗元江阐述了积极心理干预的主要观点,指出积极心理干预的基本思想:首先,心理干预是培养人类最好的正向力量;其次,以正向的力量培育与强化来取代个案的缺陷修补;最后,发挥人类正向或积极的潜能。积极心理干预的特征包括了积极的价值取向和激发人积极的基本能力;积极心理干预可以从认知方式、情绪体验和人格特质三个方面考虑,积极干预的具体措施可以从三个方面着手:积极认知模式干预、积极情绪状态干预和积极人格特质干预。

孙晓杰论述了积极心理学与主观幸福感的关系,回顾了积极心理干预研究的措施,主要包括:描述理想自我、记述感恩事件和帮助他人。③ 学者段文杰概述了积极心理干预多维度的定义,认为活动的特

---

① 李自维,张维贵.当代大学生积极品质探析——基于积极心理学视野下的调查分析[J].河南社会科学,2011,(06),119-121.

② 刘媛媛.大学生积极心理品质模型构建及培养途径研究[D].天津:天津大学,2015.

③ 孙晓杰.从积极心理干预研究探讨主观幸福感的途径[J].沈阳大学学报(社会科学版),2014,16(06):831-834.

征、个体的特征和文化背景因素都影响着积极心理干预的效果。[1]

2. 关于积极心理干预的实证研究

国内积极心理干预的实证研究起步较晚，但在四个基本策略方面的相关研究也均有涉猎。

（1）开发积极特质

邵鹏飞、范晓琪等人以429名存在心理问题的中学生为干预对象，运用优势识别、快乐日记等对其进行干预，考察了干预前后学生心理健康问题各因子得分的变化，结果表明积极心理干预能够提升中学生心理健康状况。[2] 李婷婷和刘晓明依据Seligman "优势运用"干预和何敏贤等人的优势长处建议活动清单设计了一套为期16个星期的基于优势的积极心理干预方案，发现其对普高生和中职生都具有有效性，提高了学生的自我效能感、积极情感和学业表现。[3] 段文杰和卜禾以大学新生为干预对象，进行了四次优势干预，并进行了长达一年的追踪研究，结果表明，性格优势能够帮助大学新生提升幸福感，并且具有显著的时间延展效果。[4]

总体来说国内的研究涉及群体较广，既包含了各阶段的学生群体，也在医护工作中有广泛的应用。

（2）感知积极体验

国内关于积极体验的实证研究主要集中在感恩干预方面，相关研

---

[1] 段文杰，卜禾. 积极心理干预是"新瓶装旧酒"吗？[J].心理科学进展，2018，26（10）：1831–1843.

[2] 邵鹏飞，范晓琪，李世洁，温姝钰，潘芳. 基于积极心理学的中学生心理问题认知干预[J]. 中国学校卫生，2018，39（02）：287–289.

[3] 李婷婷，刘晓明. 对普高生和中职生品格优势的纵向干预研究[J]. 应用心理学，2016，22（03）：245–254.

[4] 段文杰，卜禾. 基于优势的干预实验及其机制研究——以改善大学新生的心理健康的干预为例[J]. 社会工作，2018，（06）：42–51.

究起步于2009年。对学生群体进行感恩干预的研究以硕士论文居多；对患者群体进行的干预研究则较多地发表在相关期刊中。

孙翠勇、张瑞芹、罗艳艳对医学院学生进行感恩干预的试验发现，干预后学生职业精神得分和积极心理资本总分显著提升；感恩与职业精神呈正相关，感恩水平越高，其职业精神素养就越高；感恩与积极心理资本呈正相关，感恩水平越高，其积极心理资本水平就越高；积极心理资本与职业精神呈正相关，积极心理资本水平越高，职业精神素养就越高。① 陈慧瑜以高中生为干预对象，进行为期八周的感恩干预研究，结果表明感恩干预能够显著提高高中生的主观幸福感和感恩水平。② 闫欣选取初中生作为干预对象，干预结果表明感恩干预能够显著提高初中生的感恩水平、增强初中生的心理理论能力、增加初中生的亲社会行为。③

感恩干预也被运用到临床医护研究当中。李静等人对社区老年高血压病人进行干预，结果表明感恩干预能够提高社区老年高血压病人的感恩水平、提高其自我管理能力，并且有益于病人的血压控制。④ 刘琴等人将感恩干预应用于癌症病人的健康促进当中，干预前后的对比发现，病人的珍惜感和幸福感在感恩干预之后得到提升，生活质量明显上升，躯体的不良症状、心理调节和适应能力、人际关系均得到

---

① 孙翠勇，张瑞芹，罗艳艳.感恩干预对医学生医师职业精神的影响[J].医学与哲学（A），2018，39（01）：49-51.

② 陈慧瑜.团体感恩干预提升高中生主观幸福感的研究[D].上海：华中师范大学，2012.

③ 闫欣.感恩干预对初中生心理理论和亲社会行为的提升作用[D].西安：陕西师范大学，2016.

④ 李静，李荣，张会敏，张瑞芹.感恩干预对社区老年高血压病人自我管理水平的影响[J].护理研究，2017，31（02）：163-166.

显著改善。①

（3）培养积极思维

培养积极思维在于培养积极认知。王睿、张瑞星、康佳迅用正念认知疗法对大学生手机成瘾者进行干预，结果表明积极心理干预对大学生手机成瘾和网络成瘾有明显改善作用，且干预结束后仍能维持；积极心理干预疗法可缓解成瘾者的耐受性。②

国内关于积极思维的研究同样离不开乐观和希望两个主题。目前国内对于乐观干预的研究较少，主要集中在初中生和大学生群体中。刘翔平和李毅将乐观干预与基于优势的干预相结合对大学生进行积极心理干预，研究发现乐观干预能够显著提升被试的乐观水平，降低悲观水平；自尊水平、内控性水平、自我效能感、主观幸福感显著提升；抑郁水平显著降低。③项漪在分析了初中生乐观心理的影响因素的基础上，对初中生进行了乐观干预，研究结果表明：（1）乐观与社会支持的主观支持和支持利用呈正相关；乐观因子与应对方式的问题解决和求助两因子呈正相关；与自责和退避两因子呈负相关；（2）以乐观为主题的团体辅导能够有效地提高初中生乐观心理水平。④

相较于乐观干预的研究，关于希望的干预研究成果较多。从以"希望干预"为主题词检索出的文献来看，大部分相关研究都集中在医疗护理领域，以学生为干预对象的研究不多。樊富珉等学者探究了希望干预对大学新生学习适应的改善效果，研究结果表明，通过提升

---

① 刘琴，张圆，查勇，叶联华，尹晓梅. 感恩情绪干预对癌症病人健康促进的影响[J]. 护理研究，2015, 29（29）: 3674-3675.

② 王睿，张瑞星，康佳迅. 积极心理干预对大学生手机成瘾的效果影响研究[J]. 现代预防医学，2018, 45（09）: 1653-1656.

③ 刘翔平，李毅. 基于优势的大学生乐观干预训练[J]. 中国临床心理学杂志，2012,（01）: 120-124.

④ 项漪. 初中生乐观心理的影响因素及干预研究[D]. 南昌：江西师范大学，2011.

新生的特质希望水平，能够显著提升其学习适应水平，尤其在学习动力、学习能力、教学模式适应几个维度上有显著和持久的干预效果。① 李永慧对大学生希望特质团体心理辅导干预效果进行了评价，指明希望的团体心理辅导干预是提高大学生积极心理品质、帮助大学生发展社会性、完成大学阶段主要发展任务的有效途径之一。②

积极思维是积极心理学中的主要研究内容，积极思维培养的本土化有助于打造针对中国学生心理发展特点的辅导干预方案。

（4）营造积极关系

国内对于积极关系的干预研究集中在学校，包含了师生关系、亲子关系、人际关系、恋爱关系等。李超等学者利用积极心理团体辅导对初中生师生关系进行了干预，干预结束后，实验组师生关系的依恋性因子和亲密性提高了，而冲突性和回避性均降低，这表明积极团体辅导对改善初中生师生关系具有积极作用。③ 刘海鹰对青少年亲子关系进行了调查和干预，认为通过团体心理辅导可以有效改善青少年亲子关系的状况，并且个案法能够作为团体心理辅导的有效补充进行应用。④ 关于大学生人际关系的研究都得出了团体心理辅导可以显著改善大学生的人际关系困扰，具有良好的干预效果，并且具有持续性。孔荣和牛群会针对大学生恋爱关系进行了团体辅导，表明积极心理干预能够显著提升大学生恋爱关系质量，并且能够提升个体冲突解决能

---

① 何瑾，樊富珉，程化琴，尚思源，陶塑.希望干预改善大学新生学习适应的效果[J].中国临床心理学杂志, 2015, 23（04）: 750-755.

② 李永慧.大学生希望特质团体心理辅导干预效果评价[J].中国学校卫生, 2019, 40（01）: 34-137.

③ 李超，吴昱臻，李冬梅，丁旭东.积极心理团体辅导促进初中生师生关系的干预实验[J].中国健康心理学杂志, 2018, 26（09）: 1386-1390.

④ 刘海鹰.改善青少年亲子关系的干预研究[D].济南：山东师范大学, 2007.

力。[①]

（四）积极心理干预对积极心理品质影响的国内发展趋势

国内有关积极心理干预对积极心理品质影响的研究相对较少，且多为硕士研究生毕业论文。郭玉芳、王鑫鑫等人对存在职业倦怠的护士群体进行了积极心理干预，以"三件好事"为具体方法，发现通过记录工作和生活中发生的令自己产生愉悦感和幸福感的事件，被试的满足感和成就感得到提升，降低了职业倦怠水平。[②]张小艳针对当代大学生积极心理品质的不足，进行了积极心理干预研究，发现积极心理干预对于提高大学生智能与知识、正直与勇气、人性与爱、正义与合作、自我管理与谦虚五个方面的积极心理品质具有一定积极效果。[③]刘海虹以青少年运动员为干预对象，以团体辅导为干预形式进行了积极心理干预研究，结果表明，积极心理品质的部分因子得到了显著提高，同时心理韧性水平也有显著提高，说明了积极心理干预对积极心理品质有显著的提升作用。[④]

总体来说，国内积极心理干预对积极心理品质影响的相关研究较少，且具体方法比较宽泛，缺乏针对性。

[①] 孔荣，牛群会.大学生恋爱关系质量提升的团体心理辅导效果[J].山西高等学校社会科学学报，2019，31（04）：79-82.

[②] 郭玉芳，王鑫鑫，王霜霜，张静平.基于微信地积极心理干预对护士工作倦怠及工作绩效的影响[J].护理学杂志，2019，34（08）：1-3.

[③] 张小艳.大学生积极心理品质与心理健康状况调查及干预研究[D].重庆：重庆师范大学，2013.

[④] 刘海虹.北京市青少年运动员积极心理品质的干预研究——以首都体育学院附属竞技体校学生为例[D].北京：首都体育学院，2018.

三、理论基础

（一）积极心理学的理论基础

习得性乐观。习得性乐观包括个体对结果的解释和行为的理由，以及对未来时间的预期，从而促进现实积极的前景和持续的生产努力。这是个体力量和坚韧的特点。乐观的预期是成功应对高压力的一个重要因素，同时也与从失败中恢复的能力有关。与无助感和悲观主义一样，乐观主义也可以在特定情况下通过经验和学习获得。通常一些乐观的人也会产生无力的感觉，或变得沮丧、焦虑和怨恨。为了防止希望的剥离，习得性乐观是有必要的。乐观主义允许诚实的评估或接受真实的限制和需求，同时将问题归因为临时或情境性原因，而不是个人缺陷或预期的长久性，从而减少压力。

希望理论。C.R. Snyder提出的希望理论试图系统地解释希望的概念。Snyder提出，希望是一个复杂的概念，它是一种二维现象，是一种涉及两个基本目标导向的思考过程，即处理和路径。希望理论以目标为基础。处理的组成部分包括目标导向的决定，而路径的组成部分包括导向的计划。作为希望理论的核心，目标可能在很多层次上有所不同。目标在本质上可能是视觉的、虚拟的或口头的，并且可能从短期到长期在时间上发生改变。目标也可能因可达成性的不同而不同，这样即使被认为是"不可能的"目标也可以通过计划和决心来实现。希望理论的一个重要原则是，实现目标的期望与更大水平的主观和路径思维呈正相关，这将导致更有力的心理调整，如更强的生活满意度和更少的焦虑，等等。

（二）积极心理干预的理论基础

对现有的研究进行归纳总结，发现目前积极心理干预的基本理论主要有认知行为理论和拓展构建理论。

（1）认知行为理论（Cognitive-behavioral theory，CBT）。认知行为理论的一个重要假设是"认知活动"和"行为"从根本上是不同的。一些学者认为认知活动是行为的一部分。Dobsin 和 Dozois 认为认知行为理论存在以下假设：（1）认知活动影响行为；（2）认知活动可能被监控或改变；（3）行为改变可能通过认知改变来实现。除此之外，认知行为理论中还存在其他的关键命题，即环境、显性行为和隐性行为是互相影响的。认知行为理论最大限度地强调了学习过程和模型在社会环境中的影响，同时强调了个体的信息处理风格和情感体验的中心地位。

根据认知行为理论衍生出了认知行为疗法，被应用于解决各种问题，其治疗效果具有较强的实证支持。CBT不仅有助于减轻现有的心理困扰或提升现有功能，并对保持长时、持久的效用和影响有所帮助。不同的CBT对精神病理学和心理治疗的核心维度给予了不同的重视，包括注意和其他认知过程、认知重评、行为和情绪改变等。[1]

（2）拓展建构理论（The Broaden and Build Theory）。心理学家Fredickson通过拓展构建理论来解释积极情绪在积极心理干预中的重要性及其作用机制。Cohn和Fredickson认为，无论是如何产生的积极情绪，都可以通过拓展建构理论进行解释，积极情绪通过瞬时拓展注意、认知和行为的范围来开发个人资源。[2] 积极情绪的拓展建

---

[1] Kazantzis N, Luong H k, Usatoff A S, et al. The processes of cognitive behavioral therapy: A review of meta-analyses[J]. Cognitive Therapy and Research, 2018, 42（04）: 349-357.

[2] Cohn M A, Fredickson B L. In search of durable positive psychology interventions: Predictors and consequences of long-time positive behavior change[J]. Journal of Positive Psychology, 2010, 5（05）: 355-366.

构理论描述了积极情绪子集的形式和功能，积极情绪子集包括快乐、兴趣、满足和爱，这些积极情绪拓展了个体的瞬间思维—行动的方式，比如：快乐可以激发游戏的冲动、兴趣可以激发探索的冲动、满足可以激发品味和融合的冲动，爱则可以激发安全、亲密关系的冲动。与消极情绪相比，积极情绪引发的思维和行动可以产生广泛的有利影响。通过拓宽个体的瞬时思维，积极情绪可以促进创造性的行为、想法及社会支持的产生，进而建立个体的个人资源，其中包括物质、智力、社会和心理资源等。在积极情绪下积累的个人资源是永久的，其持久程度要高出短暂的情绪状态。因此，积极情绪的产生也可以使得个人资源增加。这些资源可以在日常生活中被不同的情绪所利用。通过积极情绪的体验，个体会变得更有创造力、学识更加渊博、心理弹性更好、与社会联系更加密切，从而成为一个更加健康的人。Fredickson等人设计了一种可以培养积极情绪的"仁爱冥想训练"（Love-Kindness Meditation，LKM）。随机对照组试验的数据显示，LKM的实践拓展了被试在日常生活中的积极情绪体验，提升了个体的积极资源，带来了长期的效应。[1]

（三）积极心理品质的理论基础

1. 积极人格理论

传统心理学致力于人类心理问题与心理疾病的矫正与治疗，这一点对于人类发展具有重大意义。然而，在人格研究中，对问题人格以及人格形成问题的关注过多，导致人格心理学的病态发展。虽然解决各种人格问题的技能与技巧愈发成熟，但是对于人类良好人格的形成

---

[1] Fredickson B L, Cohn M A, Coffey K A, et al. Open hearts build lives: Positive emotions, Induced through loving-kindness meditation, build consequential personal resources[J]. Journal of Personality and Social Psychology, 2008, 95（05）: 1045-1062.

与发展却甚少涉足。而积极心理学的人格观则对传统人格观的不足进行了反思与修补。在传统人格观的基础上，它提出还要研究良好人格形成发展的积极因素。

积极人格理论认为，人格的形成与发展是由内在生理因素、外部行为以及社会文化环境这三者共同影响决定的。这是一个复杂并且动态变化的过程，研究个体的个人特征不能只局限于先天的遗传因素，后天的社会文化环境同样很重要。

积极人格理论注重个体的能力以及潜力在人格形成发展中的作用。它认为人格的形成发展过程是一个积极主动建构的过程，个体本身在其中发挥了很大的主动性。而传统的人格心理学在一定程度上忽略了这一点。积极人格理论提出，应当把人的实际能力以及未来潜力都纳入个体的人格建构过程当中，当个体表现出主动的积极行为能力之后，进而可以对自己的心理体验、行为方式以及周围的环境有意识地施加一定的积极影响，最终也会影响自身的人格建构。

2. 积极情绪扩建模型

马斯洛的需要层次理论提出，人类在解决了最基础的生存问题之后，必然会去追求更加高层次的发展问题，他们的情绪体验也变得越来越复杂和多样。传统的情绪理论只偏重于个体消极情绪的消除，忽视了积极情绪的特殊功能，这一弊端已经无法满足人类新出现的情绪需求。那么，积极情绪的内涵是什么？积极情绪是一种瞬时反应，是个体在完成对自己有意义或者有价值的事情之后所体验到的一种愉快感受。它与个人的满足感相关联，是一种主观体验，是指个体对事件的需求达到满足状态时所产生的主观反应和愉悦感受。

1988年，美国密西根大学心理学者Fredrickson提出了积极情绪扩建理论。该理论认为，个体的积极情感体验不仅可以在经历积极的情感事件时扩展个人的思维、认知能力以及行为操作系统，而且可以构建和增强个人的身体、认知、心理和社会资源。更重要的是，通过扩展和构建，个人的注意力、认知和行为的原始模式也提高到一个新的高度。也就是说，通过改变个体的情绪体验达到转变自我认知观念，促使其更加充分地发挥创造性。

Isen学者对积极情绪能够拓宽人们的瞬时思想和行为这一结果进行了大概20年的研究之后，发现了这一规律：一个拥有积极情绪的个体，他的思维与行为模式也与常人不同。具体来说，这类人群更加偏爱某一类事物，行为也并不总是墨守成规。每件事情不是绝对的好或者不好，都有其消极一面和积极一面，这二者是相互关联的。当个体身处逆境时，如果可以通过在某件事情中发掘可能潜藏的积极方面，激发自身的积极情感，进而转化成积极情绪，拓宽思维模式和行为范畴，就可以为后续处理提供积极意义的可能性。因此，个体的积极情绪体验能够促进行为思考和问题解决，在与消极情绪的生理效应相抗衡之后也能够提升个体长期适应性，建立持久的个人资源，主观幸福感也随之提高。

3. 自我关怀理论

自我关怀理论由Christine Neff在2003年提出，指高压环境下人们普遍缺失的一种心理能力。具体来说，自我关怀是个体对所遭遇的困难和痛苦保持一种开放性态度，既不回避也不逃避，在遭受失败或意外时不责备自己，而是接纳自己的缺点。自我关怀强调对自己和他人的痛苦保持敏感性，并努力去减轻和阻隔这份痛苦，它将包括自我的部分放于关怀的核心位置。[1]

自我关怀不仅能够修复情绪，而且有利于两大积极情感系统（驱

---

[1] Gilbert, Paul. Human nature and suffering[M]. London: Routledge, 1989/2016.

动系统和安抚系统）的发展。在个体心理层面，自我关怀能够帮助个体减轻焦虑。从心理健康预测上，自我关怀可以帮助个体在面对压力时产生更加健康的生理反应。

4. 自我决定理论

自我决定理论：是一种关于人类动机的宏观理论，研究内容包括人格发展、自我调节、普遍的心理需求、生活目标与愿望、能量与活力、无意识过程、文化与动机的关系等基本问题。自我决定理论认为人类基本的三个心理需求是能力需求（Competence）、亲缘需求（Relatedness）和自主需求（Autonomy），这些需求是天生的而不是后天习得的。[1] 外显调节是最具控制性的动机形式，是指个体为了获得经历或避免惩罚而进行的行为；内隐调节包括由内部压力或强迫而进行的行为；综合调节包括接受与个人价值观、自我意识、目标等相一致的行为，虽然这种行为并非完全符合自身利益。内在动机是自我决定动机的典型形式，包括出于兴趣和享受而从事的活动。自主动机对持久的行为改变有重要影响，行为变化被解释为个体所处的环境对其自主性、能力和关联性的需求的支持度，支持度越高则行为变化越明显。[2] 对Ⅱ型糖尿病患者的研究表明，自主动机与生活行为和内在的身体健康的持续改善呈正相关。[3] Mata等人对超重人群的研究发

---

[1] Deci E L. & Ryan R M. The "what" and "why" of goal pursuits: Human needs and the self-determination of behavior[J]. Psychological Inquiry, 2000, 11（04）: 227-268.

[2] Fenner A A, Straker L M, Davis M C, Hagger M S. Theoretical underpinnings of a need-supportive intervention to address sustained health lifestyle changes in overweight and obese adolescents[J]. Psychology of Sport and Exercise, 2013, 14（06）: 819-829.

[3] Sebire S J, Toumpakari Z, Turner K M, Cooper A R, Page A S, Malpass A, Andrews R C. "I've made this my lifestyle now": A prospective qualitative study of motivation for lifestyle change among people with newly diagnosed type two diabetes mellitus[J]. BMC Public Health, 2018, 18: 204.

现，特定行为（如体育锻炼）动机的增加会导致个体的总体动机的增加，总体动机的增加反过来又会影响其他相关特定动机（如饮食调节）。[①] 积极心理干预通过一系列干预活动帮助个体满足心理需求，提升个体幸福感。心理需求的满足是积极心理干预发生作用的重要机制。自我决定理论是一种基于经验的人类动机、健康和发展理论。该理论关注的是动机的类型，不仅仅是数量，特别关注自主动机、受控动机、零动机和动机作为绩效、人际关系和幸福感结果的预测因素。自我决定理论中最核心的动机是自主动机和受控动机。自主动机既包括内在动机，也包括外在动机。在外在动机中，个体认同一项活动的价值，并在理想情况下融入自我意识当中。当个体受到自主激励时，会经历意志过程，或对自身行为的认可。控制动机由外部监控，个体的行为是受到外部偶发事件的奖励或惩罚以及内部调节的影响。行为调节已部分内化，受到认可动机、避免羞愧、偶然自尊和自我卷入等因素的影响。当个体受外部控制时，会感受到压力，迫使他们以特定的方式思考、感受或行动。自主动机和控制动机都能激励直接产生行为，与零动机的动机缺乏形成对比。

（四）心理健康的双因素理论模型

2011年，Greenspoon和Saklofske最早萌生了心理健康双因素这一思想。发展到2008年时，"心理健康的双因素模型（the Dual-Factor Model of Mental Health）"这一概念才被正式提出。心理健康双因素模型是对传统的消极心理学单维模型的完善和扩充，提倡一种完全的心理健康状态，从积极和消极两大方面去衡量和评判个体的心

[①] Mata J, Sliva M N, Vieira P N, Carraca E V, Andrade A M, Coutinho S R, Sardinha L B. & Teixeira P J. Motivational "Spill-Over" during weight control: Increased self-determination and exercise intrinsic motivation predict eating self-regulation[J]. Health Psychology, 2009, 28（06）: 709-716.

理健康状况。心理健康的积极指标（正性指标）以主观幸福感为例，心理健康的消极指标（负性指标）以心理症状和心理问题为代表。换言之，心理健康双因素模型的构思不仅关注心理问题发生后的干预，还强调心理健康的培养，即还未出现传统意义上明显的心理症状或心理问题的人的心理健康水平。

目前关于心理健康人群的分类，主要有"四分说"与"六分说"两大类型。四分法将人群分为：完全心理健康、部分心理健康、部分病态、完全病态。在"四分法"的基础之上，Keyes 提出了"六分说"，它将积极指标扩大到了情感幸福感、心理幸福感和社会幸福感，消极指标则特指内化问题。根据这些指标，Keyes 将心理健康人群又划分为六种类型，分别是：完全健康型、部分心理健康 I 型、部分心理健康 II 型、完全病态型、部分心理疾患 I 型 和部分心理疾患 II 型。

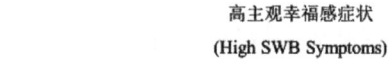

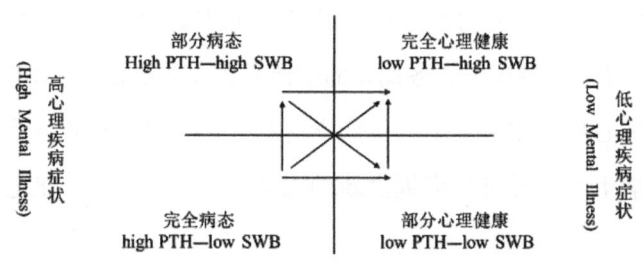

图 1-4 心理健康双因素模型的超越基线转变图

注：参考 Keyes 和 Lopez[①] 的文献绘制

---

① Keyes C L M, Lopez S J. Toward a science of mental health: positive directions in diagnosis and interentions.In: Snyder C R, Lopez S J (Eds.) [J].Handbook of positive psychology. New York: Oxford University Press, 2002, 45–59.

四、已有研究的启示

综合已有国内外相关研究发现：积极心理干预对积极心理品质影响的相关研究的对象主要是学生群体，包括大学生、中学生、职业院校学生等。相关研究表明，积极心理干预主要包括了：感恩干预，基于优势的干预，正念冥想，积极写作等。积极心理干预对积极心理品质具有一定的促进作用。相关实证和理论研究，为本研究提供了一定的参考意义：在不同群体，不同种族的对比研究较少，但以往的理论和实证研究，为本研究的干预方案设计、分析影响因素提供了一定的借鉴意义。

同时通过对比国内外的相关研究发现，国内的相关研究较少，干预方案没有针对具体的积极心理品质；国外的相关研究较多，干预方案具有较强的针对性，但整体研究较少。本书拟将整体和局部相结合，分阶段对不同积极心理品质采取针对性的干预方案进行干预研究，考察针对性不同的干预方案相结合对积极心理品质的整体影响。中国是一个多民族国家，各民族的生活方式存在差异，本研究将同时考察积极心理干预对不同的民族学生积极心理品质的影响程度，以期为大学生心理健康教育提供新的思路，提升民族学生的心理健康水平。

（一）注重研究的发展性与长期性

个体的积极心理品质是不断发展变化的，会随着时间推移呈现出不同的特点。国内积极心理品质的研究大多以理论研究和横断研究为主，从积极心理品质的总体现状、影响因素出发，研究结果具有一定的时效性。学者应该投入更多的精力与时间，开展持续性的深入研究。在关注各年龄阶段积极心理品质现状的同时，多个时间点去追踪积极心理品质的变化趋势，更加深入地探讨人类积极心理品质的发展历程。

（二）加大实践干预研究的力度

回顾我国积极心理品质的干预研究，理论研究居多，实证研究较少，有针对性和可操作性的策略性研究更少。因此，国内积极心理品质的研究应该在理论研究的基础上，去探究如何培养大学生积极心理品质的实现路径。干预研究要整合各相关学科的研究方法，通过实验法、测量法、个案法等获得第一手实证资料，将团体辅导、个体心理咨询、思想政治课教育等方法运用到大学生积极心理品质的培养中来，在实践中总结、提升、建立经过实践验证的积极有效的干预措施。

（三）积极心理学在提升大学生心理健康实践中的运用不足，纵向研究较少

从近十年我国积极心理学的发展来看，国内并不缺乏对积极心理学的热情，但都只停留在理论的介绍、经验的总结方面，一些结论只能在横向研究的基础上得出，积极心理学在提升大学生心理健康的实践中运用较少。积极心理品质作为积极心理学的重要组成部分，对提升心理健康水平有着深远的实践意义。而且纵向研究设计获得的资料更丰富、全面，更加贴近生活的真实情况，得到的研究结果也经得住时间的检验。

> 有了健康，不等于就有了一切。但是没有了健康就等于失去了一切。
>
> ——世界卫生组织前总统干事哈夫丹·马勒

第二章　心理健康及其研究

传统意义上的"健康"概念被定义为"机体处于正常运作状态，没有疾病"，随着社会的发展，人们不仅追求身体健康，也开始重视起心理健康状况。心理健康指的是一种持续的心理状态。在这种状态下，个人具有生命的活力、积极的内心体验、良好的社会适应，能够有效地发挥个人的身心潜力与积极的社会功能。当前我国正处于经济社会快速转型期，人们的生活节奏快，生活压力大，难免产生焦虑、自卑、嫉妒等负性情绪。其中，大学生是心理问题高发人群，据调查显示，大学生的心理问题比社会青年更加严重，约有20%—30%的大学生存在不同程度的心理症状，轻则影响学习效率，重则妨碍正常的生活和学习。大学生的心理健康问题关系到社会主义能否培养出身心健康、人格健全、全面发展、适应社会主义市场经济要求、适应21世纪挑战的新型人才。

第一节　心理健康概述

人的生理健康是有标准的，一个人的心理健康也是有标准的。那么什么是人的心理健康呢？随着时代的变迁，社会文化因素的影响，心理健康的概念也在不断变化，学者们也是众说纷纭，这种差异不仅反映了历史的不同、文化的不同、个体的不同，也反映了政治的差异。心理健康研究的不断发展、完善也正说明了它的重要性和持续不断的关注度。美国哈佛大学著名精神病学家弗列曼教授认为："人们患病的原因中，心理因素占了很大比例。"本节主要介绍心理健康的含义、标准以及国内外在心理健康理论上的研究与发展。

一、心理健康的含义

（一）心理健康的概念

心理健康涉及医学、心理学、社会学等多个学科领域，是一个复杂的综合概念。关于它的具体含义经历一个从消极到积极的发展过程。最初学者们是基于传统的精神病理学模型，以被动、消极的状态去定义心理健康，认为心理健康就是心理症状的消除与心理疾病的治疗。例如，第三届国际心理卫生大会（1946）认为心理健康是在不与他人心理健康发生冲突的范围内，努力将个人的情绪达到最佳的状态。[1] 日本学者高木四郎等认为心理健康是一门以提升个人心理健康水平为目标的科学研究，主要是避免心理疾病与心理问题的产

---

[1] 李有华，段虹，郭玉宾.大学生心理健康教育[M].中国林业出版社，2001，45-48.

生。[1] 随着积极心理学运动的开展，心理健康的研究对象扩展到普通正常人群。Keyes（2010）认为心理健康不只是消除心理病症与心理问题就能达到，还应该去关注人类的积极心理健康。[2] 我国学者刘华山（2001）则认为心理健康是一个连续而良好的心理状态与心理过程，具体表现为个人展现出蓬勃的生命力、积极向上的情绪体验、良好的社会适应能力，能够有效发挥个人的内在潜力为社会良性发展做出贡献。[3] 个体自身的积极品质开始被纳入心理健康的评判标准，不再是单一的没有抑郁或焦虑等精神病理学症状。

综观心理健康的发展历程，心理健康的含义应该包括两个方面：消极方面和积极方面。因此，本研究将心理健康定义为：个体没有心理疾病且身心功能正常，同时还可以凭借自身的积极力量去适应社会生活。

(二) 心理健康的测量

目前，国际上通用的评估心理健康的量表大多是对心理异常现象的测量与评价。例如，症状自评量表（SCL-90）、抑郁自评量表（SDS）、明尼苏达多项人格个性测量表（MMPI）、艾森克个性问卷（EPQ）、焦虑自评量表（SAS）、一般健康问卷（General health questionnaire，GHQ）等。其中，症状自评量表（SCL-90）、一般健康问卷（General health questionnaire，GHQ）最为常用。

随着积极心理学运动的推进，对于心理健康的评估已从对人体各种生物学指标的单一测量逐步发展为多维的生理、心理和社会测量；

---

[1] 高木四郎，松村康平.精神医学者と相談心理学者との対論[J].心理学評論，1963.7（2），273-306.

[2] Westerhof Gerben J and Keyes Lorey L M. Mental Illness and Mental Health: The Two Lontinua Modlel Across the Lifespan[J]. Journal of adult development, 2010, 17 (2) : 110-119.

[3] 刘华山.心理健康概念与标准的再认识[J].心理科学，2001,（04）：480-481.

从只侧重于心理健康消极指标的测量发展为积极和消极两方面的测量；从对身体组织器官的客观状况的测量发展为对个体内心体验和主观幸福感的测量。积极心理学对个体心理健康的研究并不与传统心理学对立，而是在其研究基础之上更加关注个体的积极心理特征，认为个体心理问题可以通过提升自身的某些特点达到自我缓解。但是，由于国内外还没有同时可以评估积极心理健康与消极心理健康状态的量表问世。因此，国内外学者们大多采用组合问卷的形式进行积极消极心理健康的测量，即使用生活满意度量表、积极情绪量表测量个体的积极心理健康，也就是主观幸福感；使用抑郁—焦虑—应激量表测量评判心理病症。

二、心理健康的标准

（一）一般标准

一个人的心理怎样才算是健康，以什么作为心理健康的标准呢？这是一个非常复杂的问题，也是学术界研究的一个热点问题。

北京师范大学郑日昌教授概括的心理健康的标准是：①认知活动正常；②情绪生活健康；③意志品质健全；④自我意识正确；⑤个性结构完整；⑥人际关系协调；⑦社会适应良好。美国心理学家奥尔波特对心理健康提出的六条标准是：①力争自我的成长；②能够客观地看待自己；③人生观的统一；④具有与他人建立和睦关系的能力；⑤获得人生所需的能力、知识和技能；⑥具有同情心和对一切生命的爱。[1]

---

[1] 郑日昌,高翔,刘视湘.心理健康测评和全人教育模型[J].教育测量与评价（理论版）,2008(1):4-8+13.

我国学者根据《黄帝内经》总结出心理健康的九条标准：①"心安而不惧""心恬愉为务""和喜怒而安居处"，即经常保持乐观心境；②"志闲而少欲""不惧于物""无为惧惧"即不为物欲所累；③"无思想之患""不妄想""谣邪不能惑其心""不妄作"，即不妄想妄为；④"志意和精神专直，魂魂不散，悔怒不至"，即意志坚强，循理而行；⑤"御种有时""勿伤于神""劳而不倦""起居有常"，即身心有劳有返，有规律地生活；⑥"恬淡虚无""居处安静""静则神藏"，即心神宁静；⑦"乐其俗""善人""好利人""尊则谦谦"，即热爱生活，人际关系好；⑧"婉然从物，或与不争，与时变化"，即善于适应环境的变化；⑨"节阴阳而调刚柔"，即涵养性格，陶冶气质，克服自己的缺点。

美国心理学家马斯洛和密特尔曼（Mittelman）提出了心理健康的10条标准：①充分的安全感；②充分了解自己，并对自己的能力作适当的估价；③生活的目标能够切合实际；④与现实环境能够保持接触；⑤能够保持人格的完整与和谐；⑥具有从经验中学习的能力；⑦能够保持良好的人际关系；⑧适度的情绪表达及控制；⑨在不违背团体要求的情况下，能够作有限度的个性发挥；⑩在不违背社会成规的情况下，对个人的基本需求能够作恰如其分的满足[①]。

第三届国际心理卫生大会（1946年）指出：心理健康的标志是：①身体、情绪十分协调；②适应环境，人际关系中彼此能谦让；③有幸福感；④在职业工作中，能充分发挥自己的能力，过着有效率的生活。[②]

美国学者坎布斯（Combs, A.W.）认为一个心理健康、人格健全

---

① 蔺桂瑞.学校心理咨询中的价值观教育[J].教育研究，2001，12：34-37.

② 李有华，段虹，郭玉宾.大学生心理健康教育[M].中国林业出版社，2001，45-48.

的人应有以下四种特征：①具有积极的自我观念；②恰当地认同他人；③面对和接受现实；④主观经验丰富，可供取用。[1]

我国知名心理学家郭念锋先生提出了心理健康的10条标准[2]：①周期节律性；②意识水平；③暗示性；④心理活动强度；⑤心理活动耐受力；⑥心理康复能力；⑦心理自控力；⑧自信心；⑨社会交往；⑩环境适应能力。

我国台湾学者黄坚厚在1985年提出了心理健康的四条标准：①乐于工作；②能与他人建立和谐关系；③对自身具有适当的了解；④和现实环境有良好的接触等，国内外对心理健康的标准的规定更是林林总总。[3]

影响个体心理健康的因素是极为复杂的，大多数研究者在对心理健康标准研究时，为了阐述和研究的方便，往往采用一种静态的分析方法来对心理健康的结构维度进行划分。心理健康可以被看作是一种状态，但个体心理经历着平衡—不平衡—平衡的循环过程，这一过程是一个由低级的适应水平向高级的适应水平不断推进的螺旋上升过程，也是一个动态的发展过程。如果只是对心理健康状况进行静态的分析，显然是不适宜的。河北师范大学左晓东认为，比较适宜的制订心理健康的策略应该是以人的生命历程为线索，从动态评估的角度来探讨心理健康标准。在个体的毕生发展过程中，其生理和心理将经历许多重大的变化，恰当的心理健康观要以人的生理因素、心理因素和社会因素为主线，对个体发展的不同时期采用不同的心理健康标准，换言之，就人的毕生发展而一言，并不存在恒定的心理健康标准的理

---

[1] 美国学者坎布斯："心理健康、人格健全"的特质理论[J]. 华南国防医学杂志, 2009, 23（04）：49.

[2] 郭念锋. 心理咨询师[M]. 北京：民族出版社，2005，284.

[3] 黄坚厚. 青年的心理健康[M]. 中国台湾：台北心理出版社，3-6.

念。①

综上所述，可以看到，尽管心理学家们关于心理健康的标准各有见解，但他们的内容实质大体上是相近的，即心理健康的标准是：同等条件下，大多数人的心理和行为的一般模式，也就是社会常模。一种心理活动或行为，如果是同等条件下大多数人所具有的，那就是正常的，反之，则会出现两种情况，一种是比一般水平高，这是社会期望的超常心理健康，这样的人是少数的。另一种是低于一般水平的，即我们通常所说的心理不健康、心理变态等，这部分人也是少数的。

心理健康专家们把心理健康水平大致地划分为三个等级：第一，心理常态。表现为善于和别人相处，能够比较好的完成同龄人的发展水平所应做的活动，具有调节情绪的能力。第二，心理失调。表现为不具有同龄人所具有的愉快心境，和他人相处略感困难，在生活自理上有些吃力。例如，他们当中有的人，由于过度的自卑感，会形成不适应的心理状态和行为表现，不过，依靠他们个人的努力，能够妥善处理，恢复常态，不至于酿成长期性的心理病症。第三，心理病态。表现为严重的心理疾病②。

（二）大学生心理健康的标准

人的心理是复杂的，心理健康的界定也应当是多维的，一个人的心理是否健康，不仅要看个体心理的客观表现，也要注意个体心理的主观感受，既应该用主观与客观标准相结合的原则来判断，同时应该指出，任何评价标准都是相对的，不同时代、不同社会、不同地区、不同场合、不同对象都可以有不同的标准。心理健康的标准也不

---

① 左晓东.大学生心理健康量表的修订和信效度研究[D].石家庄：河北师范大学，2004.

② 曾屹丹.价值观冲突对心理健康的影响[J].渝西学院学报（社会科学版），2004，3（04）：90-98.

例外，它随时代的变迁而变化，因文化背景区别而有异，随性别、年龄、情境的不同而有不同的表现。

国外学者关于心理健康的标准主要体现在：美国学者坎布斯认为一个心理健康、人格健全的人应有四种特质：积极的自我观、恰当地认同他人、面对和接受现实和主观经验丰富。英国心理学家马斯洛和米特尔曼曾提出测量人的心理是否健康的十条经典标准：包括是否有充分的安全感，是否能恰当地评价自己的能力，生活和理想是否切合实际等。① 国内学者郭念锋在《临床心理学概论》一书中归纳提出十条标准：周期节律性；意识水平；暗示性；心理活动强度；心理活动耐受力；心理康复能力；心理自控力；自信心；社会交往；环境适应能力。②

刚刚步入大学校园的大学生们，生理和心理都处于急剧的变化中。因此判别大学生心理健康的标准是更为复杂的。综合以上国内外研究成果和当前社会文化背景以及大学生特有的心理特征，总结当前大学生心理健康，综合起来有下列七条标准：

第一，身心感觉良好，能够适应大学生活和社会生活。自我感觉是否良好，是判断个体心理健康与否的基本条件。身心是一个整体，自感精力充沛，自我健康的心理需要基本上能得到满足，是心理健康的表现。进入大学后，大学生们要能够完成由中学生向大学生的转变，适应大学的学习特点和方法，适应大学里的人际交往，适应大学所处的自然环境和社会环境。

第二，应具有正常的智力、健全的意志、稳定协调的情绪。由于大学生的主要任务是学习，因此正常的智力是大学学习的基本条件，

---

① 郭念锋主编.心理咨询师[M].北京：民族出版社，2003年5月第1版第169页.
② 郭念锋主编.心理咨询师[M].北京：民族出版社，2003年5月第1版第170页.

也是大学生心理健康的标志之一。心理健康的大学生还应当是情绪协调的人，他们心情愉快，情绪稳定，心境积极，快乐有度，悲伤有制；能够做到胜不骄败不馁，即使遭到挫折与失败，也能用理智调节和控制自己。

第三，在个性方面应具有健全和谐的人格。人格健全的大学生在思维模式、行为方式和情感反应等方面表现出积极、协调，凡事能从积极乐观的方面去考虑。在行动的自觉性、果断性、顽强性和自制力等方面都表现出较高的水平；在困难和挫折面前能采取合理的反应方式，具备面对失败的不屈性、面对厄运的刚毅性和面对困难的勇敢性。

第四，大学生的心理特征还应符合其年龄特征和性别特征。在人的一生中，不同的年龄阶段有不同的心理特征和行为表现。同时，男女两性在社会生活中也有相应的性别角色特征。一个心理健康的人，其心理特征和行为表现必须符合其相应的年龄特点和性别特征。

第五，具有良好的人际关系，乐意与人合作共事。具有和谐的人际关系的大学生，应乐于与人交往，有稳定而广泛的人际关系；在交往中不卑不亢，保持独立完整，对他人尊重、诚挚、热情，富有同情心和友爱心；在群体中，一方面，具有合作和竞争的协调意识，既不强迫别人的意志，又能向他人提出自己的看法，另一方面，具有独立自主的意识和能力，既不一味附和他人，又能适当听取他人的意见。

第六，热爱生活和学习，与现实保持良好接触。对自己的能力有充分的信心，对生活、学习中的各种困难和挑战都能妥善处理；对自己的学习，日常生活中碰到的各种困难和问题，能用有效的方法去妥善地解决；能较好地适应外部的变化，不论变化会给自己带来直接或间接的某种影响，不论环境和个人遭遇的优劣，都能面对现实，较好地调节自己的心态，以积极的态度适应环境。

第七，具有生存意识、竞争意识和创新意识。现实社会是一个充满竞争的世界，任人唯能、任人唯贤、优胜劣汰是不可逆转的社会大趋势，大学生要有危机感、要具有生存意识。当然，在竞争中难免会遇到各种障碍和挫折，这就需要理智地分析受挫原因，通过自我调适或者寻求心理咨询，及时地排解心理矛盾，心理活动始终保持健康水平。

大学生心理健康的标准与生理健康的标准一样，符合高标准的人确实不多。但是它是衡量一个人心理健康标准的程度和加以努力的方向。当具体判断一个人的心理是否健康时，还应因人、因事、因时做具体分析。有些人的个性、思想、认识、行为习惯与众不同，只要这些行为和思想是符合客观事物发展规律的，就是正常的、健康的。有些行为由于受某种条件的限制一时不能被人们理解和接受，随着历史的发展和科学的进步，最终可能被大多数人们理解和接受，也不能称为心理不健康。因此，判断一个人心理是否健康应该看他的思想言行是否符合客观发展规律，只有这样才能做出比较全面、客观的判断。

三、心理健康理论

（一）国外心理健康理论

心理健康又称心理卫生。18世纪末，有关心理卫生的运动崛起。1908年，美国的比尔斯出版《一颗发现自身的心灵》一书，标志着近代心理卫生运动的开端。随后，有关心理卫生的协会成立，这也是世界上第一个心理卫生组织。1909年，《心理卫生》杂志开始正式发行。这也是比尔斯的又一大壮举，利用该杂志普及相关的心理知识。

1936年，中国也成立了自己的心理卫生协会。这个协会最初是由丁瓒、萧孝嵘等人组建的，主要进行精神病的咨询和疏导。1985年，该协会又有了新的发展，并进行了重建。1946年，第三届国际心理卫生大会召开，指出心理健康是指不管遇到什么困境，要学会适当调节，不与他们在心理上相冲突，使自己的心境处于最好的状态。此外，世界心理卫生联合会也对心理健康有着自己的标准定义。但是，不同的心理学家对于心理健康的理解也是不同的。下面介绍几种比较经典的理论。

1. 特质学派的健康理论

奥尔波特是特质理论的开拓人。他认为心理相对比较健康的人可以称为成熟的人。他对很多的健康成年人进行了调查研究，对他们的相关资料进行了归纳总结，指出心理健康的人是不受环境变化影响的，过往的任何创伤也不会对其影响。"成熟的人"的特征是：能够正确地认识自己、能够理智的处理工作和生活的压力、能够有爱与被爱的意识、能够对世界上的一切怀有同情、能够有正确的三观。

2. 精神分析学派的健康理论

弗洛伊德是精神分析理论的开拓人。他认为心理是否健康是与人格息息相关的。人格崇高的人能够对自己有清醒的认识，能够有爱与被爱的能力，能够理智处理好各种关系。荣格对什么样的人才是心理健康的人进行了研究，他认为只有对自己的能力有清醒的认识，并且能够不断地进行自我整合、自我完善、自我发展的人才能够称之为心理健康的人；艾里克森则把对自身的清醒认识作为衡量是否健康的标准，表示只有把自己是谁、将要去哪里等问题认识清楚的人，才能够称之为心理健康的人。他认为之所以出现心理问题是因为大家对事物的看法是绝对的，只有好或坏两种，没有折中的认识。要解决这一问题就要让患有心理障碍的人对事物有清楚的认识。

3. 认知学派的健康理论

凯利是认知理论的著名代表人物。他主要在认知领域对心理健康进行了研究。认为人只有正确的认知自己，根据不断的环境变化来解决自己的实际问题才能够称之为心理健康的人。这一学派的人主要利用的是人的"构念"体系。这一体系能够对当前的情况进行阐释并对将来进行预测，是人们对社会如何认知的基础。

4. 人本主义的心理健康理论

马斯洛是人本主义的著名代表人物。他系统且全面地进行了心理问题的相关探索。在大学时期，他非常崇拜自己的老师本尼迪克特和魏特海默，并跟随自己的老师进行了很多的研究。"自我实现者"是他主要的研究人群。他通过自己的想象，并结合相关的测试结果、传记著作对这些人物进行了分析。同时，他总结出了该种人群的十五种心理特点：

（1）全面和准确地知觉现实；

（2）接纳自然、自己与他人；

（3）对人自发、坦率和真实；

（4）以问题为中心，而不是以自我为中心；

（5）具有超然于世和独处的需要；

（6）有独立意识，能够根据环境变化自主地进行调节；

（7）具有永不衰退的欣赏力；

（8）具有难以形容的高峰体验；

（9）对人充满爱心；

（10）具有深厚的友情；

（11）具备民主的精神；

（12）区分手段与目的；

（13）富于创造性；

（14）处事幽默、风趣；

（15）反对盲目遵从。

马斯洛表示能够自我实现的人也并不都是完美的人，也有很多的缺点存在，但是这些缺点与优点相比弱化很多。总体来看，这种理论是极端的，他所展现的人也是理想的形象。罗杰斯曾提出"机能健全者"这一概念。阿尔波特曾提出"机能成熟者"这一概念。弗兰克尔曾提出"自我超脱者"这一概念。这些人本主义的健康论也被人熟知。

5. 精神心理学的基本观点

丹尼什教授是精神心理学的代表人物。他常年从事与心理健康相关的工作，通过对这些经验进行总结和归纳，提出了精神心理学的著名观念。他表示，人类越来越成熟，科技越来越进步，物质环境对人的影响会越来越小，精神环境对人的影响越来越大且占据重要的地位。在实际的工作和生活中，他认为有三种力量支撑着人们，也就是所谓的爱意、毅力和知识。人们之所以能够拥有健康的心理很大程度上取决于他们能够在有爱的路上突破毅力的限制获取知识。社会上会出现物质不平衡的情况，人的心理也会相应地出现不平衡。所以，要把精神生活放在与物质生活平等的地位，提高人们的精神生活，这不仅是时代的召唤，也是健康必不可少的环节，标志着人类健康研究踏上了新的旅程。

针对健康的研究，国外很多理论的描述让人很难理解，给我国研究者的探索造成了不少的阻碍。但是在哲学领域的探讨还是给我们不少的启示，能够让我们更加深入的了解心理健康方面的问题。这些方面对于我国来说，更多的是理论借鉴的意义。

（二）国内心理学界的心理健康理论

我国很多研究者加入心理健康的研究行列中来，投入了大量的精力进行潜心的研究，取得了不少的成果，构建了有关心理健康的体系。主要的观念有以下几种：

1.心身统一的观点。心就是指心理，身就是指身体。对于一个独立的个体来说，身心都是不可缺少的。各种身体机能的活动都离不开意识。一般情况下，能感知的不是身心症状，就是所谓的心身症状，也可以是两者相结合产生的症状。身心症状的原因是身体内部的器官出现病变；而心身症状的原因则是机体产生焦虑等不利情绪（马奇柯，2002）[①]。所以，不管是身心症状或是心身症状都能够很明显的反应到身体上。当有信息传导时，身体和心理都能够产生反应。如果一个个体产生了疾病，不仅要从身体方面入手，还要注意心理方面的问题，两者都不能缺少或忽视。

2.人与社会和谐的观点。个体虽然是独立的，但是不能脱离社会而存在。人只要有生命，势必在社会环境中面临各种各样的事，接触形形色色的人。从最普通的夫妇关系来看，也不是只有两人存在。一般情况下，还会有子女、亲人，继续扩展的话还会涉及邻居、同事关系等。这些关系都属于社会的范畴，对人的身心健康起着重要的作用。所以，为了保持自己的身心健康，就要与他人友好相处。此外，环境也是一个不容忽略的因素。如果对一个个体的心理健康进行探索的话，除了要把教育背景、知识层面、文化内涵、社会地位等考虑在内之外，还要看社会环境和氛围等因素的影响。

3.认知和自我评价作用的观点。健康心理学认为社会因素是否

---

① 马奇柯.论高校心理健康教育与思想政治教育的关系[J].荆门职业技术学院学报，2002，17（02）：64-66.

影响个体的心理健康或导致病症，其性质和意义起到一定的影响作用，但主要取决于个体对来自社会因素的外界刺激如何进行认知和评价，有时后者占主导地位。例如，在工作中出现严重问题、在学习上遭遇重大挫折、在生活中发生口角等问题时，不同的人可能有不同的反应。对于一些人来说，这些事件会使他们陷入绝望的境地，严重的话会引发心理健康问题；但对于另外一些人来说，这些事件虽然给他们很大的打击，但是他们能够从中总结经验，继续发奋图强，走出阴影。所有因素都通过心理来反应，进而判定是否对人的健康产生影响，既能致病也能治病。

4.主动调节与适应的观点。一个独立的个人在成长阶段，会与外界环境进行配合，从而形成自身独特的特点。当与周围的人、事、物进行交流的过程中，这些特点虽然一直处在动态变化中，但是都处于可调节的范围之内。如果人能够根据外界环境的变化主动进行心理的调节和适应，那么就能够保持健康的状态。

综上所述，国内的研究侧重点和国外是不同的。国内的研究主要关注的是身心方面的，注重强调与他人和环境的友好。但是这些理论的研究并不是原本心理健康的概念，而只是机体怎样达到心理健康的状态。

第二节　心理健康的研究现状

大学生的心理健康是当前社会关注的热点，尤其当前国内处于常态化疫情防控阶段，全国很多高校对学生的心理健康测评结果显示，大学生们普遍不同程度的抑郁、紧张、焦虑，甚至严重的心理危机。人的心理健康是一个相对独立的、极为复杂的和动态的过程，所以影响心理健康、导致心理偏差、心理障碍或心理疾病的因素也是复杂多样的。本节主要介绍国内外的心理健康研究的现状以及心理健康的影响因素。

一、心理健康研究现状

（一）国外心理健康研究现状

早在1946年，位于美国马里兰州的Bethesda的（NIH）美国国立卫生研究院内就成立了国家心理健康研究所（National Institute of Mental Health，NIMH）。NIH里早期有很多研究机构，而这个研究所是最早一批成立机构中的一个。它所进行的是心理疾病的预防和治愈研究，在心理健康的研究领域一直都占据领先地位，也是世界上公认的最大的心理健康研究机构。据统计，美国从事健康研究的研究院有25个，NIMH就是其中之一（罗跃嘉，买晓琴，2001）。[①]

1950年开始，国外诸多学者开始关注心理健康的实践研究，并进行了大量的探索，取得了瞩目的成果。他们认为健康是立足之本，不仅对人的成长至关重要，而且对社会来说也是必不可少的。1967年，美国健康委员会对本国的国民心理健康情况进行了调查研究，并对数据进行了统计分析。指出大部分国民都患有不同程度的心理疾病，可以通过三组数据来说明。第一，目前心理疾病患者占全部国民的1/10；第二，150万左右18岁以下的青少年需要心理疏导；第三，

[①] 罗跃嘉，买晓琴. 美国国家心理健康研究所介绍[J]. 心理学动态，2001（01）：88-94.

一生有轻中微心理健康问题的人近1/4。20世纪80年代初，美国有心理疾病问题的人数占总人数的12%，也就是说近2500万人有心理问题，需要进行相应的疏导。英国也对本国国民的健康问题进行了调查，并发表了相关报道。指出，被调查的人群主要包括慈善机构的成员532位和普通的国民964位，结果表明85%的人觉得内心孤寂，并且有严重心理疾病的人群的聚集地主要是农村地区和黑人地区。1981年，美国Duck大学的Talley对大学生的心理健康问题进行了调查，表示12%左右的学生患有不同程度的心理疾病（TalleyJ. E. et al, 1985）。①

21世纪以来，欧美国家和日本越来越关注心理健康的问题，并进行了大量的研究。他们所进行的研究不是一成不变的，而是与自身实际密切结合的，在吸取他国研究经验的基础上创新本国的心理健康研究模式，总结融合本国特色的心理研究理论依据和实践成果。在西方国家和日本等国的学校教育中，心理健康教育已成为非常重要的一门课程。是否进行心理健康教育也是衡量一个学校是否已经追上时代步伐的一块试金石。

通过对国外心理健康问题的研究方法和研究内容进行归纳总结，我国学者可以分析出许多值得借鉴的地方，尤其是与本国特色的融合这一方面要格外关注。在进行研究的过程中，要充分结合本国实际，了解中国人的思维方式和心理特征，根据不同的人群、不同的地区探索出适合发展的心理健康模式，对其进行健康问题的评估和实行相应的教育。

---

① Talley J. E. et al. Company, Counseling and psychotherapy Serrices for University Student[M]. Charles C Thomas Publlsher, 1985, 10-30.

（二）国外大学生心理健康的研究概况及发展趋势

心理健康问题很早就受到了国外众多学者的关注，但比较系统的心理健康研究还是要从20世纪初说起。由于政府部分以及各个学校的高度重视，国外心理健康领域的研究成果相当丰富，而且面向大学生心理健康的研究也要早于我国，研究对象也经历了一个发展变化，范围遍及全体普通大学生。资料显示，国外大学生心理健康问题的研究大多集中于大学生注意力分散、焦虑、抑郁、退缩、情绪容易激动等一些具体的心理问题上，最终归纳出大学生普遍存在的心理问题，在此基础上形成一套诊断大学生心理问题的准则，探讨个体因素、家庭因素以及社会因素对大学生心理健康的形成及发展过程可能产生的影响。

通过整理近十年国外大学生心理健康的相关文献发现：大学生心理健康问题发生率很高，1/3的大学生表现出了明显的心理健康问题症状，如抑郁、广泛性焦虑以及自杀倾向。一项研究报告表明，17%的受访学生符合抑郁症的诊断标准。由此可见，抑郁和焦虑已经成为大学生中最常见的两种心理健康问题，并且焦虑超过抑郁成为了大学生群体中最常见的心理健康问题，数据统计有38%—55%学生都深受其影响。除此之外，许多学生也同时经历着心理健康问题的共病，在抑郁症筛查结果为阳性的学生中，76%的学生至少有一个共同出现的心理健康问题。例如，40%的广泛性焦虑症中30%的学生也同时出现非自杀性的自伤症状。

大学生心理健康问题的患病率可能正在上升。Mahmoud（2012）等使用抑郁、焦虑、压力量表（DASS），发现29%的大学生抑郁水平升高，27%的大学生焦虑程度加剧，24%的大学生压力升高。[1] 2014年，美国各地的大学咨询中心主任报告说，52%的咨询中心来访者存在严重的心理问题，而2013年这一比例为44%。但是调查导致大学生心理健康问题增加原因的研究不是特别丰富。咨询中心主任认为焦虑、父母过度干涉、学生对技术的依赖以及学生学业压力这几个因素可能造成学生心理健康问题的增加。[2]

RalucaTomsa等人的研究中表明，大学新生多数有焦虑和情绪等心理问题。[3] Kessler等人的研究显示，美国约有5%的大学生因为精神障碍而提前结束了自己的学业，而同时大学生的情绪障碍、焦虑等因素都是提前退学的重要预测因素。[4] 2009由美国大学健康协会发起的对全美8万余人的健康调查中显示，有15%的学生在一生中被确诊为抑郁症，而其中32%的学生是在一年内被确诊，在近一年被确诊的学生中有24.5%正在接受抑郁症治疗，35.6%的学生正在服用抗抑郁药物。在调查的一年中，有超过1%的学生企图自杀，并且有9%

---

[1] Mahmoud Jihan Saber Raja, et al. The relationship among young adult college students' depression, anxiety, stress, demographics, Life Satisfaction, and Coping styles[J]. Issues in mental health nursing, 2013, 33 (3) : 149-156.

[2] Center for Collegiate Mental Health.2015 Annual Report.[Publication No.STA 15-108]; 2016. Available at: http: //files.eric.ed.gov/fulltext/ED572760.pdf. Accessed September 3, 2017.

[3] Auerbach R P, Alonso J, Axinn W G, et al. Mental disorders among college students in the World Health Organization world mental health surveys[J]. Psychological medicine, 2016, 46（14）: 2955-2970.

[4] Kessler R C, Foster C L, Saunders W B, et al. Social consequences of psychiatric disorders, I: Educational attainment[J]. American journal of psychiatry, 1995, 152（7）: 1026-1032.

的人认真考虑过自杀。[1] 2016年，由世界卫生组织进行的一项跨国（包括中国）大学生心理健康调查显示，有20%的学生在12个月内出现过DSM-IV/CIDI诊断中的心理障碍，而其中焦虑的占比最高，其次是情绪障碍、躯体障碍与行为障碍，而这些学生中却只有16.4%的人接受过最低限度心理咨询或治疗。[2]

（三）国内心理健康研究现状

大学生的心理健康问题是很多学者关注的内容。为了对这些问题进行探索分析，搜集和整理了近十年的相关资料，归纳总结出了大学生心理健康问题研究的几个特征。

第一，有关大学生心理健康的研究成果呈逐年渐进上升趋势。

综观2005—2014年的统计资料可以发现，关乎大学生心理健康问题的研究多达9786篇。可以把这十年的资料分为三个时间段，2005—2007年有2522篇，2008—2010有3214篇，2011—2014年有4050篇，呈逐年上升趋势。

第二，有关研究大学生心理健康的领域宽泛，但多以大学生心理健康状况的调研为主。

通过对这9786篇文献进行研究发现，侧重点是不同的。大多数都是针对不同种类的心理健康状况，采用的方法主要是比较研究。有的研究者采用SCL-90和艾森克人格测评量表共同测量，有的采用的是SCL-90心理测量量表，而有的采用的是卡特尔16种人格因素量

---

[1] American College Health Association. American College Health Association-National College Health Assessment Spring 2008 Reference Group Data Report（abridged）：the American College Health Association[J]. Journal of American college health：J of ACH，2009，57（5）：477.

[2] O'Neill S，Auerbach R P，AlonsoJ，et al. Mental disorders among college students in the WHO World Mental Health Surveys[J]. Psychological Medicine，2016，46（14）：2955-2970.

表，有的采用的是SCL-90和大学生心理健康调查表，还有研究者根据自己的需要编写相应的调查表。

从这些已经发表的文章可以总结出很多规律，也可以看出都在哪些领域进行相应的研究。下面对这些领域进行概括总结：

（1）大学生心理健康状况调查、分析研究

很多研究者都在研究这一领域，所以发表的论文也是最多的。大多数学者在进行调查的大学生群体范围局限在某一个地区或是某一个学校，通过心理量表进行相应的测量，并对统计数据进行分析，对其成因进行相应的探讨。通过这些研究可以看出他们心理方面存在的问题，并为大学生心理健康的疏导起指导性作用。在进行测试的过程中，大约25%左右的学生至少有一个因素分数在3分以上。李祚山（2004）的调查结果表明，与全国成人心理健康平均值相比大学生还是比较低的；此外父母的社会地位等因素也在一定程度上影响着大学生的心理健康情况；性格内向的大学生与外向性格的大学生相比，负面情绪相对较多，也较容易出现心理问题。[①]

程孟瑾（2006）采用艾森克人格问卷（EPQ），在11月份进行了健康问题的测试。[②] 测试的群体是贵州民族学院3914名新生。总共收取了2308份有效的问卷。从结果可以看出，该学院被调查的新生有近八成的属于倾向型人格，近两成的学生属于典型人格。表示该学院中被调查的新生大多数具有健康的心理，他们能够进行自我的调节和控制、能够与他人友好相处、自信乐观地面对各种问题。

---

① 李祚山，唐加祥.大学生心理健康与父母养育方式、心理控制感的关系[J].安徽师范大学学报（人文社会科学版），2004,（02）：167-171.

② 程孟瑾.贵州民族学院2005级新生心理测量报告[J].贵州民族学院学报（哲学社会科学版），2006,（04）：172-174.

（2）大学生心理健康与学业成绩、人格发展等关系的研究

很多学者加入了这类的研究行列中，他们主要分析某一心理与健康有什么样关系。下面介绍几个有代表性的研究：

张爱莲、朱阿丽、李秀森（2003）曾探讨过学业成就与心理健康的关系。他们采用的是学业成就动机量表，从结果显示可以看出具有自我鼓励成就动机对心理健康更加有用。[①]

陈建文、王滔（2004）曾探讨过自尊和自我统合这两个心理特点与心理健康的关系。他们采用的问卷是自尊量表和自我统合量表，从结果显示可以看出如果学生能够拥有自尊的心理并且能够进行自我统合，那么他们的心理就会很健康。也就是说，两者与心理健康息息相关，自我统合对心理的影响更大。[②]

陈嵘、许秀峰等学者（2003）在研究中采用的是SCL-90、TCSQ、SSRS、MMCS。从这些测试中可以看出，大学生的健康水平不高。[③]

张迪然、郑勇等人（1997）曾讨论过大学生的个性对于心理健康的影响。他们采用的是SCL-90、EPQ等测试方法，从结果可以看出大学生的心理健康状况受其个性、社会环境和文化背景等的影响。[④]

---

① 张爱莲，朱阿丽，李秀森.532名大学生心理健康水平与成就动机考察[J].中国心理卫生杂志，2003，(05)：342-343.

② 陈建文，王滔.大学生自尊、自我统合与心理健康关系的初步研究[J].中国临床心理学杂志，2004，(02)：161-162+164.

③ 陈嵘，秦竹，李平，赵宗翼，楚更五，杨玉芹，姚政，杨卫东，陈普，许秀峰.云南贫困医学生心理控制感及其相关因素的研究[J].健康心理学杂志，2003，(05)：388-389.

④ 张迪然，郑勇，屠礼红，陈修明，徐文军，张迪功，郎燕.贵州省少数民族和汉族大学生的心理健康及其个性因素分析[J].中华精神科杂志，1997，(02)：40-43.

(3)大学生心理健康干预研究

很多学者都对前面提到的两种类型进行研究，而心理健康干预研究则很少有人涉及。对心理健康进行多种情况的干预。例如，可以采用个体咨询、集体咨询、增设心理活动、开设心理课程等。对于上述多种情况的干预研究中，研究集体干预效果的人员相对较多。

潘宏伟等人（2001）探索出了很多有关大学生心理健康干预的情况。例如，增设心理健康课程、开设心理咨询室、参加心理活动等。通过研究可以发现这些干预的效果是非常好的，对大学生心理健康非常有用。[1]

刘素贞、蔡溢等人（2006）曾把一些医科大学的学生作为研究对象，并对他们进行心理集体辅导8天。从辅导结果来看，测试的很多因子的得分明显降低，说明在集体辅导中采取鼓励的方式是可取的，可提高他们的心理健康水平。[2]

(4)大学生心理健康的跨文化研究

不同地区的大学生的心理健康程度是不同的。针对这类的研究则更少。对所发表的文献进行统计，可以找出775篇是有关不同区域大学生心理健康状况的。

覃殿益、韦克平（2002）曾对少数民族的大学生心理健康状况进行了研究。[3]他们利用的是SCL-90测试方法，从结果中可以看出少数民族大学生的心理健康水平相对来说比较低。心理问题主要表现在：焦虑、压抑、固执、人际关系生疏、敏感、嫉妒、孤立等。

---

[1] 潘宏伟，肖铜.关于校园文化建设的思考[J].教育探索，2001,(09)：96-98.

[2] 刘素贞，蔡溢，许明智，朱金富，李恒芬.团体心理辅导对大学生应付方式及心理健康水平的影响[J].中国行为医学科学，2006,(02)：173-176.

[3] 覃殿益，韦克平.少数民族大学生心理健康调查及教育对策探讨[J].广西民族学院学报（哲学社会科学版），2002,(S2)：194-196.

此外，他们还对产生的原因进行了分析并指出了解决方案。杨胜勇（2005）也进行了相似的研究，指出与汉族大学生的心理健康水平相比，少数民族大学生相对较低。[①]

王沛、舒阳花（1996）对苗族、土家族和汉族的196名大学生进行了研究。[②] 他们采用的是16PF测试方法，主要对这些不同民族的大学生的心理特点和健康水平进行分析。但是，针对跨文化这一类型的研究采用的手段比较单一。

（四）国内大学生心理健康的研究概况及发展趋势

本文利用中国期刊网CNKI这一检索工具，以"大学生心理健康"为主题词进行搜索，共检索到23599条与大学生心理健康相关的文献资料，由此可窥见我国学者们在大学生心理健康领域做了大量的工作，也取得了丰硕的成果。研究者们对大学生心理健康的研究大多集中在总体现状、发展趋势、影响因素以及对策建议方面。王强（2014）以沈阳市某大学367名大学生为研究对象，发现大学生群体中心理问题人数占比较高，心理症状因子得分也普遍高于全国青年常模。[③] 性别、年级等人口学变量对大学生心理问题的产生具有一定的影响。并且，该研究还发现大学生自我概念的水平也影响其心理健康水平。但是令人欣慰的是，众多研究表明我国大学生心理健康发展趋势一片大好。辛自强（2012）等人通过横断历史的元分析，发现大学生心理问题随着年份的增加有下降的趋势，心理健康的整体水平也

---

① 杨胜勇.贵州民族学院在校大学生心理健康状况调查[J].贵州民族学院学报（哲学社会科学版），2005，（02）：105-110.

② 王沛，舒阳花.湘西土家族、苗族、汉族大学生人格特征的比较研究[J].民族教育研究，1996，（02）：9-16.

③ 王强.沈阳市某大学大学生心理健康状况及影响因素分析[D].吉林大学，2014.

在逐年提升。①张梅（2018）等人对贫困大学生心理健康状况进行考察之后，发现他们的整体心理健康水平随着时间发展也呈现上升的趋势。②

我国关于少数民族大学生心理健康的研究起步相对滞后，直到20世纪90年代才被广泛关注，比较系统的研究随之逐渐开展起来。以"少数民族大学生心理健康"为主题进行检索，共有318条结果，主要集中于现状调查、影响因素以及干预措施等方面。而研究工具也是用以测量心理健康广泛使用的症状自评量表（SCL-90），具有普遍性的特点，因此得到的结果仅涉及少数民族大学生的心理症状。查阅文献发现，研究者普遍认为少数民族大学生与全国普通大学生心理健康整体水平相比，他们心理健康的整体水平明显偏低，尤其体现在强迫、焦虑和抑郁维度上。有一项可以确定的结论是，研究者们关于少数民族大学生心理健康总体发展趋势的观点基本保持一致，即少数民族大学生心理健康水平整体上逐年提升。

然而，2020年就像一个分界点，因为全球疫情的爆发，国家对人民群众心理健康的重视达到了一个新的高度。与此同时，我国学者们纷纷针对疫情之下的大学生心理健康状况进行了深入探究。钟梦婷（2020）等人采用横断面调查研究方法，通过网上测验对在校大学生开展问卷调查，发现他们的心理健康状况受到了疫情较大的冲击与影响。③林桦（2020）等人通过对1315名大学生进行问卷调查，发现

---

① 辛自强，张梅，何琳.大学生心理健康变迁的横断历史研究[J].心理学报，2012，44（05）：664-679.

② 张梅，孙冬青，辛自强，黄四林.我国贫困大学生心理健康变迁的横断历史研究：1998—2015[J].心理发展与教育，2018，34（05）：625-632.

③ 钟梦婷，熊真真.新型冠状病毒肺炎期间在校大学生心理状况及影响因素研究[J].成都医学院学报，2020，15（02）：163-168.

疫情笼罩下的大学生心理健康呈现出一般水平，提示学校以及社会应该及时关注因疫情影响下的居家大学生心理健康状况。[①] 马骊（2020）等人通过SCL-90发现，新型冠状疫情影响下，大学生的心理健康水平受到一定程度的影响。具体表现为强迫、抑郁、焦虑、敌对等负性指标得分均高于全国常模和正常时期。[②] 昌敬惠（2020）等人通过网上调查发现，大学生群体出现了不同程度的焦虑、抑郁情绪，且二者之间呈高度相关，影响因素也不是完全相同。[③] 综上所述，新型冠状病毒肺炎疫情期间，大学生的心理健康状况受到了不同程度的影响，需要社会以及学校高度重视，并采取一定的干预措施。

我国大学生的心理健康状况整体较差，从导致各种不良心理的主因可将其划分为下述几类：第一，学习相关的不良心理：丧失学习目标，在学习中缺乏科学方法，对学习没有兴趣，甚至心生厌恶而带来的烦躁情绪、紧张情绪甚至生理不适；第二，与人际交往有关的不良心理：指的是因为未能良好的适应环境而发生社交恐惧、孤独无助等负面心理，还有恶意挑剔他人，无法建立协调的人际关系等问题；第三，性和恋爱相关的不良心理：和异性无法进行正常交往，因失恋或苦恋而陷入痛苦等；第四，与就业和择业相关的不良心理：故步自封、对于走上社会没有建立充分的心理准备、不够自信、不知如何选择或判断，出现了过于担忧或逃避心理；第五，其他原因导致的不良心理。肖红（2004）等人指出当前大学生心理健康检测中多项异常心

---

① 林桦，姚玲玉，张睿思，李丹.新冠肺炎疫情对大学生心理健康的影响及调适对策研究[J].心理月刊，2020，15（07）：1-2+4.

② 马骊，王兴，廖启云.新型冠状病毒肺炎应激事件对大学生心理健康的影响[J].健康研究，2020，40（03）：257-260.

③ 昌敬惠，袁愈新，王冬.新型冠状病毒肺炎疫情下大学生心理健康状况及影响因素分析[J].南方医科大学学报，2020，40（02）：171-176.

理状态指标得分都比全国常模得分要高，其中最引人注目的问题有强迫、敏感、偏执、抑郁。① 姚斌（2004）等人开展的研究得出了类似的结论。② 潘书波（2002）对师范类大学生进行研究后发现在被调查人员中存在中度以上心理障碍的人员占比高达11.46%。③ 近期开展的一项研究发现大一新生心理整体而言比较健康，但是有不良心理的学生占比正在逐年提高，同时发现有自杀倾向的人数也有所增加。④ 高立雅（2020）等人对医科新生的研究也指出可能存在严重心理问题的学生占比高达15.5%。⑤

由此可见，大学生心理健康问题是一个长期存在且日益严重的问题。

（五）少数民族大学生心理健康研究现状及影响因素

民族心理健康发展是构建和谐社会的重要基础。心理学应该在已有心理健康教育的基础上，积极面对社会中出现的新问题和新动向，承担起构建与维护和谐心理的重任⑥，努力建设科学的、系统的、中国化的心理健康服务体系。⑦

---

① 肖红，侯云.大学生心理健康状况调查分析[J].临床心身疾病杂志，2004，（04）：262-263.

② 姚斌，汪勇，王挺.大学生心理健康状况及影响因素的比较分析[J].西安交通大学学报（医学版），2004，（02）：201-204.

③ 潘书波.师范专业大学生心理健康状况调查结果分析[J].体育与科学，2002，（01）：70-72.

④ 廖冉，徐青林，刘晓倩.大学一年级新生心理健康变化趋势与对策建议[J].北京教育（高教），2020，（04）：73-75.

⑤ 高立雅，杜鹃."3＋2"助理全科医师项目学生的心理健康状况调查[J].中华医学教育杂志，2020，（01）：21-22-23-24.

⑥ 林崇德."心理和谐"是心理学研究中国化的催化剂[J].心理发展与教育，2007，（01）：1-5.

⑦ 黄希庭，郑涌，毕重增，陈幼贞.关于中国心理健康服务体系建设的若干问题[J].心理科学，2007，（01）：2-5.

我国少数民族心理健康研究始于20世纪80年代中期。著名的跨文化心理学家特里安迪斯（Triandis）的《跨文化心理学的前景》和霍达（Jahoda）的《跨文化心理学中的知觉和认知》这两篇文章发表在1983年第3期的《心理学报》，这是首次在我国权威心理学杂志上介绍了国际跨文化心理学研究的理论、方法和主要研究取向。同时也意味着20世纪80年代中期开始了我国系统的少数民族心理研究。随后我国台湾、香港地区以及海外华人心理学家所主张的心理学本土化研究取向，对大陆心理学界的跨文化心理研究、少数民族心理研究、心理学的本土化研究产生了积极的影响和推动作用。我国心理学家开始系统的对少数民族心理的研究。最初主要是对少数民族儿童认知发展的研究，尤其是运用皮亚杰认知发展研究方法，在我国少数民族儿童中进行比较研究。研究基本上属于模仿性或验证性研究。90年代以来，少数民族心理研究呈现出多元化发展趋势，既有理论方面的探讨，也有认知、社会性发展、心理健康等各个领域的研究，研究的对象几乎包括了我国大部分少数民族。

1. 少数民族大学生心理健康研究现状

关于少数民族大学生心理健康的研究在数量上呈上升趋势。在研究方法上主要采用测验法、调查法、座谈法、访谈法、实验法和文献分析法等，其中测验法用得最多。测验工具多采用SCL-90症状自评量表。

国内针对少数民族大学生心理健康问题的研究开始于20世纪末期，总体来讲情况相对于普通大学生的心理健康状况更为严峻。知网数据库中查到最早的对少数民族学生进行心理健康测试调查研究是在1993年，对中央民族大学学生进行的一次心理健康水平调查，结果表明该校所有少数民族学生中SCL-90各项评价得分都较高，而且各类症状评分都要比汉族学生高[1]。而近期的研究显示这样的状况仍在延续，刘阳（2018）等人的研究指出维吾尔族大学生的评价量表反应在人际素质、个性素质、应对风格以及适应几方面的评分要比全国常模水平高；自我、动力系统以及归因风格三方面的评分则比全国常模水平低。[2] 杨超锋（2018）等人分析指出壮族大学生在进行心理测评得到的各项指标评分都要比全国常模低，并且存在统计学差异。[3] 2003年邓冰等人在贵州用SCL-90量表对少数民族学生开展心理健康测量，结果发现对比其他区域，本次被试各项评分中只有人际关系评分相对更低，其他各项评分指标都要高于其他地区。[4] 2007年，汪小琴等人对某少数民族院校学生的心理健康调查结果表明参与调查的学生在恐怖、强迫、抑郁以及精神病性4项的评分高于常模。[5] 吴超等人在2019年对甘肃数所民族院校运用SCL-90量表开展调研后发现，除人际关系以及偏执这两项评分之外，各项评分均比国家常模高；在各年级学生中大一学生各项得分都更高；回族学生的抑郁评分要比其他民族学生评分高；有信仰者心理健康水平要比无信仰者明显低得多。[6] 可见，少数民族大学生心理健康状况长时间以来都存在这

---

[1] 陈清华.关于加强民族院校大学生心理健康教育的思考[J].中南民族大学学报（人文社会科学版），2003,（05）：165-167.

[2] 刘阳，韩雨，闻素霞.新疆大学生心理健康状况及特点研究[J].兰州教育学院学报，2018, 38（08）：158-161.

[3] 杨超锋.某高校壮族大学生心理健康状况及其与应对方式的相关[J].中国健康心理学杂志，2018, 26（03）：448-451.

[4] 邓冰，熊敏，朱焱，张碧昌.贵州地区部分少数民族大学生心理健康状况调查分析[J].贵州医药，2003（07）：667-669.

[5] 汪小琴，张建灿，罗亮.少数民族预科大学生心理健康状况的调查分析[J].南昌师范学院学报，2007, 28（01）：42-44.

[6] 吴超，王心亮.甘肃少数民族大学生心理健康状况调查研究[J].教育现代化，2019, 6（44）：231-234.

一定的问题。

李燕辉、李辉（2008）对我国少数民族大学生心理健康问题研究综述总结得出，研究类型主要分为两大类，一类是思辨，另一类属于量化研究中的调查报告。近年来还出现了少量质化研究和干预研究。从研究对象的民族构成来看，单一民族样本较少，多数抽样为多种少数民族大学生的混合；从研究对象的年级构成来看，包括多个年级的样本最多，在所有研究中接近半数，对新生的研究也较多，达到近三分之一。研究的学校类型，师范专科院校最多，其次是民族院校，再次是其他各类院校。少数民族大学生和汉族大学生以及和全国常模的比较研究较多，不同少数民族大学生之间的比较研究较少。总体上看，近些年来，研究者对少数民族大学生心理健康问题进行了积极的研究，并取得了一定成效。[①]

罗鸣春，黄希庭（2010）等学者通过研究发现，民族生的心理健康水平介于中国青年常模和中国大学生常模之间；民族生SCL-90分数各因子和因子平均合并效应量（0.19）高于青年常模，表示其心理健康水平低于青年常模；同时，民族生SCL-90分数的因子平均合并效应量（-0.05）低于大学生常模，反映其心理健康水平高于大学生平均水平。[②]

2. 少数民族大学生心理健康影响因素

少数民族大学生从边远的民族聚居区来到城市的高校，进入与本民族风俗习惯、生活方式有差异的社会环境中，会遇到较多的生活适应和文化适应等问题，在学习方面、生活方面、人际交往方面和宗教

---

① 李燕辉，李辉.我国少数民族大学生心理健康问题研究综述[J].云南电大学报，2008,（01）：20-22.

② 罗鸣春，黄希庭，严进洪，付艳芬，尹可丽.中国少数民族大学生心理健康状况的元分析[J].心理科学，2010,33（04）：779-784.

信仰等方面，容易产生因适应不良而导致的心理问题。影响少数民族大学生心理健康水平的因素众多，至今尚无定论，但通过总结主要可以归纳为以下几个方面。

地理环境：民族是在历史长河中逐渐形成的具有共同语言、共同地域、共同经济生活以及表现出共同文化和共同心理素质的共同体。可见，界定民族共同体的标准之一即为地域因素。不同地域为各民族提供了不同的生存方式，同时也为各民族提供了不同的发展机遇，正是在这种对不同生存方式及机遇解答、应对的过程中，各民族才创造出了不同的民族文化，并形成了各种不同的民族心理和性格。罗鸣春、黄希庭（2010）等学者综合元分析结果来看，影响民族生心理健康水平的因素有经济社会发展不平衡造成的地区差异因素，即地域效应。①

经济因素：西部地区的经济较为落后，虽然近些年各级政府对于西部高校大学生的资助范围和资助额度不断增加，但仍然不能满足贫困大学生的需求。在西部高校中，绝大多数少数民族大学生来自边远地区、山区或农牧区，家境贫寒。②

调查显示，在高校贫困生中少数民族大学生所占比例高达90%左右[3]，多数少数民族大学生原本家庭贫困，加之大学高额的学习和生活费用，不仅给他们个人带来了极大的压力，而且滋生了他们的自卑感。主要表现为沉默寡言，不敢与人交往，不愿参加社会活动，导

---

① 罗鸣春，黄希庭，严进洪，付艳芬，尹可丽.中国少数民族大学生心理健康状况的元分析[J].心理科学，2010，33（04）：779-784.

② 卢迈，方晋，杜智鑫，曹艳，武志平，周想，梁博姣，段天雪.中国西部学前教育发展情况报告[J].华东师范大学学报（教育科学版），2020，38（01）：97-126.

③ 樊俊.建立高校少数民族贫困生心理扶贫机制的思考[J].湖北社会科学，2004，（07）：120-121.

致人际关系失调，产生孤独感和失落感。

文化适应和文化变迁：文化适应（acculturation）是人类学的一个研究范畴。雷德菲尔德（Redfield）等人认为，文化适应是指两种具有不同文化的群体在连续接触的过程中所导致的两种文化模式的变化。[1] 从人类学的视角来看，人类学家往往将文化适应看作一个群体过程，但是社会心理学家一般倾向于将文化适应分成两种，即个体水平的文化适应和群体水平的文化适应。[2] 格拉夫（T.D.Graves）将这种个体水平上的文化适应称为心理文化适应（psychological acculturation），群体水平的文化适应引发的主要是社会结构、经济基础和政治组织方面的变化，而个体水平的文化适应则往往导致价值观和态度的变化以及行为的变迁。[3] 当少数民族大学生从自己熟悉的母体文化进入汉文化之后，就不得不面对文化适应的考验。而少数民族大学生的民族文化意识很强，所以文化适应的困境在他们身上会体现得比较突出。在这种文化适应的过程中，他们就不得不采用适合自己的文化适应策略。

民族认同：是指在多民族国家中，个体对自己是某个民族成员的自我承认，表现为个体对少数民族的归属感和责任感。民族认同是世界上任何一个国家，尤其是多民族国家普遍面临的一个共同问题，也是一种具有文化普遍性的心理现象。在多民族国家中，民族认同问题常常在少数民族群体成员身上表现得更为突出。

---

[1] Redfield R, Linton R, Herskovits M J. Memorandum for the study of acculturation[J]. American anthropologist, 1936, 38（01），149–152.

[2] Berry J W. Acculturation and adaptation in a new society[J]. International migration, 1992, 30（S1），69–85.

[3] Berry J W. Sociopsychological costs and benefits of multiculturalism（No. 24）. Economic Council of Canada, 1991.

大学生是较为敏感的社会群体之一，而少数民族大学生的民族意识和文化忧患意识较强。少数民族大学生进入城市的大学后，一方面，他们的身份发生了变化，同时，他们在文化地位上也发生了变化。这种身份变迁给他们带来欣喜的同时，也不得不面临民族认同的困境。

宗教信仰：宗教集中地体现为人们的信仰价值观。这种价值观实质上是一种以宗教信仰、宗教理论作为衡量标准、判断是非得失的观念。它通常以民族为载体，使其影响具有现实性。在世界多民族国家中，由于历史变迁和社会发展的影响，多数民族大都面临民族融合和文化认同的共同问题，少数民族地区大学生形成了具有时代特色和自身群体特点的宗教观念。

文化价值观的差异：文化价值观是民族传统文化构成的核心，它是民族成员所共有的区分事物好与坏、对与错，并决定可行或不可行的基本评价体系。民族传统价值观的差异性源于少数民族文化的差异，并表现在少数民族社会生活的各个方面。

综上所述，影响少数民族大学生心理健康的因素是多样的，少数民族大学生是中华民族大家庭的重要组成部分，也是少数民族发展振兴的希望所在。因此，关注少数民族大学生的心理健康是构建和谐社会所必须的。

二、心理健康的影响因素

影响心理健康水平的因素众多，至今尚无定论，但通过总结主要可以归纳为以下几个原因：

生理因素：包括了遗传和疾病。遗传方面如父母或者家庭近亲有遗传性或遗传倾向的精神障碍，父母接触有毒有害物质或者酗酒，母亲为高龄产妇等，影响儿童心理发育；疾病方面影响包括儿童成长过程中，发生高热抽搐、中毒（如铅中毒、一氧化碳中毒）、营养不良、脑外伤、脑炎、癫痫、神经发育不完善等疾病，造成精神心理的发育异常。

家庭因素（家庭教养方式）：家庭结构来说，完整的家庭，和谐的家庭气氛，有利于儿童心理健康的成长。而单亲、再婚重组，夫妻感情失和等家庭的儿童存在心理健康问题的人比较多；父母教养方式是影响儿童心理健康发展的重要因素；家庭环境对儿童的心理健康影响主要是家庭心理环境和家庭心理气氛两个方面。前者是亲子之间的态度和情感交流状态，后者包括了亲子关系和夫妻关系两个方面。家庭环境的好坏是影响儿童心理健康的直接因素。

学校因素（是否有传授心理知识、心理健康教育、对所学专业是否满意等）：包括了学校的管理模式和教学方式；学校的物理环境和心理环境；教师对学生的认知和行为。

社会因素（社会支持、人际关系、生活事件等）：一定的社会文化背景、社区环境、学习生活环境等因素对个体的心理健康产生影响。

个体因素（如人格、自尊、认知、归因方式、应付方式等）：人格特质与心理健康密切相关，特殊的人格特质往往导致相应的精神疾病，培养健全的人格是保持身心健康的关键因素之一，个体的外貌、能力、习惯等，也会影响个体的心理健康状况。如曾琳娜等人发现心理问题组大学生显示出精神质倾向、情绪不稳定及个性内倾，并随着神经症疾病程度的加深，个性更显示出内倾及情绪不稳定，从而说明个性特点对大学生心理健康状况确实也存在不可忽视的影响①；李慧民运用社会支持评定量表（SSRS）、症状自评量表（SCL-90）和艾森克人格问卷（EPQ）对河南省3所高校6种专业1128名在校大学生进行抽样调查，发现大学生的社会支持各维度与SCL-90多项因子呈显著负相关，与EPQ人格P和N维度呈显著负相关，而与人格E维度呈显著正关。说明社会支持对大学生心理健康和人格发展有积极影响。②佟月华的研究发现积极应对可能会提高大学生的心理健康水平，而消极应对则可能降低大学生的心理健康水平，且消极应对方式对心理健康的消极影响更为显著。③胡军生、王登峰等对北京260名大学生进行了问卷调查，研究结果表明：应对方式与心理健康有密切的关系，积极应对可正向预测心理健康、消极应对可负向预测心理健康；人格各维度直接或通过应对方式间接作用于心理健康；人格的外向性、行事风格、人际关系和处世态度对积极应对有着正向的预测作用，行事风格还对消极应对产生正向的预测作用。④

三、存在的问题

很多研究者都从大学生的心理健康情况入手进行研究，采用的方法也多是调查统计。但是如何进行疏导治疗以及如何进行很好的干预

---

① 曾琳娜、蓝小萌、陈振业.不同心理健康状况大学生个性对照研究[J].中国学校卫生，1999,（03）：194-195.

② 李慧民.社会支持与大学生心理健康及人格特征的关系[J].中国学校卫生，2004,（03）：263-264.

③ 佟月华.大学生应对方式与心理健康的关系研究[J].中国行为医学科学，2004,（01）：98-102.

④ 胡军生、王登峰、滕兰芳.人格和应对方式与心理健康的关系[J].西南大学学报（社会科学版），2007,（06）：28-31.

等研究比较少。目前的研究多是寻求各民族大学生的共性，探索不同的心理特征对心理健康情况的影响。从已有研究发现，有关心理健康的研究工具适用性欠佳。很多研究工具都是直接将国外的量表翻译成中文对被试者施测，忽视了文化因素对其理解的差异。同时，在研究范围上也是存在一定的局限性。因此，从多角度、多水平动态对当今少数民族大学生心理健康的现状进行综合考察，将有利于开展少数民族大学生的思想政治教育工作的新局面。

第三节 大学生心理健康教育

大学生的心理健康是当前社会关注的热点。中国共产党第十九次全国代表大会明确要求，高校要深入落实立德树人根本任务，积极培育学生自尊自信、理性平和、积极向上的健康心态。近年来，大学生的心理健康水平呈缓慢下降趋势，很多高校、甚至名校学生的心理健康状况堪忧，如何上好大学生心理健康课，培养学生理性平和、积极向上的健康心态，是学校心理健康教育课程的重要目标。心理健康教育也在教育部及各地教育行政部门的大力支持下得到了快速发展。

一、大学生心理健康教育的含义

大学生心理健康教育就是以大学生为教育对象，教育者根据大学生身心发展特点与规律，运用相关知识理论与专业技术，通过心理咨询、心理健康教育课程、心理健康教育活动、学科渗透、优化环境等多种方法与途径，帮助大学生妥善解决成长过程中的心理问题，增强心理健康、健全人格发展、开发心理潜能，促进大学生自由全面发展的教育活动。大学生心理健康教育因其教育对象的特殊性而在教育目标、教育内容、教育方式等方面呈现出特定的教育内涵。

关于大学生心理健康教育的内涵，不同的学者有不同的表述。20世纪80年代中期特别是进入21世纪以来，党和政府对大学生心理健康教育工作的重视与日俱增，几乎每年都颁发一个有关大学生心理健康教育的文件，这有助于我们全面深刻地理解和把握大学生心理健康教育的含义。

根据教育部2002年4月印发的《普通高等学校大学生心理健康教育工作实施纲要（试行）》，大学生心理健康教育的主要任务是：根据大学生的心理特点，有针对性地讲授心理健康知识，开展辅导或咨询活动，帮助大学生树立心理意识，优化心理品质，增强心理调适能力和社会生活的适应能力，预防和缓解心理问题。帮助他们处理好环境适应、自我管理、学习成才、人际交往、交友恋爱、求职择业、人格发展和情绪调节等方面的困惑，提高健康水平，促进德智体美等全面发展。

概括而言，大学生心理健康教育，就是教育者根据大学生生理、心理发展特点，运用心理学、教育学乃至精神医学等各种学科的理论和技术，通过多种途径与方法，培养学生良好的心理素质，提高学生心理机能，充分发挥学生潜能，促进学生整体素质的全面提高和学生个体和谐发展的教育。

二、当代大学生心理健康教育内容

围绕教育部、卫计委、共青团中央联合印发的《关于进一步加强和改进大学生心理健康教育的意见》中的指示，各界学者对所涉及的内容都进行了具体的研究，主要从大学生的网络心理、挫折承受、择业心理、性心理、恋爱心理、人际关系问题、学习心理、情绪与情感、自我意识等角度研究大学生心理健康教育的内容。

大学生心理健康教育工作的主要内容包括：(1) 宣传普及心理科学基础知识，使学生认识自身的心理活动与个性特点；宣传普及心理健康知识，使大学生认识到心理健康的重要作用，特别是心理健康对成才的重要意义，树立心理健康意识；(2) 培训心理调适的技能，提供维护心理健康和提高心理素质的方法，使大学生学会自我心理调适，有效消除心理困惑，及时调节负性情绪；使大学生养成良好的学习习惯，掌握科学、有效的学习方法，提高学习能力，自觉地开发智力潜能，培养创新精神和实践能力；使大学生树立积极的交往态度，掌握人际沟通的方法，学会协调人际关系，增强适应社会生活的能力；使大学生自觉培养坚韧不拔的意志品质和艰苦奋斗的精神，提高承受和应对挫折的能力；(3) 认识与识别心理异常现象，使大学生了解常见心理问题的表现、类型及其成因，初步掌握心理保健常识，以科学的态度对待各种心理问题；(4) 根据大学生活不同阶段以及各层次、各学科门类学生、特殊群体学生的心理特点，有针对性地实施心理健康教育。

莫旭麟（2003）认为心理健康教育的内容包含了宣传现代健康观念；讲解实现心理健康之途径和方法，包括接纳自我、发展社会交往、学会心理调适三个方面；介绍心理咨询知识。①

李瑞（2006）认为大学生心理健康教育的内容包括自我意识与心理健康、人际交往与心理健康、学习与心理健康、人格与心理健康、情绪与心理健康、挫折与心理健康、性与心理健康、恋爱与心理健康、网络与心理健康、择业与心理健康、心理咨询与心理治疗。②

综合梳理以往研究，认为当代大学生心理健康教育的重点应该在面对全体学生的心理健康教育上，引导学生正确认识自身的心理活动与个性特点，使大学生认识到心理健康的重要作用，特别是心理健康对成长、成才和成功的重要意义，树立心理健康意识。培训心理调适的技能，提供维护心理健康和提高心理素质的方法，使大学生学会自我心理调适，有效消除心理困惑，及时调节负性情绪；悦纳自我、发展自我、乐观自信、能够积极面对学习和生活中的各项压力，最大限度地发掘自己的潜能；掌握人际沟通的方法，学会协调人际关系，增强适应社会生活的能力，使大学生自觉培养坚韧不拔的意志品质和艰苦奋斗的精神，提高承受和应对挫折的能力。这将成为高校心理健康教育的重要内容。具体地说，针对目前大学生中普遍存在的心理问题，大学生心理健康教育的内容应侧重于以下几个方面：

（一）认知发展教育

认知能力包括认识自我、他人及一切事物的能力。大学阶段是大学生从青年走向成年的重要时期，也是大学生的认识能力发展和完善的重要阶段，正确的认知自我和他人，是大学生正确评价自己，学会与人相处，进而更好发展自己的重要前提。现实生活中许多大学生存

---

① 莫旭麟.大学生心理健康教育内容试探[J].广西政法管理干部学院学报，2003，（01）：127-129.

② 李瑞.当代大学生心理健康教育的内容和模式初探[J].大学时代，2006，（03）：53-54.

在的理想与现实的矛盾，在情绪方面出现的大起大落，在挫折面前产生的自卑、颓丧，性格上存在的多疑、偏执等，都是因为认知发展的偏差。因而，培养正确的认知能力，正确对待、评价自己和他人，有助于大学生处理好理想我与现实我、我与他人、我与社会之间的关系，确立一种健康良好的自我形象。通过认知发展教育使大学生能够了解自己，对自己的能力、性格和优点都能有正确的认识，能够比较恰当的、客观地评价自己。能够在自我认定中准确定位，不对自己提出过高的要求，认识到每个人都是发展变化的，各有所长所短，应努力完善自我，创造出人生的价值。

（二）情绪管理教育

情绪是健全心理不可缺少的重要内容。它是认识和洞察人们内心世界的窗口，它标志着个性成熟的程度。良好的情绪能激发大学生的学习、工作和生活热情，使个性趋向于全面、和谐、健康的方向发展。大学生的情绪问题主要表现在三个方面，第一，抑郁。一些大学生经常心情压抑、沮丧、无精打采，什么活动都懒得参加，什么事都提不起精神，逃避参与，表现为持久的情绪低落，常伴有身体不适、睡眠不足等；第二，情绪失衡。表现为情绪波动大，会因一点小小的胜利而沾沾自喜，也会为一次考试失败、情感受挫而一蹶不振，甚至无法控制自己的情绪反应；第三，焦虑。学生的焦虑来源并非现实的威胁而是内心，无明确的客观对象和具体内容，而大学生的焦虑主要表现为自我焦虑和考试焦虑。

一个人如果长期被不良情绪所困扰，其生活会很容易遭受打击或损伤，进而影响到自己的身心健康。通过学习情绪管理与调节的基本知识，可以使大学生加强对自身情绪的了解与控制，掌握自我情绪管理的技巧，主动调节自我情绪，做情绪的主人。情绪管理教育是使大学生了解一个人的情绪的正常标准，了解自身情绪变化的特点，并通过有效的调控手段，使自己能够经常保持乐观、积极的心态，形成适度的情绪反应能力和较强的抗挫折能力，避免忧伤、苦闷、急躁等消极情绪长期影响大学生心理健康。特别是在大学生中有一些特殊群体，比如说贫困同学等。他们中间经常会有消极或不良情绪，又不善于调节情绪的困扰。所以，应该针对学生的情绪问题给予更多的关注，进行情绪教育，培养学生准确理解和表达情绪的能力，善于用积极健康的情绪直面环境，带动学习，对情绪进行适度合理的调节。

（三）健全人格教育

人格是伴随着人的一生不断成长的心理品质。人格的成熟意味着个体心理的成熟，人格的魅力展示着个体心灵的完善。大学生通过了解健康人格的理论与特征，学习自我人格的构成、成功者应具备的人格素质及影响人格发展的主要因素等，把握自己心理活动的规律和个性特点，主动对自我人格进行优化与完善。培养自己的健全人格，提高自我调节能力，决断能力，主动克服困难，持之以恒。在为实现预定目标的行动中表现出较高的自觉性、果断性、顽强性。这也是健康人格对大学生学习生活的积极影响。

（四）学习心理教育

学习是大学生活的主旋律，大学生在学业方面的困扰主要表现在这样几个方面：学习目的不明确、学习动力不足、学习压力大、学习成绩不理想、学习动机功利化等。学会学习，主动觅取知识，提高自己的学习能力，是大学生在学习中应培养的特殊能力。但实际上大学生在学习动机、学习方法、学习习惯等方面均存在一定问题，这些问题都与大学生的学习心理有关。

通过对学习心理的了解和学习，可以使大学生掌握学习心理的一般规律，意识到自己在学习中存在的误区，主动改正不良学习习惯，掌握正确的学习方法，确立全新的学习理念，同时对大学生进行创造思维和创新能力的训练，有助于大学生提高学习积极性，树立终生学习的观念，培养独立学习的能力。

（五）人际关系和谐教育

大学生在人际关系方面的困惑是引起不良心理的重要原因之一。可见，人际关系对心理健康的重要影响。大学生的人际关系问题主要表现为，人际关系不适、人际交往状况不佳和个体心灵闭锁等。究其原因有很多，如有的学生从未离开过家庭，在父母的呵护下成长，不懂得如何关心别人但又希望得到别人的关心和认可，对大学的师生关系、同学关系、异性之间的关系显得很不适应；部分学生缺乏在公众场合表达自己思想的能力与勇气，面对各种各样的活动，充满兴趣却又担心失败，只是羡慕而不参与，直接影响自身潜能的充分发挥；缺乏人际交往经验，而在人际交往中的不自信又不利于增加自身的人际魅力，妨碍良好人际交往圈的形成。

了解人际交往的基本理论，学习人际交往的技巧和艺术，端正人际交往的动机，确立积极健康的人际交往观，这是大学生发展自我、培养与他人合作与沟通的重要途径。同时，在学习过程中，还要结合大学生交往的特点和实际，辅之以交往心理训练及正确交往的行为方式，使大学生在人际交往中克服不良交往心态，掌握良好的沟通技巧，在集体中积极、愉快地生活，促进大学生的健康成长。通过人际和谐的教育，使大学生在交际过程中，能够始终保持积极的态度，有强烈的交际愿望，乐于与人交际。[①] 能够和人进行有效、和谐的沟通，

---

① 王威.审时度势：构建高校心理健康教育新模式[J].辽宁教育行政学院学报，2004,（06）：7-8.

交际中接受他人的信息，懂得换位思考，尊重他人，接受他人。对人宽容、友善、信任，能和周围的人自在、愉快、友好地相处。愿意与人合作，掌握一定的交际技巧，构建和谐的人际关系。

（六）网络心理教育

网络是世纪大学生的生活新空间。一些学生在充分享受现代科学成果恩泽的同时，也在悄无声息地变成了现代技术的"奴隶"，网络可能会淡化和消解大学生长期积淀的民族文化心理，每个民族都有其独特的民族文化，并孕育着深沉而宽厚的民族文化心理。在中华民族源远流长的文化长河中，也润泽着一代又一代青年学生并逐渐形成其深厚的中华民族文化心理。但在网络时代，互联网作为20世纪西方社会的舶来品，在带来先进的科学技术和新的经济增长点的同时，也带来了与本民族文化特色大相径庭的西方异质文化。同时，网络可能造成大学生现实中的人际交往淡化和阻碍。网络直接介入"交往"领域，为现代人提供了一个全新的交往场所。网络交往在实现了人们便捷联系梦想的同时，却使传统的具有可视性、亲和感的人际交往大为减少，极大地改变着人们情感沟通的方式。

网络可能影响大学生健康人格的塑造和完善。人格是指个体外在行为表现和内在心理状态、精神面貌的总体形象，健康的人格一般表现为内部心理和谐，外部社会适应的内外相谐状态，是人们心理健康与否的重要表现和衡量标准。长时间上网，使一些大学生丧失了许多对周围现实环境的感受力、适应性和参与意识，容易形成缄默、孤僻、冷漠、紧张、攻击、欺诈、缺乏责任感等不良人格倾向，造成一些大学生只愿意在网络上寻求虚拟人生，从而消极地对待充满缺陷的现实社会，不利于健康人格的培养和完善。

网络可能给大学生带来"网络成瘾"的心理障碍。个体长时间沉溺网络以致影响到现实生活，个体无法控制自己的行为及其后果，并造成睡眠障碍、情绪低落、思维迟缓、自我评价降低、工作和学习绩效低下、人际关系恶化、对现实生活失去兴趣，严重时甚至会导致自残和自杀的现象。网络成瘾症给大学生带来无尽的危害，大学生如果过度沉溺网络会造成睡眠的剥夺和生物钟的紊乱，将导致过度的身心疲劳，引起植物神经错乱、免疫力下降，诱发各种疾病。

面对这些问题，应该加强大学生网络心理素质的培养。大学生网络沉溺是心理原因所致，对大学生在网络中所产生的心理负面效应应当采用指导疏通的方法，加强对大学生心理上的指导。首先，应该加强网络认知教育；其次，积极培养大学生的网络自我教育的能力；最后，应该重视网络时代大学生闲暇生活教育。积极的闲暇生活给大学生带来的不仅是当时的感官享受和精神享受，而且能在劳逸结合、张弛有度、身心愉悦中为他们未来的发展打下坚实的基础。而消极无序的闲暇生活则影响个人身心健康发展，甚至导致个人的消沉、堕落甚至犯罪。随着大学生自主意识的增强，自由空间的增多，网络时代大学生闲暇生活教育是促进学生健康成长不容忽视的重要环节。

（七）婚恋心理教育

大学生恋爱是一个恒久而常新的话题，而大学生婚恋教育是时代发展的必然选择。恋爱与性心理伴随着每一个人，深刻地影响着一个人的健康、幸福和人格完善。在大学生中进行健康恋爱心理和性行为的教育，培养大学生树立健康的爱情观，清楚认识爱情的本质及社会特性，有助于大学生正确理解爱的含义，培养爱的能力，正确对待两性交往，处理好恋爱与学业、恋爱与友谊、恋爱与道德等的关系，使大学生能够保持健康的身心发展。

对大学生来说，性与爱的关系问题是一个羞涩、敏感但又不容回避的话题。随着社会的发展，大学生的性观念已经发生很大的变化，多数大学生对婚前性行为现象表示理解，大学生婚前性行为和大学生恋人同居现象开始成为社会关注的焦点。处于大学阶段的青年，对于爱情的向往和性生理机能的成熟，要通过及时科学的指导与帮助，使他们从各种与此相关的内心困惑中走出来。使青年大学生对恋爱本质、择偶原则与标准、性行为与性道德等问题有科学的认识与评价，树立科学的观念。

大学生的婚恋教育还要注重学生对于婚姻和家庭的理解。首先，应该明确婚姻家庭对个人及社会的重要价值。其次，培养大学生对婚姻家庭的责任感。婚姻具有强烈的社会性，它虽是恋爱的延续，但更多地意味着承诺与责任。最后，大学生可以结婚但不适宜结婚。正如多数在校大学生重视的是自由恋爱的权利而非追求结婚的事实，但有结婚意向的同学也部分存在。一方面大学生自身的心理准备、经济能力、现实环境不具备；另一方面大学生结婚会影响高校相对单纯、宁静的学习氛围。正如蔡元培所说："大学者，研究高深学问之地也。诸君须抱定宗旨，为求学而来。"这就一语道破了高校与社会的不同之处，正在于"求学"而不是"求偶"。教育中的任何封锁和放任都有可能会带来日后的叛逆和无序。

（八）择业心理与职业生涯规划教育

大学生职业生涯规划指导是伴随我国高校就业体制改革而开展的教育新内容。由于职业生涯规划理论传入我国较晚，在大学生职业生涯规划实践中存在诸多现实困难与心理误区，开展大学生职业生涯规划指导是我国大学生心理健康教育走向生活的教育内容新发展。

大学毕业时能够在竞争中求得一份理想的职业并能够在未来的职业生涯中有所成就，是每个大学生的强烈梦想与殷切期待。根据美国学者舒伯的职业生涯发展理论，大学生正处于生涯探索期和生涯建立期的关键阶段。在这一时期，大学生主要通过学校生活、社会实践开始对自我能力和角色、各种可能的职业选择及个人能力与职业的匹配等方面进行不断地探索与尝试。在进行自我探索的基础上，认真对自己的职业生涯进行规划与设计，努力完善自身的心理素质；在积极挖掘潜力的基础上，调整择业期望，合理规划，主动竞争，充分发挥自己的优势，在未来的职业生涯中实现自己的人生价值。

职业生涯规划的目的绝不只是协助大学生按照自己的资历条件找一份合适的工作，提高高校就业率和社会满意度，更重要的是通过生涯探索与建立的求索历程帮助大学生真正了解自己，了解职业，增长生涯认知，认清发展方向，明确发展目标，制定行动计划，更好地规划学习、生活与未来，有利于大学生在思维模式、情感方式、主体意识、规划能力、发展观念、职业生涯意识等方面从传统的文化心理素质向现代社会的文化心理素质转变，促进大学生身心健康发展。

三、大学生心理健康教育的重要性和必要性

（一）大学生心理健康教育的重要意义

随着社会的进步，心理健康对人生发展的作用和对人类社会进步的意义，已逐渐被越来越多的人所认识。联合国专家曾预言："从现在到21世纪中叶，没有任何一种灾难能像心理危机那样带给人们持续而深刻的痛苦。"随着大学生的心理问题的不断增多，加强大学生心理健康教育，提高大学生的心理素质，具有十分重要的意义。积极开展健康教育，保证大学生素质教育的实施，使大学生能适应新时期的转变，这对大学生适应未来社会的竞争，适应未来现代化建设的需

要，使大学生健康地成长和发展，具有深远的现实意义和历史意义。

1. 大学生心理健康教育是社会进步和时代发展的迫切要求

随着科学技术的迅猛发展和现代社会的不断变化与日益进步，我国教育已开始由应试教育向素质教育全面转轨，以期提高人才的综合素质，适应当前社会发展的需要，其中社会对人的心理素质的要求将越来越高，大学生在成长过程中，心理素质的作用变得愈来愈重要。随着社会的不断发展，人们的生活和工作节奏越来越快，竞争不断加剧，生活压力越来越大，由此而出现的各种心理问题和心理障碍也越来越多，对人们身心健康造成的威胁和危害也越来越大。

事实证明，心理健康问题已成为现代社会人们面临的重大课题之一，积极采取有力措施，加强对人们进行心理健康教育已成为全社会的共识。对国家而言，加强大学生心理健康教育是我国积极参与国际竞争和复兴中华民族的需要。随着社会的发展，大学生在成长过程中，心理素质的作用变得越来越重要。在国际上，我们正面临着世界经济竞争、政治竞争和新技术革命的挑战；在国内，社会环境急剧变化，大学生所面临的心理压力越来越大。要在这样一个严峻而紧迫的局势下求得生存与发展，就必须有良好的心理素质作后盾、作保证，方能适应变化、克服阻力、承受压力，方能执着追求、锐意进取。世界各国都十分重视人才素质培养，随着人类历史的发展和社会的进步，社会对人的心理素质的要求将越来越高。除了具有精深的科学文化知识外，还必须具有严于律己、对自己的行为负责的精神；具有良好的人际交往及与不同人协同工作的能力；具有积极适应的能力和解决问题的能力；具有乐观对待人生、终身学习和不断创新精神的心理素质。只有优化人的心理素质，个体及整个社会的发展才会拥有更高的起点、更大的潜能。所以，开展心理健康教育是个人全面发展的需要，是参与国际竞争和振兴中华民族的需要。

2. 大学生心理健康教育是现代教育的重要内容

现代教育改革的特点是传统教育向现代教育发展，应试教育向素质教育发展，由单一知识教育向全面教育发展。面向21世纪的高等教育培养的大学生，要具备健全的人格和良好的社会适应能力，应该在德、智、体、美，心理诸方面都得到全面发展。

为全面推进素质教育，增强学校德育工作的针对性、实效性和吸引力，开发学生的心理潜能，提高学生的心理健康水平，促进学生形成健康的心理素质，国家出台了一系列政策和指导意见。

《中共中央关于进一步加强和改进学校德育工作的若干意见》中明确指出：应"通过各种方式对不同年龄层次的学生，进行心理健康教育和指导，帮助学生提高心理素质，健全人格，增强承受挫折、适应环境的能力"。[①]

2012年《国务院关于加强教师队伍建设的意见（国发〔2012〕41号）》指出：建立健全教育、宣传、考核、监督与奖惩相结合的师德建设工作机制。开展各种形式的师德教育，把教师职业理想、职业道德、学术规范以及心理健康教育融入职前培养、准入、职后培训和管理的全过程。[②]

党的十六届六中全会、十七大和十八大报告中提出：加强心理疏导。十八大报告指出："加强和改进思想政治工作，注重人文关怀和心理疏导，引导人们培育自尊自信、理性平和、积极向上的社会心态。"

[①] 中共中央、国务院中共中央、国务院.中共中央关于进一步加强和改进学校德育工作的若干意见，1994.

[②] 中共中央、国务院中共中央、国务院.国务院关于加强教师队伍建设的意见，2012.

2012年10月26日第十一届全国人民代表大会常务委员会第二十九次会议通过了《中华人民共和国精神卫生法》，法律第十六条规定：各级各类学校应当对学生进行精神卫生知识教育；配备或者聘请心理健康教育教师、辅导人员，并可以设立心理健康辅导室，对学生进行心理健康教育。学前教育机构应当对幼儿开展符合其特点的心理健康教育；教师应当学习和了解相关的精神卫生知识，关注学生心理健康状况，正确引导、激励学生。

现代教育的特点决定了现代大学生将成为跨世纪的人才，跨世纪的人才必须具有健康的心理和优良的心理素质，才能担负起建设未来社会的重任，才能成为社会的高层次建设人才。

3. 大学生心理健康教育，是大学生身心健康和谐发展的有效途径

大学阶段是人才成长和发展的重要阶段。心理学家的研究证明，大学阶段是掌握专业知识技能和个人自我发展完善的重要时期，大学生重视个人全面、健康而均衡的发展，因此，加强高校大学生的心理健康教育尤为重要。这是因为，从社会发展角度看，大学生所承担的和将要承担的学习任务和社会责任较为繁重而复杂，社会对大学生的期待也更为殷切，要求更为全面和严格。大学生学习维护心理健康的知识，可以提高自我调适能力，能够通过心理调适，增强耐受挫折的能力，保持积极愉快的心理状态，消除心理障碍，防治心理疾病。从个体发展的角度看，大学生正处于青年期向成年期的转变过程，这一发展特点决定了大学生将经历从个体逐渐走向成熟、走向独立的重要历程，而通过开展心理健康教育，大学生可以系统地掌握心理学知识，了解青年心理特点和生理特点，自觉把握心理发展的规律，了解和认识心理卫生与心理健康对人生的意义，自觉掌握心理保健知识，增强心理障碍的免疫力，合理运用心理防御机制。通过心理咨询和心

理指导，学生可以掌握心理调控的技巧，了解怎样处理应激问题，增强心理承受能力以及适应环境的能力，培养良好的心理卫生习惯，塑造良好的人格，防止心理疾病的产生，提高心理健康的水平。综上所述，大学生的心理健康对品德素质、思想素质、智能素质乃至身体素质的发展都有很大影响，加强大学生的心理健康教育，是大学生身心健康和谐发展的有效途径。

（二）大学生心理健康教育的必要性

第一，心理健康教育是大学生全面发展的需要。

大学生是身肩历史使命，实现中华民族伟大复兴的重要力量，他们的全面发展关系到国家和民族的未来。作为当代大学生，他们的奋斗目标是要"建设中国特色社会主义事业"[1]，要努力实现"中华民族伟大复兴"的"中国梦"。[2] 历史赋予大学生的使命在新时期提出更高的要求，时代发展日益迅速，世界格局瞬息变化，实现历史使命所需要具备的素质和能力也在不断提升，这就要求大学生必须向着更高标准全面发展，将自己塑造成社会主义现代化建设事业的高素质人才。

在实现中华民族伟大复兴中国梦的历史使命进程中，全面发展，提升综合素质，完善健全人格是大学生完成使命的根本途径。获得健全人格特征更是需要"建立在个人全面发展和他们共同的、社会的生产能力成为从属于他们的社会财富这一基础上的自由个性"。[3] 因此可见，大学生的个性完善有利于全面发展，有利于激发社会形态的发展，有利于促进社会制度的完善，也有利于实现中华民族伟大复兴中

---

[1] 十八大以来重要文献选编（上）[M].北京：中央文献出版社2014.1.
[2] 十八大以来重要文献选编（上）[M].北京：中央文献出版社2014.8.3.
[3] 马克思,恩格斯.马克思恩格斯选集：第三卷[M].北京：人民出版社，1995，104.

国梦。而在大学生全面发展的各素质中，心理健康教育是大学生全面发展的需要。

第二，心理健康教育是大学生素质教育的重要组成部分。

心理健康教育丰富了学校教育的内容，是新时期学校素质教育的前提。21世纪对大学生素质和能力的培养要求"把创新思维和社会实践紧密结合起来，要做到勤于学习、善于思考、勇于探索、敏于创新，激发求知欲和好奇心，在打好知识根基的前提下，提高创新思维能力，不断认识和掌握真理"。[①] 目前我们所倡导和进行的素质教育是，全面发展大学生各方面的综合素质，包括思想品德素质、科学文化素质、专业技能素质、身心健康素质等。而优秀心理品质都与心理健康教育密不可分，心理健康教育能为实践者塑造乐观进取的个性品质，不怕挫折的意志能力，积极稳定的情绪状态等。因此，学校开展心理健康教育，实际上是素质教育的需要，它使我们教育的内容更加贴近大学生生活实际，有利于学生形成和发展完整的人格。

---

① 胡锦涛.在庆祝清华大学建校100周年大会上的讲话[J].人民日报，2011，04-25.

> 快乐总是招之即来，但幸福却不是。
>
> ——梅森·库利（Mason Cooley，1990）

第三章　大学生幸福感及相关研究

积极心理干预、幸福感、PERMA模式同属积极心理学范畴，幸福感源于早期古希腊哲学，心理学家在对幸福哲学观的思考与延伸，将幸福感的研究引入心理学科的探索应用中，形成了早期关于主观层面、心理层面的幸福感研究。主观层面侧重认知、情绪情感，心理层面侧重人生意义、潜能的内在力量，塞利格曼在此基础上，将幸福感的主观、心理两层面统合起来，提出了真实幸福模型，即PERMA模式。对幸福感的探索是PERMA模式提出和进一步完善的基础，积极心理干预作为一种策略手段，和PERMA模式的结合，更是为积极心理学的应用实践提供了完整的理论后盾。将幸福感合乎积极心理学的理念宗义，旨在心理健康的维护、预防、提升。通过梳理积极心理干预、幸福感、PERMA模式，把握各个领域发展现状及趋势，为当前研究提供指导和方向。

第一节 幸福感概述

一、幸福感的内涵

（一）幸福的阐释

幸福是一个古老且一直被讨论的话题。在《辞海》中幸福是这样定义的：个人由于理想的实现或接近而引起的一种内心满足。古今中外的哲学家们对于幸福是什么的论述也不一而足。《尚书·洪范》作为中国古代典籍，其间有"五福之说"的记载："五福，一曰寿，二曰富，三曰康宁，四曰攸好德，五曰考终命。"寿即为延年长寿，富即为生活富足，康宁即为身体健康、家庭安宁，攸好德即为行善积德，考终命即为寿终正寝。《韩非子·解老篇》中说："全寿富贵之谓福气。"亚里士多德认为，幸福就是"合乎德性而生成的，是灵魂的现实活动"，真正的幸福在于至尚至善。[①] 柏拉图在《理想国》中提出，幸福是灵魂的和谐状态，"作为整体的心灵遵循其爱智部分的引导，内部没有纷争，那么，每个部分就会是正义的，在其他方面起自己作用的同时，享受着它自己的快乐，享受着最善的和各自范围内最真的快乐"[②]。从中西方对于幸福的论述中可以看出，幸福是一个很模糊的概念，先哲对于幸福有着不同的界定。在心理学当中的幸福着重指的是主观幸福感。主观幸福感是指人们根据内在的标准对自己生活质量的整体性评估，是人们对生活的满意度及其各个方面的全面评价，并

[①] 陈艳丽.国民幸福与幸福指数论析[J].宝鸡文理学院学报（社会科学版），2013，（01）：19-24.

[②] 王洪光，李尊娟.柏拉图的幸福观对构建和谐社会的启示[J].大庆社会科学，2013，177（02）：57-59.

由此产生积极情感占优势的心理状态。[①] 虽然国民幸福并不是个体主观幸福感的简单总和，还应该包含人与人、人与自然的因素，但个体的主观幸福感是国民幸福的重要组成部分。随着时代的发展，国民幸福越来越被重视，成为了当前时代发展的主旋律。

（二）幸福感的概念

幸福感的概念较为复杂和多元化，它既指一种比较愉悦的情绪状态或情绪体验，又可界定为个体在相对较长时间内对周围环境事物比较稳定的正性评判与认知，或一种用来描述幸福产生的心理机制。

目前对幸福感的界定剖析分为单维度和多维度角度。第一种是情感维度，Bradburn认为积极情感与消极情感相互平衡产生幸福感[②]，而Revieki则认为负性情绪减少从而产生幸福感[③]；第二种是认知角度，Diener（2003）等人认为个体对情感和认知的评价为幸福感，具有主观性、积极性、综合性特点。郑雪（2001）等人认为个体对生活总体评价和满意程度是幸福感，幸福感是衡量生活质量的综合性心理指标[④]；第三种定义结合了以上两种维度，池丽萍、辛自强（2002）指出个体在积极到消极连续体上对生活质量整体评价和情感体验是幸福感。[⑤] Andrews 和 McKennell 提出生活满意度、积极情感及消极情

[①] Carlsson I, Wendt E P, Risberg J. On the neurobiology of creative: differences in frontal activity between high and low creative subjects[J].Neuropsychologia, 2000, 38 (6): 873-885.

[②] Bradburn N M . The Structure of Psychological Well-Being[J]. American Sociological Review, 1970, 44 (3).

[③] Revicki D A , Mitchell J P. Strain, Social Support, and Mental Health in Rural Elderly Individuals[J]. Journal of Gerontology (06): 267-74.

[④] 郑雪，严标宾，邱林.广州大学生主观幸福感研究[J].心理学探新, 2001, 21 (4): 46-50.

[⑤] 池丽萍，辛自强.幸福感：认知与情感成分的不同影响因素[J].心理发展与教育, 2002, 18 (02): 27-32.

感匮乏构成幸福感。[①] Mroczek 等人将积极情感得分减去消极情感得分得到快乐感，以衡量幸福感情感维度。[②] Arent 等人认为幸福感受可以通过衡量生活满意度、感知到的健康、抑制、焦虑、孤独感和生活意义等方面来确定。[③]

单维度概念为早期幸福感模型，之后发展出以快乐论为基础的主观幸福感模型，以实现论为基础的心理幸福感模型，两者都以个人为中心。近年来主观幸福感、心理幸福感与社会幸福感逐渐有整合为心理健康模型的趋势。

二、幸福感的研究取向

心理幸福感以亚里士多德的实现论为哲学基础："至善就是幸福。"Ryff认为幸福不能等同于快乐，批评了主观幸福感研究对情感的过度关注，认为心理幸福感应该定义为"努力表现完美的真实的潜力"。幸福感的研究目前有两种取向：一种是快乐论取向，它关注的重点是愉快感，幸福感常被定义为积极情感的存在和消极情感的缺失，研究对象是主观幸福感；另一种是实现论取向，它认为幸福不仅仅包括快乐，还包括人的自我实现、生命意义，追求自我潜能的完美展现，研究对象是心理幸福感。

[①] Andrews F M, McKennell A C. Measures of self-reported well-being: Their affective, cognitive and other components[J]. Social Indicators Research, 1980,（8）: 127–155.

[②] Mroczek D K, Kolarz C M.The effect of age on positive and negative affect: A developmental perspective on well-being. Journal of Personality and Social Psychology, 1988,（75）: 1333–1349.

[③] Arent S M, Landers D M, Etnier J L, et al. The effects of exercise on mood in older adults: A meta-analytic review[J]. Journal of Aging and Physical Activity, 2000, 8（4）: 407–430.

Ryff 等学者也认为快乐与幸福并不相当，幸福应是"努力表现完美的真实潜力"，并提出了心理幸福感的六个维度：

1.自主性。自我决定、独立；从一定程度上看能够克服社会压力去思考和行为；能够对个人的行为进行自我调整；能够依据自己的标准对自我加以判断。

2.自我接纳。对自我持有肯定的态度；承认和容忍自身在很多方面的优缺点；对过去的生活持肯定的态度。

3.环境掌控。指个体能有效掌控周边环境，选择并创造适合个人需要的环境。

4.独立自主。指个体倾向于依靠内在自我和个人标准调整行为、评价自我。

5.个人成长。指个体能感受到自己的潜能，认识到自己的进步，敢于尝试新经验。

6.积极关系。指个体有强烈的亲密需求，关心他人的幸福，懂得付出与回报。

Seligman 也提出，要想提升幸福感就要关注积极情绪（Positive Emotions）、投入（Engagement）、人际关系（Ralationships）、意义（Meaning）、成就（Achievements）等五因素，即不仅仅是对快乐的追求，更是倡导获得自我实现的良好状态。彭凯平等学者提出，幸福是有意义的快乐。

三、幸福感的影响因素

（一）特质理论

Costa（1980）等人提出幸福感与人格特质相关。[①] 不同人格特质表现出不同的积极或消极情感，个体对生活是否满意的评价存在差异。外向型人格报告中的积极情绪更多。[②] 董辉（2021）从积极心理学视角出发，基于PERMA模型研究发现，积极情绪在青少年幸福感要素构成中权重最高，其次为意义，最后为投入。[③] 聂光辉（2018）等人研究发现警务人员的神经质与主观幸福感的相关性最高，自我效能感在人格特质与主观幸福感之间具有中介效应，增强自我效能感有助于提升其主观幸福感。[④]

（二）目标理论

实现某种目标或需求可以产生幸福感。目标理论在于维持理想自我与现实自我的平衡。[⑤] Ryan 和 Deci（2000）研究指出基本心理需要的满足是个体幸福感的重要来源，而基本心理需要满足也是幸福感的稳定预测因素。[⑥] 达成内在价值目标，成就感比外在价值目标更容

[①] Costa P T, McCrae R R. Influence of extraversion and neuroticism on subjective well-being: Happy and unhappy people[J]. Journal of Personality and Social Psychology, 1980, 38（4）: 668-678.

[②] Lucas R E, Diener E, Suh E. Discriminant validity of well-being measures[J]. Journal of Personality and Social Psychology, 1996, 71（3）: 616-628.

[③] 董辉.积极心理学视角下青少年幸福感研究[J].北京青年研究, 2021,（02）: 39-40.

[④] 聂光辉, 刘建波, 马贞玉.警务人员主观幸福感与人格特质自我效能感的关系[J].中华行为医学与脑科学杂志, 2018, 27（12）: 1105-1108.

[⑤] 彭秀丽.湘西少数民族留守儿童幸福感的影响因素研究及教育启示[D].湘潭：湖南科技大学.

[⑥] Ryan R M, Deci E L. When rewards compete with nature: The undermining of intrinsic motivation and self-regulation[J]. Intrinsic & Extrinsic Motivation, 2000, 13-54.

易体验到强烈幸福（Kasser，Ryan，2001）。

（三）判断理论

该理论认为幸福感在于自身设定目标与实际生活的比较。这一判定标准又可分为内在标准与外在标准。评判标准设定于内部时，形成纵向比较，当下境况优于过去境况时产生幸福感。这种比较理论可归为"适应与应对理论"；评判标准设定为外部时，个体将周围人与自身进行横向比较，此时幸福感源于个体判定自己处于优势地位，这种标准下的比较理论可归为"社会比较理论"[①]。

第二节　幸福感的研究现状及发展趋势

一、幸福感的国内相关研究现状及发展趋势

国内幸福感的研究随着时间的推进，研究方向和内容愈发的丰富，对幸福感的研究集中在主观幸福感、心理幸福感研究中，构成了现代幸福感的多元化视角，开创了新的研究格局。总体上对幸福的研究成向上增长的趋势。2005年前对于幸福的研究较少，每年关于幸福研究的成果呈现不足百篇，对幸福的研究呈现一种平稳的趋势。2006—2013年关于幸福所产出的研究成果有了较快增长，呈直线向上的递增趋势。2013年至今，对幸福的研究保持一较高又平稳的状态，每年的研究数量维持在400—500篇。目前对幸福的研究主要集

---

① 侯琬玥.生命意义感在大学生压力知觉与幸福感间的调节作用[D].南京：东南大学，2019.

中在主观幸福感方面，占总量的22.9%。苗元江是国内幸福感研究的代表人物，从综合幸福感概念的衍生，幸福感测量问卷的编制以及在幸福感领域的实践探索，都为幸福感这一领域的研究做出了较大贡献。在前人研究基础上，苗元江通过对幸福感的融合和探索，编制了《综合幸福感量表》（MHQ），从生活质量、情绪情感、自我成长等多方面、多维度测评幸福感，并且该量表在我国不同年龄群体中都得到了广泛应用。[1] 后续对幸福的研究出现了超越单方面对主观幸福感的研究，逐渐向主观幸福感和心理幸福感统合方向发展。幸福感的研究取向经历了从主观幸福感到心理幸福感的发展变化，二者表现出整合的趋势。对幸福的理解层层深入，幸福感不再被理解成是单一成分的，其复杂性和多面性开始为研究者所揭示，可见对幸福的研究是国内研究的一个热点。

近年对幸福感的研究涵盖不同关系，不同群体的研究之中，对幸福感的研究更向实际化、时代化、社会背景化趋近。李强等人探讨了子女数量和质量对父母幸福感的关系研究，结果表明相较于子女数量带来的影响，子女质量对父母幸福感的影响更稳定，创建公平的受教育环境更利于长远的提升父母辈的幸福感的提升，社会稳定的创建。[2] 黄嘉文探讨了收入与国民幸福感的关系研究，不平等的工资待遇显著降低了国民幸福感，诱发负性情绪的产生。[3] 对幸福感和工作时长的关系研究中发现，过长的工作时长并不会带来与之对等的工作绩效，反而带来更多心理压力，建立适宜的工作时长可最大化个体在

---

[1] 苗元江.心理学视野中的幸福[D].南京师范大学，2003.

[2] 李强，董隽含，张欣.子女数量和子女质量对父母自评幸福度的影响[J].华东师范大学学报（哲学社会科学版），2021，53（04）：150-165+184.

[3] 黄嘉文.收入不平等对中国居民幸福感的影响及其机制研究[J].社会，2016，36（02）：123-145.

工作中的幸福体验。① 近年对幸福感的研究更贴合当下的时代背景，对探讨幸福感的影响研究机制提出了更具有针对性的视角和建议。在关于幸福感的研究对象中，也出现了关于老年群体的关注，着重探讨社会关系、社会支持对老年人幸福感的影响研究。叶浩生、叶静对老年人的幸福感研究发现，具备良好的社会支持构建系统可提升老年人的希望水平②，老年人在群体中获得的归属感也助于幸福感的提升。③

关于幸福感的研究一直都保持较高热度，对幸福感结构的剖析，幸福感和不同领域之间的结合，都在向不断完善、多样化的方向发展，幸福感的探究契合幸福观的时代，更是现阶段对美好生活的期许。关于幸福感的多样探索构成了幸福感的多样化格局。

二、幸福感的国外相关研究现状及发展趋势

国外关于幸福感的研究经历了幸福定义、幸福发展、幸福测量、幸福实践等多个阶段的发展。在初始的幸福感概念，哲学基础的幸福理论，多样的幸福感测评体系等多个角度，表现出对幸福感的研究已形成较完整的研究体系，并在世界不同文化中得到应用实践。

幸福最早源于哲学，早在两千多年前哲学家就开始探讨如何更有意义地存在，开启幸福探索之路。早期哲学对幸福的研究分为两大流派——享乐主义和功利主义。享乐主义认为快乐就是幸福，快乐是

---

① 吴伟炯.工作时间对职业幸福感的影响——基于三种典型职业的实证分析[J].中国工业经济，2016，(03)：130-145.

② 姚若松，郭梦诗，叶浩生.社会支持对老年人社会幸福感的影响机制：希望与孤独感的中介作用[J].心理学报，2018，50（10）：1151-1158.

③ 姚若松，郭梦诗，叶浩生.社会支持对老年人社会幸福感的影响机制：希望与孤独感的中介作用[J].心理学报，2018，50（10）：1151-1158.

幸福意义的极致体现[1]，功利主义则认为幸福在于快乐或利益的增加，而痛苦和利益的损害则是不幸。[2] 早期对幸福的片面单向看法受到其他哲学家的质疑，由此在80年代而出现了亚里士多德的实现主义幸福论，主流学派幸福论则更向内发掘，该理论认为，幸福的意义在于自我提升，幸福感的获得在于内在潜能的发挥和自身价值存在的发现。哲学领域对幸福的不同见解为幸福在心理学领域的研究拓宽了方向。在《自称幸福的相关因素》中，Wilson对幸福感的观念看法使得幸福首次出现在心理学学科领域的研究视野中[3]，对幸福的认识采用享乐主义的理论观点，由此形成了主观幸福感的概念（SWB），主观幸福感认为幸福是积极情感状态和生活满意度较高评价二者高水平状态的保持与获得，是积极情感、消极情感和生活质量的总和。而后亚里士多德实现主义幸福论的提出，心理学提出了心理幸福感的概念（PWB），认为幸福是自我的协调一致及人生意义的获得，幸福在于内在成长的力量的提升。在前人的研究基础上，塞利格曼提出了真实幸福感的概念，真实幸福感在主观层面和心理层面的实现，情绪情感成分、认知成分以及有意义的现实成分都是幸福感的构成要素。[4]

幸福感概念的演化和发展，形成了多样的幸福感测评，基于幸福感的概念，对幸福感的测评有两大取向，即通过生活质量和情感两种因素的评估。

---

[1] Diener E, Suh E M, Lucas R E, et al. Subjective well-being: Three decades of progress[J]. Psychological bulletin, 1999, 125（2）: 276-302.

[2] Smelser N J, Baltes P B. International encyclopedia of the social and behavioral sciences[J]. Charleston Advisor, 2001, 28（1）: 15906-15909.

[3] Wilson W R. Correlates of avowed happiness[J]. Psychological bulletin, 1967, 67（4）: 294-306.

[4] Peterson C, Park N, Seligman M E P. Orientations to happiness and life satisfaction: The full life versus the empty life[J]. Journal of happiness studies, 2005, 6（1）: 25-41.

基于生活质量取向的幸福评估，将个体对生活的评价作为幸福感的衡量指标，通过比较个人的期望要求（想要什么）和已经拥有两者之间的一致性程度，作为幸福感的衡量。一般来说，个人期待和已经拥有的两者之间的不一致性越小，个体对生活满意度就越高，则幸福感也就越高。对生活质量的测评出现较早的Neugarten等人编制的《生活满意度量表》（LSR），该量表共包含三部分，涉及对待生活的看法（热情/冷漠）、面对困难挑战的态度以及个人期待与目标实现的统一。[①] 而后Cantril编制了《自我评定量表》（SAS），通过对生活状态的自我评价衡量幸福感。[②] 前期从生活质量角度评定幸福感多采用单项目自陈报告法，Diener在后期做了进一步的发展，编制了《多项目式生活满意度表》（SWLS）[③]，并得到广泛应用。

　　基于情感因素取向的幸福评估，站在情感角度研究幸福感的学者对幸福理解有不同假设，其一假设，为幸福的前提是能够保持心理健康，因此对幸福感的测量往往采用精神疾病方面的诊断量表，如Derogatis编制的《症状自评量表》（SCL-90）。其二假设，认为幸福在于积极情绪和消极情绪间的所占比例，积极情绪增加个人幸福，消极情绪则减少幸福，二者之间的平衡差值为幸福总和。Bradburn是幸福感测评的情感模式的奠基者，编订了《情感平衡量表》（ABS）来测评幸福感，积极和消极情感项目的得分即为幸福感测评指数。支持同一假设的学者还有Wotson、Lawton等人。Albert和Kozrma在前面的基础上做了补充，编制了《纽芬兰纪念大学幸福度量表》

[①] Neugarten B. Measurement of life satisfaction[J]. J Gerontol, 1961, 16: 134-143.

[②] Carley M J. Social Measurement and Social Indicators: Issues of Policy and Theory[J]. Annals of the American Academy of Political & Social ence, 1981, 453（5）: 237-253.

[③] Pavot W, Diener E. Review of the satisfaction with life scale[M]. Assessing well-being. Springer, Dordrecht, 2009, 101-117.

（MUNSH），该量表由24个项目组成，其中10个项目测评正/负性情感（5项PA，5项NA），14个项目测评正/负性体验（7项PE，5项NE）。[①] 幸福感的测量趋向全面、综合的方向发展。

  幸福的实践应用，目前研究主要集中在人际关系、社会环境、信息时代的幸福感、新冠疫情的幸福感及运动对幸福感的影响，并将幸福的研究应用到不同的群体中，比如投资者、护士、酒店管理人员等不同职业群体中，并探讨与之有关的幸福因素。在新冠疫情特殊的时代背景下，国外学者探讨了与之有关的幸福因素，研究发现拥有较高信任度及更低的不平等程度的国家，国民幸福指数会更高，拥有良好的社会支持关系群体幸福感会更高。[②] 乐观和希望在新冠疫情的背景下对大学生的幸福研究，新冠病毒影响到个体的生活方式并带来各方面的压力，充满希望保持积极心态是对抗新冠病毒的潜在心理资源。[③] 在数字媒体的信息化时代，直播以一种崭新的形式出现在大众视野中，在关于直播带货和消费者幸福快乐的调查研究中发现，拥有积极情绪的博主更易给消费者带来快乐体验，促使消费者在平台消费。[④] 对线上购物与幸福感的研究中，农村居民在网上购物的花费越多，他们就越快乐。分类分析表明，与高收入居民相比，网上购物对低收入居民的主观幸福感有较大的积极影响。发展面向农村的网上购

  [①] Kozma A, Stones M J. The measurement of happiness: Development of the Memorial University of Newfoundland Scale of Happiness（MUNSH）[J]. Journal of gerontology, 1980, 35（6）: 906-912.

  [②] Helliwell J F, Huang H, Wang S, et al. World happiness, trust and deaths under COVID-19[J]. World Happiness Report, 2021, 13-56.

  [③] Genç E, Arslan G. Optimism and dispositional hope to promote college students' subjective well-being in the context of the COVID-19 pandemic[J]. Journal of Positive School Psychology, 2021, 5（2）: 87-96.

  [④] Lin Y, Yao D, Chen X. Happiness begets money: Emotion and engagement in live streaming[J]. Journal of Marketing Research, 2021, 58（3）: 417-438.

物市场可以改善农村居民的主观幸福感，促进农村消费升级。[1] Rikka 探讨了自然环境与人类幸福福祉的关系，在对世界上最幸福的国度芬兰的研究中，表明了自然环境带给人类的幸福发展，在自然接触的过程中自然环境可以促进各种活动和与朋友见面，并让人从日常生活的压力中解脱出来，自然不仅为体育活动提供了机会，也为情感和认知更新提供了机会。[2] 对社会支持、复原力及幸福感三者关系的研究结果表明社会支持可显著预测生活满意度，而复原力可能在增加社会支持和满足生活满意度的干预中发挥重要作用。[3]

第三节　PERMA模式研究现状及发展趋势

一、PERMA模式的国内相关研究现状及发展趋势

PERMA模式是塞利格曼在统合幸福感研究的基础上，提出的幸福理论模式，PERMA模式在我国的发展逐步由理论探讨向实践应用方向发展，对PERMA模式的了解实现了质的提升。PERMA模式较多被应用在临床实践领域，现在也逐步出现在教育实践、酒店管理、新闻生产等新研究中，其包含的5要素为积极干预对人心理健康的维

---

[1] Zheng H, Ma W. Click it and buy happiness: does online shopping improve subjective well-being of rural residents in China?[J]. Applied Economics, 2021, 53 (36): 4192-4206.

[2] Hakoköngäs E, Puhakka R. Happiness from Nature? Adolescents' Conceptions of the Relation between Happiness and Nature in Finland[J]. Leisure Sciences, 2021, 1-20.

[3] Yıldırım M, Tanrıverdi F Ç. Social support, resilience and subjective well-being in college students[J]. Journal of Positive School Psychology, 2021, 5 (2): 127-135.

护和幸福感的提升提供了切实可行的理论基础和框架。

以PERMA为关键词进行搜索，关于PERMA模式的相关文献共计71篇，从2014年至今，关于PERMA模式的研究呈逐渐递增的趋向，PERMA模式是塞利格曼基于真实幸福感概念提出的一种幸福模式，在我国关于PERMA研究中最早出现在临床实践领域，多用于癌症等方面的疾病治疗研究，而后PERMA模式逐渐应用在教育实践领域中，如基于PERMA模式的框架探索心理健康课、幸福感构建策略、心理健康方面的干预研究之中，应用群体多以高年级，高中生，大学生群体为主。PERMA模式作为积极心理学中一重要的幸福理论，对拓宽积极心理学科的相关研究做出了较大贡献，拓宽了心理治疗领域的发展。关于PERMA模式的应用，呈现出理论介绍向临床实践和教育领域转换的特点，PERMA模式作为幸福理论模型的应用实践价值日益凸显。PERMA模式在临床实践的应用研究中，多围绕在艾滋病、肺癌、肿瘤、脑卒中方面。屈卓军[1]、刘丹[2]将PERMA模式应用到肺部疾病患者的效果明显，在改善患者身体素质，缓解了患者负面情绪。雷甜利[3]在结肠癌患者的应用中也取得了同样的效果。胡新亚将幸福PERMA应用到对艾滋病群体中，发现对艾滋病住院病人进行幸福PERMA干预可有效提升其生活质量，在情绪改善，药物服用上也发挥了其价值。[4] 可见PERMA干预模式在对患者疾病康复

---

[1] 屈卓军，王菁，张阳阳.基于PERMA模式的心理护理对肺癌化疗患者的干预效果[J].海南医学，2021，32（24）：3261-3264.

[2] 刘丹，冯莞舒，王兆惠.PERMA模式在慢性阻塞性肺疾病患者中的应用[J].齐鲁护理杂志，2021，27（21）：103-105.

[3] 雷甜利.基于PERMA模式的护理在结肠癌化疗中的应用效果[J].中国肛肠病杂志，2021，41（10）：60-62.

[4] 胡新亚，周志慧，祝梦婷等.幸福PERMA干预法在艾滋病住院病人中的应用效果分析[J].循证护理，2019，5（11）：998-1001.

上有一定效果。PERMA模式在教育实践的应用研究中，多与幸福感教育、心理健康的维护相关，其模式应用多采用团体辅导、心理健康课的方式相结合。吴洁琼[①]以PERMA模型为指导对研究生进行积极心理品质方面的团体辅导，结果表明干预组被试在积极心理品质方面得到较大提升，并且具备一定的持续效果。丁小红[②]在PERMA模式中提出了建立家校合作的积极办法，李芷若将PERMA融入心理课程中，丰富了心理健康课程框架[③]；林乃磊从PERMA幸福五要素模型对大学生的心理健康提出了针对性策略。[④]在酒店管理领域，王洁将项目教学法与PERMA模式进行创新应用，培养学生学习能力、幸福能力[⑤]；孙思萌[⑥]以PERMA五要素构建老年人幸福框架，实现幸福养老的目标，PERMA模式的实践应用价值日益凸显。

PERMA模式作为积极心理学中重要的幸福理论模型，为积极心理学、幸福学等相关领域的研究做出了较大贡献，为心理健康维护，幸福感的提升提供了有迹可循的理论基础。PERMA模式在临床实践领域保持较高热度，PERMA模式的五大要素为临床实践提供方向的同时，也吸引了教育学者的关注，将PERMA模式创意地结合到心理

---

① 基于PERMA模型的积极心理品质团体辅导：过程及效果[C]//.第二十三届全国心理学学术会议摘要集（上）.中国心理学会，2021，128-129.

② 丁小红.中职家校合作中PERMA理论的指导与实践应用研究——以江苏省太仓中等专业学校为例[J].教师，2021，（27）：15-16.

③ 李芷若.高三学生的心理辅导策略——基于PERMA理论的分析[J].成都师范学院学报，2016，32（03）：41-46.

④ 林乃磊，秦爱君.PERMA理论对高职学生积极心理健康教育的启示[J].工业技术与职业教育，2016，14（01）：86-89.

⑤ 王洁，于荀.基于PERMA理论的酒店管理专业项目教学法实践探索[J].旅游纵览，2021，（16）：45-47.

⑥ 孙思萌，孙梦婷，王高玲.基于准老年人PERMA五要素需求的幸福养老框架构建[J].医学争鸣，2020，11（06）：72-76

健康课的探索、学生心理健康的干预以及幸福感水平等多方面的研究之中。关于PERMA模式在教育领域中的实践应用多以高年级学生为主，在未来的实践探索中可增加对小初学生群体的研究。PERMA模式应用主流多在临床实践和教育领域中，也逐渐出现在其他学科领域之中。关于PERMA模式表现出小荷初露尖角的趋势，PERMA模式对不同领域、不同学科学者的目光的吸引，相信未来对PERMA模式的应用会出现多领域、多学科的发展方向。

二、PERMA模式的国外研究现状及发展趋势

PERMA模式的提出和发展与研究学者对幸福感的认识密切相关，PERMA模式是建立在人们对幸福的理解中逐渐发展并改善的幸福模型。早期对幸福的研究集中在主观感受上，以较高的生活满意度、更多的积极情绪体验作为幸福感的衡量标准。所以在幸福的早期研究中，塞利格曼在《真实的幸福》一书中提出了PERMA1.0模式，积极情绪、投入和意义构成了PERMA1.0模式。在PERMA1.0时期，塞利格曼认为幸福是积极情绪的获得，积极投入及人生意义的实现。在这个意义上幸福更倾向于从个人角度出发，以个人对生活质量的主观感受为主。而后，随着对幸福研究的深入，人们认为幸福的获得不止包含快乐的获得，还包括个人内在潜能的发挥和实现[1]，对幸福感的研究实现了从主观到客观，发展到享受的转变，进一步加深了幸福感的研究，但也存在不足，在幸福感的诸多研究中没有统合幸福的多个层面，主观感受和个人潜能在幸福研究与测量中被分割成

---

[1] Ryff C D. Psychological well-being in adult life[J]. Current directions in psychological science, 1995, 4（4）: 99-104.

两个独立的体系。由此，塞利格曼通过对不同幸福感的整合在《持续幸福》中提出了PERMA2.0模式，构建了全面、多层次的幸福框架。在PERMA2.0时期，塞利格曼认为实现全面可持续的幸福是人在五个要素维度的实现，PERMA 2.0模式认为达到幸福人生有五个元素：积极情绪（positive emotion）、投入（engagement）、人际关系（relationship），意义（meaning）及成就（accomplishment），五个元素的首字母构成了PERMA模式，简称为PERMA。塞利格曼认为，这五个要素中的每一个都具有内在价值和回报，他的幸福模型将快乐（积极情绪状态的体验和欲望的满足）和幸福（意义的存在和个人潜力的开发）的组成部分整合到一个模型中代表着做任何事情都有价值的目的。这五项幸福指标加在一起，据说会带来人类的繁荣。

积极情绪（P）：积极情绪是对人们解释或评价当前环境的方式发生变化的简短、多系统的反应。积极或消极感知是告知生物的一种放大信号，当这种多系统反应表明环境对自我不利时，负面情绪就会产生，当系统反应良好时则会产生积极情绪。在众多积极情绪词语中，有十种积极情绪已得到了研究者的证实，被认为和幸福密切相关。包括：幽默、感恩、满足、兴趣、希望、自豪、乐趣、灵感、敬畏、爱。积极情绪具备的拓展、建构两大功能，在拓宽个体意识形式的同时也带来了有利资源的积累；消极情绪会将注意力、认知和生理反应局限于应对眼前的威胁或问题中，而积极情绪会促使个体产生新颖而广泛的想法和行动，后续积极体验也会累积成可以改变人们生活的重要资源。[1] 积极情绪是在一定程度上影响个体的幸福体验。[2]

---

[1] Fredrickson B L. Positive emotions broaden and build[M]. Advances in experimental social psychology. Academic Press, 2013, 47: 1–53.

[2] Cohn M A, Fredrickson B L, Brown S L, et al. Happiness unpacked: positive emotions increase life satisfaction by building resilience[J]. Emotion, 2009, 9（3）: 361-368.

投入（E）：注意力完全投入当前活动这一种体验，又称心流（flow）状态，个体专注过程中可以获得最佳体验。激发心流体验需要满足两种条件：一是挑战所需要的能力与现有技能相匹配：活动所需要的技能太高时，容易产生焦虑，进而影响个体状态导致无法投入活动中去，而活动所需技能太低时，注意力又会转移到其他方面，并伴随无趣感。挑战对个人的能力要求既不会太高，超出个人最大范围，又不会太低，轻而易举地完成；二是可以得到及时反馈；心流体验会表现出六种特征：专注当下、行动与意识合二为一、自我意识丢失、可控、时间感知扭曲（时间流逝极快）、专注过程。心流体验是相对于个人目标和兴趣结构进行扩展的力量，也是相对于现有兴趣进行技能增长的力量。

良好人际关系（R）：人际关系即人与人在交往过程中建立起来的情感联系，具备一定的社会属性。良好人际关系的建立可以带来资源置换等多方面的收益，是维护个体正常心理发展、个性保持和生活幸福的前提。

意义（M）：意义存在的本身就是意，积极追求意义是个体利用本身最大力量和最优的智慧去追寻一个会超越自身能力范围的事情，如致力于社会的进步、科学研究、环境优化等；追求意义的过程不仅激发了个人潜能，还建立了个体归属感，即个体存在的价值。从时间角度看，积极情绪、人际关系、投入倾向当下，是人在现阶段的直观感受和体验，而意义的时间维度倾向未来，代表希望的获得，是个体追求未来的动力。

积极的成就（A）：成就是通过个人努力完成目标实现。如学习成就、事业成功等。成就获得需要个人天赋的先天因素，也需要个人持续不断的努力等后天因素。成就的获得是激发个体行为动机，提升毅力品质的过程体现，获得积极成就的过程本身就伴随着幸福感的体验。

PERMA模式为人们认识幸福、了解幸福、走近幸福提供了一个更全面的视角，PERMA模式的提出发展经历了理论到实证的转变。

在国外关于PERMA模式的研究相对国内更为成熟，PERMA前期对幸福感的不断诠释和丰富，为后期实现PERMA的应用价值提供了坚实的理论保障。PERMA模式除理论价值外，还有自身实践应用价值。关于PERMA模式的应用多与幸福感有关，在临床医学领域、教育教学领域中应用较多。新冠疫情加剧了大学生幸福感和心理健康方面本存在的问题，在特殊的时代背景下为了应对高等教育学生心理健康方面的问题，并支持在流感大流行期间向远程工作的过渡，Alibak根据积极的教育框架设计并实施了一个为期8周的幸福干预。[1] 依据PERMA模式理论对某教育机构的学生实施相应的干预计划，提高了学生的自尊水平并验证了PERMA模式的可行性。[2] Medina采用实验对照分组的方式对大学生积极干预，研究结果表明，基于积极心理学方法的PERMA群体进行心理咨询干预，在幸福感方面发挥积极正向的提升效果。通过替代性支持——线上方式维护学生心理健康，提升学生幸福水平，PERMA模式的线上应用是具有成本效益和

---

[1] Alibak F, Alibak M. Comparing Online Cognitive Behavioural Therapy Versus Online Positive Psychotherapy, Well-being Theory (PERMA) on Test Anxiety of Online Learning Students: A Randomised Control Study[J]. JANZSSA-Journal of the Australian and New Zealand Student Services Association, 2021, 29（1）: 6-17.

[2] Sanchez Medina T A. Modelo PERMA para la autoestima, en estudiantes del V ciclo de la Institución Educativa Nº10825 Juan XXIII. Chiclayo[J]. 2021, 1-13.

效率的方法，消除了促进健康和福祉的众多障碍。① PERMA 模式也被应用在临床干预中，基于 PERMA 模式框架对肺癌化疗患者进行干预研究，发现可以显著提高患者创伤后成长水平，且在抑郁和焦虑方面与未干预的对照组之间存在显著差异，使用 PERMA 框架进行积极的心理干预，可以改善肺癌化疗患者的不良负面情绪和精神的疲惫状态，提升患者的希望水平。② Valentina 根据 PERMA 模型针对儿童癌症治疗提出了个性化设计；游戏化体验，允许积极的强化。针对儿童癌症治疗，da Rosa V M 基于 PERMA-V 模型提出了四种有趣的干预措施：第一，使用技术来实现沉浸式体验，进而了解治疗和医疗状况；第二，个性化设计；第三，通过游戏化体验，实现积极强化；第四，焦点重定向设计。这些干预措施将在未来的儿童癌症的临床研究中为实施和测试提供可参考价值。③

PERMA 模式的应用范围也表现出一定水平的扩大，开始研究 PERMA 与其他领域的相关关系。时代的发展带来了新的特点，对人类生存能力提出了更高的要求，Riyan Hidayat 将终身学习的理念与 PERMA 模式相结合，探求终身学习与幸福感的关系，发现 PERMA 对掌握目标和终身学习没有间接影响。④ 此外，还观察到绩效目标

---

① Villarino R T H, Villarino M L F, Temblor M C L, et al. Developing a health and well-being program for college students: An online intervention[J]. World Journal on Educational Technology: Current Issues, 2022, 14（1）: 64-78.

② Tu M, Wang F, Shen S, et al. Influences of psychological intervention on negative emotion, cancer-related fatigue and level of hope in lung cancer chemotherapy patients based on the PERMA framework[J]. Iranian Journal of Public Health, 2021, 50（4）: 728.

③ da Rosa V M, Daudt F, Tonetto L M, et al. Playful interventions to promote the subjective wellbeing of pediatric cancer inpatients during laboratory and imaging exams: A qualitative study[J]. European Journal of Oncology Nursing, 2022, 102094.

④ Hidayat R, Moosavi Z, Hadisaputra P. Achievement Goals, Well-Being and Lifelong Learning: A Mediational Analysis[J]. International Journal of Instruction, 2022, 15（1）: 89-112.

PERMA对终身学习的间接影响。心理资本作为近年来研究焦点,已融入PERMA模型领域,这不仅增强了积极心理资本的力量,而且对促进个体蓬勃发展的基础产生了深远影响。[1]但也有研究学者认为PERMA模式多要素构成特点及要素之间的非相关关系不适合做传统因子分析上的研究,便开启PERMA模式的线上研究,又称为"幸福网络",认为PERMA的元素形成一个相互关联的"幸福网"而不是"积木",PERMA元素是否具有不同但相互关联的本质。[2]

PERMA模式一直是积极心理学中的研究热点,塞利格曼提出的幸福五要素模型为人们研究幸福提供了一个多元化视角,不论是基于PERMA模式对幸福元素的探讨,还是将PERMA模式在幸福感测评、临床治疗、幸福教学等领域应用实践都发挥着持续不断的影响力。

三、PERMA模式与幸福感关系的国内外研究及发展趋势

(一)PERMA模式与幸福感关系的国内外研究

PERMA模式在幸福感方面的研究在国内相对较新,多以实践应用为主。PERMA模式、幸福感同属积极心理学,PERMA模式是建立在幸福感概念发展基础上形成的幸福模型,统合了幸福感在主观和心理层面的定义。关于PERMA模式与幸福感的研究较早出现在临床医学领域之中,多采用实验对照分组的方式,探究PERMA模式对患者幸福感的影响。陈娟等人在对治疗黑色素瘤患者的研究中,发现

---

[1] Ho H C Y, Chan Y C. Flourishing in the Workplace: A One-Year Prospective Study on the Effects of Perceived Organizational Support and Psychological Capital[J]. International Journal of Environmental Research and Public Health, 2022, 19 (2): 922.

[2] Merritt S H, Heshmati S, Oravecz Z, et al. Web of Well-Being: Re-Examining PERMA and Subjective Well-Being Through Networks[J]. 2022, 499-509.

PERMA模式能提高患者对生活质量的评价，提升患者个体自身幸福水平。① 朱婷等人② 对脑卒中患者的应用可提高患者应对创伤能力和幸福水平，郭华等人用幸福 PERMA 干预法对脑卒中病人进行干预，通过干预提高了病人的积极情绪、幸福指数及自身对伤残的接受度。③

PERMA模式与幸福感方面的研究也逐渐出现在教育实践领域中，群体多以中学生为研究对象，多采用课堂教学的方式探究PERMA模式对学生的幸福思想、幸福教育、心理健康教育方面的研究。宁萌④ 以PERMA模式为依托，对心理健康课进行实践探索，提出幸福感策略，以期提高学生幸福水平。程倩以PERMA幸福模型为理论视角探讨大学生的幸福教育的途径⑤；王文娟采用分课堂的方式将PERMA模式的思想融入课堂教学中，提出PERMA模式在分课堂教学方式中的应用，提出学生幸福策略。⑥ PERMA模式与幸福感的研究在国内的研究仍属新兴领域，较多出现在临床医学领域和教育实践领域之中，随着积极心理学进一步发展，PERMA模式与幸福感的研究逐渐出现在不同领域之中，PERMA模式作为幸福模型，提出了幸福获得的五大途径，其应用在幸福研究方面的探索表现出一定的可行性。

---

① 陈娟，张芹，王钟群.PERMA模式下心理干预对恶性黑色素瘤患者自我幸福感、生活质量的影响研究[J].实用医院临床杂志，2021，18（06）：173-176.

② 朱婷，方艳春，徐俊敏，李娜，黄雅莲.PERMA模式下心理干预对脑卒中伤残患者创伤后成长及主观幸福感的影响[J].解放军护理杂志，2020，37（06）：43-46.

③ 郭华，徐艳贺，陈建设，任婷婷.幸福PERMA模式对高血压脑出血患者伤残接受程度和心理健康的影响[J].中国健康心理学杂志，2021，29（06）：899-903.

④ 宁萌.基于积极心理学PERMA模型的高校心理健康教育课程教学探索[J].齐齐哈尔大学学报（哲学社会科学版），2021,（08）：178-181.

⑤ 程倩.新时代大学生幸福感教育研究——基于积极心理学PERMA模型视角[J].山西青年职业学院学报，2019，32（04）：41-42+68.

⑥ 王文娟.对分课堂提升大学生幸福感研究——基于积极心理学PERMA模型视角[J].湖州师范学院学报，2017，39（12）：98-101.

（二）PERMA模式与幸福感的国外研究及发展趋势

PERMA模式是由塞利格曼提出的幸福模型，其文化思想倾向西方文化的个人主义倾向，将幸福视为个人主义的追求，而不是在其他文化中对集体主义的追求，关于PERMA模式在非西方文化的个体是否表现同样的可行性，是否会像PERMA模型所建议的那样体验到幸福做了调查，结果表明在不同文化背景中，获得幸福的条件与PERMA模式的五大路径一致，群体对幸福的理解，获得在不同文化的应用中均符合PERMA模型。[①] PERMA模式的应用在跨文化的研究中表现出可行性。PERMA模型经常被采用作为高等教育机构衡量学生幸福指数的标准，通过测评学生在情绪、投入、人际关系、意义、目标等维度了解学生的幸福水平，为学校衡量学生幸福感提供了多维角度，为学校理解幸福提供了更系统的理解。[②] PERMA与幸福的实现常以心理学课程为依托，从对幸福和幸福的本质的视角出发设计课程，以帮助学生在日常生活中习得幸福。课程的概念框架来自积极心理学中PERMA模式，课程结构围绕在幸福概念、幸福获得、幸福与个人关系三个方面，许多学生对参加以科学为基础的人类幸福课程感兴趣。此外，对较小的积极心理学课程进行的初步研究显示，参与课程的学习者的幸福感显著增加。积极心理学课程可能会对幸福和幸福的各个方面产生重大影响，同时减少负面情绪，改善健康。虽然积极心理学发展已久，但对其对幸福和幸福的潜在影响的研究才刚刚开始。

[①] Lambert D'raven L, Pasha-Zaidi N. Using the PERMA model in the United Arab Emirates[J]. Social indicators research, 2016, 125（3）: 905-933.

[②] Shetty D K, Thimmappa B H S, Malarout N, et al. A pilot study on happiness index for higher education institutions using customized PERMA profiler and SAC index[J]. Journal of Advanced Research in Dynamical and Control Systems, 2019, 11（1 Special Issue）: 1197-1213.

> 没有一种群体心理学在本质和整体上不是个体心理学，社会心理学是个体心理学的一部分。
>
> —— 奥尔波特（Floyd Allport）

第四章　青海少数民族大学生积极心理品质与心理健康的现状及相关研究

为探究青海地区少数民族大学生的积极心理品质与心理健康水平的关系，本文采用修订的孟万金团队编写的《中国大学生积极心理品质量表》，对青海省三所高校2017级、2018级和2019级少数民族大学生的积极心理品质进行调查。同时，采用《生活满意度量表》《积极消极情感量表》与《抑郁、焦虑、应激量表》对被试的心理健康状况进行测量，试图找到积极心理品质与心理健康的不同维度之间存在的关系。

本研究主试皆为青海某高校心理学专业教师和研究生，正式调查测量前，均接受统一培训，包括对问卷的内容和问卷的施测目的向主试进行简短的说明，对于作答期间可能发生的问题和需要采取的措施也逐一说明；印发问卷的统一二维码，并告知可能在测试过程中网站与同学出现的状况与问题。

施测时间为40分钟，若出现同学没有作答完的情况可以适当顺延。施测以每个自然班为单位，施测过程中，每个班配备一名班主任老师和三位心理学的研究生，由心理学教师和研究生向被试简单介绍本次研究的目的和问卷的作答方法，参与调查的学生展示问卷调查的二维码，并且对测试中可能发生的问题做出解释和说明。

收集数据后对数据进行共同方法偏差检验，也就是由于环境、语境、项目特征、数据来源等因素对结果和预测变量带来影响的人为因素的共变。[①]为保证测量结果不会受到共同方法偏差的影响，在被试填写问卷时强调并注明本次调查的保密性、匿名性以及不会对学生的学业成绩产生影响，同时数据只会作为科研之用。同时在被试的选取上包含了各民族及各专业的学生被试来减少测试过程中可能出现的共同方法偏差，故用Harman开展单因子检验，确认数据样本有否此偏差，将积极心理品质量表、抑郁—焦虑—应激量表、积极消极情感量表与生活满意度量表的所有项目作为外显变量，并将公因子数量定为1。首个因子变异量36.927%，比临界值（40%）小，共同方法偏差问题未超过容忍范围。

第一节　青海少数民族大学生积极心理品质及心理健康水平现状调查

随着积极心理学在心理学界影响力的不断提升，有关国内少数民族大学生的积极心理品质与心理健康状况也引发了关注。大量研究表

---

① 周浩，龙立荣.共同方法偏差的统计检验与控制方法[J].心理科学进展，2004，（06）：942-950.

明，少数民族大学生的心理健康状况与全国大学生心理健康常模相比有着明显的差异。在青海地区的高海拔多民族条件下，少数民族大学生的积极心理品质与心理健康状况值得关注，所以本研究在前人的研究基础上对青海少数民族大学生的积极心理品质与心理健康状况进行了调查，探究青海少数民族大学生积极心理品质的一般特点及心理健康状况。

一、研究对象与目的

为确保样本的全面性，本研究选取青海省三所高校2017级、2018级和2019级少数民族学生，共计1149名为研究被试。各民族被试人数分布如表4-1所示，被试性别分布如表4-2所示，男女生数量分别为391人和750人，比例为3.5∶6.5。年龄分布如表4-3所示。在17个院系中，民族教育学院的被试有261人，占总人数的22.87%。问卷中相同选项占比超过75%定义为无效，以此为标准剔除了8份问卷，留下有效的1141份。

表4-1 被试民族分布表

民族	频数	百分比
回族	342	29.97%
土族	93	8.15%
藏族	600	52.59%
撒拉族	21	1.84%
蒙古族	51	4.47%
其他少数民族	34	2.98%
合计	1141	100.00%

表 4-2 被试性别分布表

性别	频数	百分比
男	391	34.27%
女	750	65.73%
合计	1141	100.00%

表 4-3 被试年龄分布表

年龄	频数	百分比
<17	9	0.79%
17	52	4.56%
18	282	24.72%
19	398	34.88%
20	291	25.50%
21	75	6.57%
>21	34	2.98%
合计	1141	100.00%

通过对青海少数民族大学生的心理健康状况以及积极心理品质开展问卷调查，了解这一群体的积极心理品质，同时对其心理健康状况进行调查，并根据数据统计方法探究两者之间的关系及其作用模型。总结研究内容如下：

（1）探究青海少数民族大学生积极心理品质一般特点。

（2）揭示少数民族大学生在不同积极心理品质的维度上的特点。

（3）探究青海少数民族大学生总体心理健康状况。

（4）探究少数民族积极心理品质与心理健康水平的作用模型。

二、研究工具

（一）积极心理品质测评量表

本研究参考了孟万金、官群编制的《中国大学生积极心理品质量表》对被试展开测量。本量表中设计有六个维度共计62个题项。这一量表结构包括6个评价维度设计了20种品质，建立了稳定性较好的心理结构；设计的62个题项有较好的表征和测量效果。这一量表的信度和效度已经得到了证实，可被用于开展大面积测量，也是相关研究经常采用的初步测量工具。①

（二）心理健康测评工具

本次研究主要使用三个量表对少数民族大学生的心理健康状况进行测量：

1. 生活满意度量表（Satisfaction With Life Scale，SWLS）

当前测量幸福、感恩、认知体验的量表有很多，现有量表大多数都是基于多维模型或单一维度模型理论构建编制的。单维度量表将各项分数分别相加即可得到总分，从而反映被试对生活的满意水平。多维度的测量认为生活中不仅仅只是有着一个维度，需要对不同维度的项目进行加权从而得到幸福总分。本研究选用了单一维度量表中Diener等人提出的测量生活满意度的量表，量表内设计了5个题项，执行7点计分，最低分到最高分分别代表满意度的提升，最高7分，最低1分，各项评分之间差值为1，总分35分。如果总分等于20表示总体态度中立；介于31—35分则认为总体非常满意；介于5—9分则认为总体非常不满意；介于26—30分则认为总体满意；介于

---

① 孟万金，官群. 中国大学生积极心理品质量表编制报告[J]. 中国特殊教育，2009，（8）：71-77.

21—25分为总体少许满意；介于15—19分为总体少许不满意；介于10—14分为总体不满意。有以大学生为被试的研究显示该量表Cronbachα系数为0.92。

2. 积极情感消极情感量表（Positive Affect and Negative Affect Scale，PANAS）

本研究运用的评价积极情感和消极情感的量表是1988年Watson等人提出的，量表中共设计了10个题项，用正性、负性情绪两大不同维度评分，其中前者得分越高，证明过去一个月内，调查对象体验到的积极情绪越多越强烈。引入国内后相关学者也表示该量表有着较好的信效度。[1][2] 郑雪等人在以大学本科生为被试的研究中显示，在积极情感分量表中的内部一致性效度为0.85以上，在消极情感分量表中的内部一致性效度达到0.84以上。[3]

3. 抑郁—焦虑—应激量表（Depression Anxiety Scale，DASS-21）

这一量表是Lovibond等人于1995年编制的，设计这一量表的初衷是得到评分一致和测量方法一致的测量系统以定义焦虑、抑郁以及应激等情绪障碍，更好地指导临床诊断，目前已经被广泛用于快速筛查。在谢熹瑶等人以中国大学生为被试的测试研究中也显示，三大测量分量表内部一致性在0.76—0.79之间，总体一致性达到了0.89，结构效度表现良好。DASS-21用于大学生群体的心理健康测量能够

---

[1] 张卫东，刁静，Constance J.Schick.正、负性情绪的跨文化心理测量：PANAS维度结构检验[J].心理科学，2004，(01)：77-79.

[2] 邢占军，王宪昭，焦丽萍等.几种常用自陈主观幸福感量表在我国城市居民中的试用报告[J].健康心理学杂志，2002，(05)：325-326.

[3] 邱林，郑雪，王雁飞.积极情感消极情感量表（PANAS）的修订[J].应用心理学，2008，14（03）：249-254+268.

较好的评价其焦虑、抑郁以及应激水平。①

三、研究程序与数据处理

在正式施测过程中，以班级为单位进行问卷测验，测试全程采用匿名的方式进行，每一组测试时间约40分钟左右。施测前，向参与测试的学生说明测试的目的并告知保密规定，保证本次测试仅供调查研究使用，所得数据不会外泄，保证参与测评学生安心作答。由调查者讲解本次测试的规则，明晰问卷填写过程中应注意的事项，力求避免产生无效问卷。在学生完全理解答题规则及题目含义情况的前提下进行施测。要求学生按照真实情况，独立填写问卷。允许学生在施测过程中就题目理解问题进行提问，并予以耐心解答。测试完成后，回收所有问卷。

采用SPSS20.0进行数据分析。采取的统计方法有：独立样本t检验、配对样本t检验、单样本方差分析。

四、研究结果

（一）《中国大学生积极心理品质量表》在青海省少数民族大学生人群适用性分析

采用修订的《中国大学生积极心理品质量表》作为测量工具。以班级为单位进行施测。调查所得结果数据用SPSS20.0进行处理分析。主要进行信效度的检验。在青海师范大学选取139名少数民族大学

---

① 龚栩，谢熹瑶，徐蕊等.抑郁—焦虑—应激量表简体中文版（DASS-21）在中国大学生中的测试报告[J].中国临床心理学杂志，2010，18（04）：443-446.

生，发放问卷，剔除无效问卷后，回收有效问卷133份，有效回收率95.7%。

1. 探索性因素分析

本研究首先进行因素分析的适合度检验。检测的标准通常为KMO和Bartlett球形检验。对《中国大学生积极心理品质量表》进行初步的探索性因素分析，结果见表4-4。数据分析的结果显示，KMO值为0.743，Bartlett分数为3962.836（df=1891，p<0.001）。表明适合进行因素分析。进而采用方差正交最大旋转方法对项目进行因素分析。采用特征根大于1的原则对各分量表抽取因子，结果认知维度和情感维度分别抽取出4个因子，人际维度、节制维度和超越维度分别抽取出3个因子，公正维度仅抽取出两个因子。各分量表因子分析旋转后的整体解释变异数，见表4-5。

表4-4 KMO测度和Bartlett球形检验

KMO系数		0.743
Bartlett球形检验	(^{2}	3962.836
	df	1891
	Sig.	0.000

表4-5 六个分量表因素分析正交旋转后的整体解释变异数

分量表	因素	特征值	变异数（%）	累计变异数（%）
认知维度	1	3.756	31.303	31.303
	2	1.476	12.301	43.604
	3	1.159	9.655	53.258
	4	1.078	8.984	62.243
人际维度	1	2.916	29.160	29.160

续表

分量表	因素	特征值	变异数（%）	累计变异数（%）
人际维度	2	1.375	13.751	42.911
	3	1.148	1.148	54.389
情感维度	1	3.141	28.558	28.558
	2	1.347	12.243	40.801
	3	1.134	10.312	51.113
	4	1.026	9.327	60.440
公正维度	1	2.519	27.992	27.992
	2	1.558	17.314	45.307
节制维度	1	2.578	25.776	25.776
	2	1.381	13.807	39.583
	3	1.114	11.135	50.718
超越维度	1	3.307	33.068	33.068
	2	1.325	13.251	46.319
	3	1.097	10.966	57.285

对《中国大学生积极心理品质问卷》在青海少数民族大学生中的适用性进行适当的因素分析，6个因素的特征值都大于1。

2. 验证性因素分析

在实际进行验证性因素分析时，常用的模型评价指数及其标准如下：近似均方根误差（RMSEA）小于0.05表示拟合程度很好，而在0.05—0.08之间表示模型拟合较好，在0.08—0.10之间仍可接受，如果大于0.10，则表明这个模型拟合程度不佳；拟合优度（χ^2检验）（χ^2/df）是一个粗略的估计值，其值一般小于2即可，但范围可以扩展至3。①

从表4-6中可以看到，本研究选取的《中国大学生积极心理品质量表》卡方自由度比为1.835，处于1—3之间，表明此量表处于最佳拟合状态。近似均方根误差（RMSEA）为0.080，小于0.1，表明此模型具有良好的拟合程度。

表4-6　验证性因素分析

x^2/df	RMSEA	GFI	AGFI	CFI	IFI	TLI
1.835	0.080	0.551	0.517	0.478	0.491	0.456

3. 问卷的信度检验

计算《中国大学生积极心理品质量表》各维度的Cronbach α系数与分半信度，结果见表4-7。认知维度的Cronbach α系数为0.786，分半信度为0.737；人际维度的Cronbach α系数为0.708，分半信度为0.713；情感维度的Cronbach α系数为0.698，分半信度为0.696；公正维度Cronbach α系数为0.657，分半信度为0.603；节制维度的Cronbach α系数为0.509，分半信度为0.512；超越维度的Cronbach α系数为0.769，分半信度为0.704；总的积极心理品质的Cronbach α系数为0.918，分半信度为0.828。数据表明该量表具有良好的信度，可以作为正式施测的测量工具。

---

① 宋爱红，蔡永红．教师组织承诺结构的验证性因素分析[J]．心理发展与教育，2005（02）：48-51．

表4-7 《中国少数民族大学生积极心理品质量表》各维度、总量表的信度系数

因素	Cronbach α 系数	Sperman——Brown 系数
认知维度	0.786	0.737
人际维度	0.708	0.713
情感维度	0.698	0.696
公正维度	0.657	0.603
节制维度	0.509	0.512
超越维度	0.769	0.704
总的积极心理品质	0.918	0.828

4. 问卷的效度检验

（1）内容效度

本研究采用的《中国大学生积极心理品质量表》是由孟万金和官群编制的，以青海少数民族大学生为适用群体进行修订，本量表中设计有六个维度共计62个题项。这一量表结构包括6个评价维度设计了20种品质，建立了稳定性较好的心理结构；设计的62个题项有较好的表征和测量效果。说明本量表具有良好的内容效度。

（2）结构效度

根据因素分析理论的要求，各个维度之间应该呈现中等程度的相关，项目之间的组间相关应该在0.10—0.60之间，如果项目在这些相关全距之内，则说明能为测验提供满意的信度和效度。结果见表4-8。

表4-8 量表结构效度

	认知维度	人际维度	情感维度	公正维度	节制维度	超越维度	总的积极心理品质
认知维度							0.861**
人际维度	0.664**						0.814**
情感维度	0.617**	0.538**					0.808**
公正维度	0.665**	0.680**	0.623**				0.818**
节制维度	0.495**	0.551**	0.483**	0.466**			0.723**
超越维度	0.692**	0.573**	0.650**	0.631**	0.466**		0.828**

注：*$p<0.05$，**$p<0.01$，下同。

表4-8表明，中国少数民族大学生积极心理品质量表问卷六个维度之间中等相关，而六维度与问卷总体之间较高显著相关。表明《中国大学生积极心理品质问卷》的六维度既相互独立又具有一定联系，具有较好的辨别效度和聚合效度，说明该量表的结构效度良好。

数据表明该问卷具有良好的信度，可以作为正式施测的测量工具。

（二）心理健康量表的初步统计结果及分析

1. 量表的信度、效度检验

研究中各个量表的内部一致性系数、折半信度系数和重测系数见表4-9。量表中的内部一致性系数最低为0.778（生活满意度），最高达0.834（积极情绪），折半信度也在0.75以上。4周以后对62名少数民族大学生进行重测，结果显示DASS-21、积极情绪和生活满意度问卷的重测信度分别为，0.661、0.705、0.693，说明该问卷的信度符合测量标准，可以作为研究青海少数民族大学生心理健康的量表工具。说明所有量表具有较好的信度水平。

表 4-9 量表的信度

	DASS-21	积极情绪	生活满意度
Cronbach α 系数	0.811	0.834	0.778
分半信度	0.764	0.803	0.797
（4周后）重测系数	0.661**	0.705**	0.693**

注：**$p<0.01$。

对抑郁—焦虑—应激自评量表简版量表（DASS-21）进行因素分析，抑郁、焦虑和应激这三个因素的累积方差贡献率为42.17%。从因素负荷矩阵图（表4-10）可见，只有项目12、项目16和项目19的负荷值低于0.50，其他因素负荷均超过0.50，说明该量表有较好的结构效度。

表 4-10 抑郁—焦虑—应激自评量表简版因素分析因素负荷矩阵

抑郁		焦虑		应激	
项目	负荷	项目	负荷	项目	负荷
3	0.683	2	0.705	1	0.674
5	0.734	4	0.562	6	0.656
10	0.591	7	0.618	8	0.735
13	0.675	9	0.686	11	0.674
16	0.453	15	0.723	12	0.441
17	0.748	19	0.479	14	0.580
21	0.634	20	0.522	18	0.715

对生活满意度量表进行因素分析，由于生活满意度量表只有5个题项，因此只限定抽取出1个因素时，各个因素的负荷均大于0.50，累积方差贡献率为56.36%。从因素负荷矩阵图（表4-11）可见，说明该量表适合用单一维度测量。

表4-11 生活满意度因素分析因素负荷矩阵

生活满意度			
项目	负荷	项目	负荷
1	0.728	4	0.690
2	0.851	5	0.574
3	0.837		

对积极情绪量表进行因素分析，由于考虑到积极情绪量表只有10个题项，因此，限定只抽取出1个因素时，各个因素的负荷均大于0.50，累积方差贡献率为49.52%。从因素负荷矩阵图（表4-12）可见，说明该量表适合用单一维度测量。

表4-12 积极情绪因素分析因素负荷矩阵

积极情绪			
项目	负荷	项目	负荷
1	0.809	6	0.752
2	0.664	7	0.508
3	0.715	8	0.614
4	0.542	9	0.679
5	0.676	10	0.735

(三)青海少数民族大学生积极心理品质现状

1. 积极心理品质各维度总体现状

修订的《中国大学生积极心理品质量表》采用Likert七点计分法，所有题项正向计分，得分越高，说明积极心理品质水平越高。若每一题项均分大于4分，说明大学生在该题项上的积极心理品质较好；若每一题项均分介于3—4分之间，说明大学生在该题项上的积极心理品质一般；若每一题项均分低于3分，说明大学生在该题项上的积极心理品质较差。①

表4-13 少数民族大学生积极心理品质现状分析

	Max	Min	M	SD
认知维度	80	42	64.01	6.35
人际维度	70	42	59.21	4.82
情感维度	75	46	62.83	5.35
公正维度	65	40	53.81	4.67
节制维度	70	39	56.92	5.06
超越维度	70	40	58.48	5.38
积极心理品质总体状况	510	344	435.25	27.49

对表4-13进行解析发现，少数民族大学生积极心理品质总体上表现良好，得分为435.25±27.49，大于186分（62道题×3）。根据各个维度的得分情况可知，在各维度上少数民族大学生均表现良好，且认知维度M±SD = 64.01±6.35，情感维度M±SD = 62.83±5.35，

---

① 熊会芳. 当代大学生积极心理品质现状及其培育路径研究[D]. 长沙：长沙理工大学，2016.

人际维度 M ± SD = 59.21 ± 4.82，超越维度 M ± SD = 58.48 ± 5.38，节制维度 M ± SD = 56.92 ± 5.06，公正维度 M ± SD = 53.81 ± 4.67。

2. 青海少数民族大学生总体积极心理品质及各维度在人口学变量上的差异性分析

（1）不同性别少数民族大学生积极心理品质差异分析

对表4-14进行分析发现，少数民族大学生积极心理品质总体水平在性别上存在显著差异，男生得分显著高于女生得分（t=3.219，p=0.001＜0.01）。在积极心理品质各维度上男生得分均高于女生得分，在认知维度（t=5.028，p=0.000＜0.01）、人际维度（t=2.580，p=0.010＜0.05）、公正维度（t=2.334，p=0.16＜0.05）和超越维度（t=4.619，p=0.000＜0.01）上男生得分显著高于女生得分。

表4-14 少数民族大学生积极心理品质性别差异分析

维度	男生 M ± SD	女生 M ± SD	F	t	P
认知维度	65.20 ± 6.54	63.27 ± 6.12	3.80	5.028	0.000
人际维度	59.69 ± 5.16	58.90 ± 4.57	12.07	2.580	0.010
情感维度	62.89 ± 5.70	462.78 ± 5.12	7.41	0.336	0.737
公正维度	54.23 ± 5.12	53.54 ± 4.34	14.08	2.334	0.016
节制维度	57.27 ± 5.37	56.70 ± 4.85	6.62	1.803	0.072
超越维度	59.41 ± 5.58	57.90 ± 5.17	3.47	4.619	0.000
积极心理品质总体情况	438.69 ± 30.02	433.10 ± 25.57	11.87	3.219	0.001

注：*p＜0.05，**p＜0.01下同。

（2）不同专业少数民族大学生积极心理品质差异分析

对表4-15进行分析发现，少数民族大学生积极心理品质总体水平在专业上不存在显著差异。在积极心理品质各维度上仅在节制维度上存在显著差异（F=4.078，p=0.17＜0.05），通过事后检验发现，理工科生与文科生在节制维度上均与艺术生存在显著差异，即理工科生（56.79±5.12）＞艺术生（55.16±5.00），文科生（57.22±4.97）＞艺术生（55.16±5.00），而理工科生与文科生在节制维度上的差异不显著。

表4-15 少数民族大学生积极心理品质专业差异分析

	理工科生	文科生	艺术生	F	事后检验
认知维度（M±SD）	63.95±6.36	64.16±6.35	63.10±6.25	0.668	
人际维度（M±SD）	59.20±4.86	59.32±4.74	58.04±4.98	1.579	
情感维度（M±SD）	52.74±5.55	53.08±5.06	51.12±5.87	3.169	
公正维度（M±SD）	53.87±4.75	53.80±4.59	53.14±4.63	0.540	
节制维度（M±SD）	56.79±5.12	57.22±4.97	55.16±5.00	4.078*	1＞3 2＞3
超越维度（M±SD）	58.29±5.46	58.76±5.27	57.73±5.51	1.518	
积极心理品质总体情况（M±SD）	434.83±28.10	436.34±26.75	428.31±27.66	2.044	

注：1=理工科生，2=文科生，3=艺术生。

（3）独生子女少数民族大学生积极心理品质差异分析

对表4-16进行分析发现，少数民族大学生积极心理品质总体水平在是否独生子女方面存在显著差异,独生子女得分显著高于非独生子女得分($t=2.661$, $p=0.008<0.01$)。在认知维度($t=2.364$, $p=0.018<0.05$)、情感维度($t=3.041$, $p=0.002<0.01$)、公正维度($t=2.381$, $p=0.017<0.05$)和超越维度($t=3.414$, $p=0.001<0.01$)上独生子女得分显著高于非独生子女得分。

表4-16 少数民族大学生积极心理品质独生子女差异分析

维度	是 M ± SD	否 M ± SD	F	t	P
认知维度	65.23 ± 6.03	63.85 ± 6.38	0.66	2.364	0.018
人际维度	59.86 ± 4.69	59.12 ± 4.83	0.52	1.653	0.099
情感维度	54.15 ± 5.11	52.65 ± 5.36	1.20	3.041	0.002
公正维度	54.71 ± 4.52	53.69 ± 4.67	0.67	2.381	0.017
节制维度	57.28 ± 4.89	56.87 ± 5.08	1.07	0.875	0.382
超越维度	59.98 ± 5.14	58.28 ± 5.38	0.07	3.414	0.001
积极心理品质总体情况	441.21 ± 26.70	434.46 ± 27.50	0.59	2.661	0.008

(4)少数民族大学生积极心理品质生源地差异分析

对表4-17进行分析发现,少数民族大学生积极心理品质总体水平在生源地中不存在显著差异。

在积极心理品质的情感维度($F=3.028$, $p=0.010<0.05$)、公正维度($F=2.273$, $p=0.045<0.05$)和超越维度($F=2.932$, $p=0.012<0.05$)上存在显著差异。通过事后检验发现,乡镇学生与农村学生在情感维度上差异显著,即乡镇学生(63.77±4.72)>农村学生(62.31±5.10);牧区学生与农村学生在公正维度上差异显著,即牧区学生（54.43±4.96）＞农村学生（53.46±4.55）；乡镇学生与农村学生在超越维度上差异显著，即乡镇学生（59.38±4.75）＞农村学生（57.91±5.21）。由于其他生源地学生样本量较小，在各维度上均不与牧区学生、农村学生、乡镇学生存在显著差异。

表4-17 少数民族大学生积极心理品质生源地差异分析

	牧区	农村	乡镇	县城	城市	半农半牧	F	事后检验
认知维度（M±SD）	64.36±6.69	63.68±6.20	63.92±5.97	64.36±6.79	65.91±6.13	65.33±4.08	1.009	
人际维度（M±SD）	59.85±5.00	58.98±4.65	58.44±4.72	59.15±5.38	59.30±4.84	58.83±3.87	2.181	
情感维度（M±SD）	63.02±5.82	62.31±5.10	63.77±4.72	64.23±5.46	64.09±6.12	61.50±3.08	3.028	3＞2*
公正维度（M±SD）	54.43±4.96	53.46±4.55	53.58±3.99	53.30±5.06	54.74±4.81	54.67±3.67	2.273	1＞2*
节制维度（M±SD）	57.29±5.41	56.84±4.86	56.34±4.68	56.34±5.65	57.52±5.09	57.83±3.66	0.991	
超越维度（M±SD）	58.80±5.63	57.91±5.21	59.38±4.75	59.62±6.17	59.61±6.02	58.67±3.93	2.932	3＞2*
积极心理品质总体情况（M±SD）	437.74±29.64	433.20±26.38	435.42±24.65	437.00±29.72	441.17±29.83	436.83±18.35	1.468	

注：1=牧区；2=农村；3=乡镇；4=县城；5=城市；6=半农半牧。

（5）少数民族大学生积极心理品质父母受教育程度差异分析

① 父亲受教育差异分析

对表4-18进行分析发现，少数民族大学生积极心理品质总体水平在父亲受教育程度中不存在显著差异。

在积极心理品质的情感维度（F=3.294，p=0.020＜0.05）上存在显著差异。通过事后检验发现，父亲为小学文化水平与父亲未受教育和父亲为大学及以上文化水平之间存在显著差异，具体表现为：父亲未受教育的学生（43.16±5.57）＞父亲为小学文化的学生（42.35±5.36）；父亲为大学及以上水平的学生（44.22±5.22）＞父亲为小学文化的学生（42.35±5.36）；父亲为中学或中专文化水平的学生在各维度上与其他学生均不存在显著差异。

表4-18 少数民族大学生积极心理品质父亲受教育程度差异分析

	未受教育	小学	中学或中专	大学及以上	F	事后检验
认知维度（M±SD）	44.23±6.73	43.95±6.12	43.62±6.26	44.82±6.50	0.818	
人际维度（M±SD）	39.43±4.97	39.32±4.71	38.68±4.83	39.22±4.80	1.281	
情感维度（M±SD）	43.16±5.57	42.35±5.36	42.94±4.94	44.22±5.22	3.294	1＞2* 4＞2**
公正维度（M±SD）	34.25±4.60	33.67±4.73	33.47±4.59	33.88±4.75	1.557	
节制维度（M±SD）	37.36±5.35	36.98±4.83	36.40±5.03	36.28±5.28	2.068	
超越维度（M±SD）	38.62±5.52	38.18±5.32	38.51±5.30	39.88±5.30	2.216	
积极心理品质总体情况（M±SD）	237.05±29.01	234.45±26.79	233.62±26.73	238.31±27.61	1.166	

注：1=未受教育；2=小学；3=中学或中专；4=大学及以上。

② 母亲受教育差异分析

对表4-19进行分析发现，少数民族大学生积极心理品质总体水平在母亲受教育程度中不存在显著差异。

在积极心理品质的情感维度（$F=2.951$，$p=0.032<0.05$）上存在显著差异。通过事后检验发现，母亲为大学及以上文化水平与母亲未受教育和母亲为小学文化水平之间存在显著差异，具体表现为：母亲为大学及以上文化水平的学生（64.74±4.59）＞母亲未受教育的学生（62.73±5.44）；母亲为大学及以上文化水平的学生（64.74±4.59）＞母亲亲为小学文化的学生（62.53±5.18）；母亲为中学或中专文化水平的学生在各维度上与其他学生均不存在显著差异。

表4-19 少数民族大学生积极心理品质母亲受教育程度差异分析

	未受教育	小学	中学或中专	大学及以上	F	事后检验
认知维度（M±SD）	63.85±6.45	64.12±6.16	63.99±6.33	65.11±6.55	0.620	
人际维度（M±SD）	59.19±4.75	59.39±4.79	58.79±5.13	59.07±5.09	0.521	
情感维度（M±SD）	62.73±5.44	62.53±5.18	63.40±5.57	64.74±4.59	2.951	4＞1* 4＞2**
公正维度（M±SD）	53.82±4.60	53.93±4.71	53.29±4.73	54.11±4.99	0.723	
节制维度（M±SD）	57.01±5.30	56.96±5.09	56.53±4.87	56.63±5.85	0.383	
超越维度（M±SD）	58.35±5.34	58.28±5.36	59.02±5.54	60.17±5.27	2.270	
积极心理品质总体情况（M±SD）	434.95±27.64	435.22±27.31	435.02±27.13	439.83±28.91	0.450	

注：1=未受教育；2=小学；3=中学或中专；4=大学及以上。

（6）少数民族大学生积极心理品质家庭经济状况差异分析

对表4-20进行分析发现，少数民族大学生积极心理品质总体及各维度水平在家庭经济状况中不存在显著差异。

表4-20 少数民族大学生积极心理品质家庭经济状况差异分析

	很好	较好	一般	较差	F	事后检验
认知维度（M±SD）	64.47±4.95	65.13±6.47	63.95±6.26	63.66±6.90	1.110	
人际维度（M±SD）	59.65±4.55	59.37±4.97	59.15±4.77	59.37±5.08	0.177	
情感维度（M±SD）	64.29±4.20	63.95±5.13	62.75±5.29	62.44±5.82	2.050	
公正维度（M±SD）	54.82±4.08	54.36±5.08	53.73±4.57	53.80±5.02	0.746	
节制维度（M±SD）	55.29±3.87	57.14±5.60	56.93±4.92	56.94±5.63	0.639	
超越维度（M±SD）	59.53±5.11	59.57±5.14	58.42±5.29	58.12±5.98	1.687	
积极心理品质总体情况（M±SD）	438.06±23.04	439.52±28.51	434.93±26.84	434.32±30.79	0.856	

（7）不同年龄的青海少数民族大学生积极心理品质上的差异

从表4-21可知，利用方差分析去研究年龄与各个子维度和总分共7项的差异性，可以看出：不同年龄样本对于超越维度、情感维度的差异不会表现出显著性（$p>0.05$），意味着不同年龄样本对于超越维度、情感维度全部均表现出一致性，并没有差异性。另外年龄样本对于节制维度、公正维度、人际维度、认知维度、积极品质总分共5

项呈现出显著性（$p<0.05$），意味着不同年龄样本对于节制维度、公正维度、人际维度、认知维度、积极品质总得分都存在显著差异。具体分析可知：

年龄对于积极品质总分呈现出0.01水平显著性（$F=3.100$，$p=0.005$），进一步对差异进行分析后发现差异较为显著的组别均值得分对比如下："21.0>17.0；22.0>17.0；19.0>18.0；21.0>18.0；22.0>18.0；22.0>19.0；22.0>20.0。"年龄对于节制维度呈现出0.05水平显著性（$F=2.289$，$p=0.033$），进一步对差异进行分析后发现差异较为显著的组别均值得分对比如下："21.0>17.0；22.0>17.0；21.0>18.0；22.0>18.0；22.0>19.0；22.0>20.0。"年龄对于公正维度呈现出0.01水平显著性（$F=2.843$，$p=0.009$），进一步对差异进行分析后发现差异较为显著的组别均值得分对比如下："22.0>17.0；19.0>18.0；20.0>18.0；21.0>18.0；22.0>18.0；22.0>19.0；22.0>20.0。"年龄对于人际维度呈现出0.01水平显著性（$F=5.039$，$p=0.000$），以及具体对比差异可知，有着较为明显差异的组别平均值得分对比结果为："22.0>16.0；21.0>17.0；22.0>17.0；20.0>18.0；21.0>18.0；22.0>18.0；21.0>19.0；22.0>19.0；22.0>20.0。"年龄对于认知维度呈现出0.05水平显著性（$F=2.697$，$p=0.013$），以及具体对比差异可知，有着较为明显差异的组别平均值得分对比结果为"22.0>17.0；19.0>18.0；22.0>18.0；19.0>20.0；21.0>20.0；22.0>20.0。"

表4-21 不同年龄积极心理品质方差检验

	年龄（平均值 ± 标准差）							F	p
	<16（$n=9$）	17（$n=52$）	18（$n=282$）	19（$n=398$）	20（$n=291$）	21（$n=75$）	>21（$n=34$）		
积极品质总分	234.44 ± 7.21	231.77 ± 25.53	232.42 ± 23.34	237.40 ± 25.94	236.00 ± 26.25	241.31 ± 23.95	247.12 ± 21.01	3.1	0.005**

续表

	年龄（平均值 ± 标准差）							F	p
	<16 (n=9)	17 (n=52)	18 (n=282)	19 (n=398)	20 (n=291)	21 (n=75)	>21 (n=34)		
超越维度	41.78 ± 3.11	39.40 ± 6.29	40.12 ± 5.26	41.05 ± 5.63	40.45 ± 6.17	41.17 ± 5.68	41.74 ± 4.81	1.565	0.154
节制维度	38.00 ± 2.35	38.33 ± 4.50	38.76 ± 4.86	39.32 ± 5.10	39.32 ± 5.09	40.20 ± 5.42	41.32 ± 4.49	2.289	0.033*
情感维度	41.89 ± 3.37	42.75 ± 5.29	42.25 ± 5.28	43.18 ± 5.37	42.92 ± 5.49	43.13 ± 5.42	43.26 ± 4.25	0.977	0.439
公正维度	34.00 ± 1.58	33.67 ± 4.44	33.34 ± 4.49	34.16 ± 4.74	34.19 ± 4.84	35.03 ± 5.29	36.12 ± 4.32	2.843	0.009**
人际维度	39.67 ± 2.78	39.73 ± 5.61	39.62 ± 5.10	40.37 ± 5.70	40.90 ± 5.74	42.15 ± 6.11	44.00 ± 4.10	5.039	0.000**
认知维度	39.11 ± 2.62	37.88 ± 5.72	38.33 ± 5.36	39.32 ± 5.44	38.23 ± 5.68	39.63 ± 5.25	40.68 ± 5.12	2.697	0.013*

（四）青海少数民族大学生心理健康水平现状

1. 青海少数民族大学生在抑郁—焦虑—应激量表上的一般特点

表4-22 青海少数民族大学生抑郁—焦虑—应激量表的描述统计

名称	平均值 ± 标准差	方差	中位数	标准误
应激条目	3.763 ± 3.426	11.74	3	0.101
焦虑条目	2.419 ± 2.730	7.452	2	0.081
抑郁条目	2.514 ± 3.315	10.99	1	0.098

根据抑郁—焦虑—应激量表情况量表的积分规则，采用4点式评分，从不符合到总是符合得分为0—6分；7个单项的评分总和的两倍是本量表的总得分，总分最高为42分，最低为0分。得分越高，证明被调查对象的抑郁程度、应激程度或焦虑程度更严重。抑郁量表评

测得分超过28分为严重抑郁，未超过9分为正常状态；介于21—27分、14—20分、10—13分即分别代表抑郁水平为重度、中等、轻微。焦虑量表得分超过20分表示严重焦虑；未超过7分表示正常状态；介于15—19分、15—18分、8—9分即分别代表焦虑水平为重度、中等、轻度；应激量表评测得分达到34分表示严重应激；未超过14分表示状态正常；介于26—33分、19—25分、15—18分即分别代表应激水平为重度、中等、轻度。由表4-22可知，青海少数民族大学生在三个维度的平均得分均在正常范围值之内，但同时观察标准差可以发现，不同被试间的得分标准差值较高，说明不同学生之间的心理健康水平有着一定的差异。

2. 青海少数民族大学生在生活满意度量表与积极消极情感量表上的一般特点

表4-23　青海少数民族大学生生活满意度描述统计

名称	平均值 ± 标准差	方差	中位数	标准误
生活满意度	22.357 ± 6.205	38.496	22	0.184
消极情感均分	1.764 ± 0.568	0.323	1.7	0.017
积极情感均分	3.048 ± 0.647	0.419	3	0.019

根据生活满意度量表的评分标准，该量表一共包含5道题，采用7点计分。其中青海少数民族大学生得分最高与最低的题项分别是第三题"我对我的生活很满意"，第五题"如果我能再活一次，我基本上不会做任何改变"。总分得分状况为22.357 ± 6.205分，根据量表评分标准，21—25分为少许满意可知青海少数民族大学生对生活处于少许满意的状态。

对积极消极两维度量表分别取均分，测得青海少数民族大学生的积极消极情感状况。由表4-23可知，消极情感得分1.764±0.568分，中等偏下；积极情感评分居于中等水平为3.048±0.647分。说明被试的消极情感不多，但是积极情感得分也并不高，其积极情感仍有较大的提升空间。

3. 不同性别的青海少数民族大学生积极消极情感量表与生活满意度量表上的差异

表4-24　不同性别积极消极情感量表与生活满意度量表的t检验结果

	性别（平均值±标准差）		t	p
	男（n=391）	女（n=750）		
积极情感均分	3.01±0.68	3.07±0.63	−1.473	0.141
消极情感均分	1.75±0.56	1.77±0.57	−0.433	0.665
生活满意度	22.35±6.64	22.36±5.97	−0.043	0.965

从表4-24可知，利用t检验去研究性别对于生活满意度均分，积极情感和消极情感得分均值都出现显著差异，由此分析可知性别不同，被调查学生在生活满意度、积极以及消极情感均分全部不会表现出显著性（$p>0.05$），意味着不同性别样本对于生活满意度、积极情感、消极情感指标均分都有一致性。

总结可知：不同性别样本对于生活满意度均分，积极情感均分，消极情感均分全部不会表现出显著性差异。

4. 不同性别的青海少数民族大学生在抑郁—焦虑—应激量表上的差异

表4-25　不同性别焦虑—抑郁—应激量表的t检验结果

	性别（平均值±标准差）		t	p
	男（n=391）	女（n=750）		
应激	3.20±3.40	4.06±3.40	−4.041	0.000**

续表

	性别（平均值 ± 标准差）		t	p
	男（n=391）	女（n=750）		
焦虑	2.09 ± 2.66	2.59 ± 2.75	−2.930	0.003**
抑郁	2.21 ± 3.33	2.67 ± 3.30	−2.221	0.027*

从表4-25可知，利用t检验去研究性别对于抑郁维度得分，焦虑维度得分，应激维度得分共3项的差异性，可以看出：不同性别被试对于抑郁、焦虑、应激维度得分全部均呈现出显著性（$p<0.05$），意味着不同性别样本对于抑郁维度得分，焦虑维度得分，应激维度得分均有着差异性。

总结可知：不同性别样本对于抑郁维度得分，焦虑维度得分，应激维度得分全部均呈现出显著性差异。

5. 不同年龄的青海少数民族大学生积极消极情感及生活满意度各量表上的差异

表4-26 不同年龄生活满意度及积极消极情感量表的方差分析

	年龄（平均值 ± 标准差）							F	p
	<17（n=9）	17（n=52）	18（n=282）	19（n=398）	20（n=291）	21（n=75）	>21（n=34）		
积极情感均分	3.03 ± 0.35	3.03 ± 0.74	3.05 ± 0.65	3.01 ± 0.65	3.08 ± 0.65	3.14 ± 0.61	3.08 ± 0.67	0.655	0.686
消极情感均分	1.79 ± 0.40	1.64 ± 0.57	1.78 ± 0.54	1.73 ± 0.56	1.80 ± 0.61	1.82 ± 0.54	1.80 ± 0.59	1.005	0.421
生活满意度	23.22 ± 4.32	22.04 ± 6.30	22.53 ± 6.18	22.12 ± 5.98	22.41 ± 6.62	22.64 ± 6.03	22.88 ± 6.42	0.251	0.959

从表4-26数据分析不难发现，进行方差分析不同年龄段被调查学生的生活满意度、积极情感、消极情感和均分共3项的差异性，可以看出：不同年龄样本对于生活满意度均分、消极情感均分、积极情感均分全部不会表现出显著性（$p>0.05$），意味着不同年龄样本对于生活满意度均分，消极情感均分，积极情感分全部表现出一致性，并没有差异性。总结可知：不同年龄样本对于生活满意度均分，消极情感均分，积极情感均分全部不会表现出显著性差异。

6. 不同年龄的青海少数民族大学生在抑郁—焦虑—应激量表上的差异

表4-27 抑郁 — 焦虑 — 应激量表不同年龄方差分析结果

	<17 （$n=9$）	17 （$n=52$）	18 （$n=282$）	19 （$n=398$）	20 （$n=291$）	21 （$n=75$）	>21 （$n=34$）	F	p
应激	3.33 ± 2.92	3.29 ± 3.01	4.14 ± 3.71	3.75 ± 3.38	3.74 ± 3.36	3.23 ± 2.94	3.06 ± 3.68	1.305	0.252
焦虑	1.56 ± 2.07	2.00 ± 2.14	2.70 ± 2.80	2.43 ± 2.79	2.37 ± 2.76	2.11 ± 2.51	2.00 ± 2.58	1.151	0.33
抑郁	1.44 ± 2.55	2.37 ± 3.38	2.76 ± 3.58	2.45 ± 3.22	2.64 ± 3.36	1.88 ± 2.65	2.03 ± 3.01	1.097	0.362

表头：年龄（平均值 ± 标准差）

从表4-27可知，利用方差分析研究年龄对于抑郁维度得分，焦虑维度得分，应激维度得分共3项的差异性，可以看出：不同年龄样本对于抑郁维度得分，焦虑维度得分，应激维度得分全部不会表现出显著性（$p>0.05$），意味着不同年龄样本对于抑郁维度得分，焦虑维度得分，应激维度得分全部表现出一致性，并没有差异性。

总结可知：不同年龄样本对于抑郁维度得分、焦虑维度得分、应激维度得分均不会表现出显著性差异。

五、分析与讨论

（一）少数民族大学生积极心理品质现状分析

1. 少数民族大学生积极心理品质整体状况

本研究发现，青海省少数民族大学生整体的积极心理品质情况较好，表现出较好的心理素质和心理状态。且从整体水平上来看，男生得分显著高于女生、独生子女得分显著高于非独生子女，这与以往研究保持一致。[①] 认知维度水平上男生得分显著高于女生。人际维度水平上男生得分显著高于女生、独生子女得分显著高于非独生子女得分。情感维度上独生子女得分显著高于非独生子女得分、乡镇学生得分显著高于农村学生得分、父亲受大学及以上教育的学生得分显著高于父亲仅为小学文化的学生得分、目前受大学及以上教育的学生得分显著高于母亲受小学教育及未受教育的学生得分。公正维度水平上男生得分显著高于女生、独生子女得分显著高于非独生子女得分、牧区学生得分显著高于农村学生得分。节制维度上理工科生与文科生得分显著高于艺术生，但理工科生与文科生得分差异不显著。超越维度水平上男生得分显著高于女生、独生子女得分显著高于非独生子女得分、乡镇学生得分显著高于农村学生得分。

这些结果与其他地区大学生积极品质相关研究的结果保持一致。[②③] 但仍需要在认知维度和情感维度上强化青海少数民族大学生的积极心理品质水平，从而全面有效地提高青海少数民族大学生的积

---

① 高晓雷，高蕾，白学军等.藏族大学生心理健康及教育对策研究[J].西藏大学学报（社会科学版），2015，30（03）：187-193.

② 刘媛.大学生积极心理品质的研究及培养[D].西安：西安电子科技大学，2013.

③ 熊会芳.当代大学生积极心理品质现状及培育路径研究[D].长沙：长沙理工大学，2016.

极心理品质水平。从社会心理学的角度来看，每一个个体都处于群体当中，其认知、情感、信念等受到所在群体以及群体成员的影响，呈现出一定的群体特征，同时个体也对其他群体成员产生影响，因此对群体统一进行训练可以有效地提升整个群体及其关联群体的积极心理品质水平。

2.积极心理品质水平在人口学变量上的差异分析

（1）总分及各维度在性别上的差异分析

本研究发现，青海少数民族大学生积极心理品质总体水平在性别上存在显著差异，男性大学生得分显著高于女性大学生，说明相较于女性大学生而言，男性大学生具有更高的积极心理品质水平，这与以往陈志方等人的研究结果一致。[1][2] 在认知维度、人际维度、公正维度、超越维度上男性大学生得分显著高于女性大学生。但在情感维度、节制维度上则不存在性别差异。在认知、人际等维度上，由于受到文化的影响，男性比女性拥有更多的社交方式，从而在一定程度上提高了男性大学生人际维度的得分。与此同时，青海省作为少数民族聚居区，受宗教影响较大，青海少数民族学生进入高校学习，也是进入了一个多元文化混合的环境，无论是男生还是女生，离开自己熟悉的环境、人群，进入大学校园需要一定的适应，所以在情感维度上，男性大学生和女性大学生的积极心理品质不存在显著差异。

（2）总分及各维度在专业上的差异分析

本研究发现，青海少数民族大学生积极心理品质总体水平在专业上并不存在显著差异。但是在节制维度上，理工科生和文科生得分显

---

[1] 陈志方,沐守宽.大学生积极心理品质状况调查与分析[J].黄冈师范学院学报,2012,32（02）:43-44.

[2] 罗涤,李颖.高校留守大学生积极心理品质研究[J].中国青年研究,2012,(08):83-87.

著高于艺术生得分，说明相较于艺术生而言，理工科生和文科生具有更高的节制水平。而文科生与理工科生的得分差异不显著，这一结果与现有关于大学生积极心理品质现状研究的结果并不一致，这可能是由于青海少数民族文化对积极心理品质的影响弥补了学科之间的差异。

（3）总分及各维度在是否独生子女上的差异分析

本研究发现，青海少数民族大学生积极心理品质总体水平在是否独生子女上存在显著差异，独生子女学生得分显著高于非独生子女学生得分，说明相较于非独生子女学生而言，独生子女学生拥有更高的积极心理品质水平。在认知维度、情感维度和超越维度上，独生子女学生得分显著高于非独生子女学生得分。这可能是由于非独生子女大学生大多在家中属于第一胎，在成长的过程中一定程度上代替行使了父母的职责，因此在认知维度、情感维度和超越维度上得分较低。但在人际维度和节制维度，两者不存在显著差异。

（4）总分及各维度在生源地水平上的差异分析

本研究发现，青海少数民族大学生积极心理品质总体水平在生源地水平上不存在显著差异。但在情感维度、公正维度和超越维度上则存在显著差异。具体表现为：在情感维度上，乡镇学生得分显著高于农村学生得分；在公正维度上，牧区学生得分显著高于农村学生得分；在超越维度上，乡镇学生得分显著高于农村学生得分，这些结果与先有研究保持一致。[1][2] 这可能是因为农村学生既不像乡镇学生拥有更加富裕的生活环境，也不像牧区学生拥有更加融洽的社区环境，

---

[1] 郭玉芳，张娜，张静平. 农村与城镇生源护生积极心理品质及影响因素比较[J]. 中国公共卫生，2013，29（07）：1041-1045.

[2] 林静，涂巍. 大学生积极心理品质与应对方式，领悟社会支持的关系[J]. 中国健康心理学杂志，2015，23（02）：225-228.

因此总体得分偏低。

（5）总分及各维度在父母受教育程度上的差异分析

本研究发现，青海少数民族大学生积极心理品质总体水平在父母受教育程度上不存在显著差异，这说明青海少数民族大学生积极心理品质总体水平与父母受教育程度无关。但在情感维度上父亲受大学及以上教育的学生得分显著高于父亲受小学教育的学生得分、母亲受大学及以上教育的学生得分显著高于母亲受小学教育及未受教育学生的得分。这可能与大多数青海少数民族家庭仍然是男主外、女主内的家庭模式有关。

（6）总分及各维度在家庭经济状况上的差异分析

本研究发现，青海少数民族大学生积极心理品质总体水平及各维度在家庭经济状况上的差异不显著，这说明青海少数民族大学生积极心理品质总体水平及各维度水平与家庭经济状况无关，这与现有关于中国其他地区大学生关于积极心理品质的研究存在差别。

（二）少数民族大学生心理健康水平现状分析

1.青海少数民族大学生在抑郁—焦虑—应激量表上的一般特点

本研究发现，青海少数民族大学生在抑郁—焦虑—应激量表上的三个维度的平均得分均在正常范围值之内，说明整体心理水平状况良好。但同时观察标准差可以发现，不同被试间的得分标准差值较高，说明不同学生之间的心理健康水平有着一定的差异。青海少数民族大学生作为本民族未来的栋梁和发展的中坚力量，保证他们拥有健康和向上的心理状态具有重要的价值和意义。目前，心理健康工作已是青海省学生工作的重点，高校定期开展心理健康活动、团体交流活动，培养了青海少数民族大学生的心理调节能力，保证了青海省少数民族大学生的心理健康水平。

2. 青海少数民族大学生在生活满意度量表与积极消极情感量表上的一般特点

本研究发现，青海少数民族大学生在生活满意度量表上的总分得分状况为22.357±6.205分，根据量表评分标准，21—25分为少许满意可知，青海少数民族大学生对生活处于少许满意的状态。对积极消极两维度量表分别取均分，测得青海少数民族大学生的消极情感得分1.764分，中等偏下；积极情感评分得分3.048，居于中等水平。说明被试的消极情感不多，但是积极情感得分也并不高，其积极情感仍有较大的提升空间。少数民族大学生由于文化、生活、习惯、宗教信仰等差异非常容易产生适应性问题，继而影响少数民族大学生的心理健康水平。而青海省作为少数民族聚居区，对少数民族大学生的包容度相对较强，少数民族大学生能够相对容易地适应新的环境和生活。

3. 不同性别的青海少数民族大学生积极消极情感量表与生活满意度量表上的差异分析

本研究发现，青海少数民族大学生在生活满意度、积极以及消极情感均分无显著性差异（$p>0.05$），说明不同性别样本对于生活满意度、积极情感、消极情感指标均分存在一致性。

4. 不同性别的青海少数民族大学生在抑郁—焦虑—应激量表上的差异分析

本研究发现，青海少数民族大学生不同性别的被试上对于抑郁、焦虑、应激三个维度的得分均呈现出显著性差异（$p<0.05$），说明不同性别被试对于抑郁维度得分，焦虑维度得分，应激维度得分均有着差异性，其中女生比男生在这三个维度上的得分均比男生高，说明女

生的心理健康水平低于男生。这与以往研究保持一致。[①] 一般来说，当人们处于一个陌生的环境时通常都会缺乏安全感，处于高度自我防卫的状态，对于少数民族大学生来说，他们离开了熟悉的高中环境，在适应新的生活环境的过程中，需要面临很多的心理应激，容易对陌生的人和陌生的情境产生抵触心理，从而产生一些焦虑和抑郁的情绪。并且，女生的性格特点就相比男生而言更加细腻、敏感，所以情感上相比于男生更加容易受到伤害。

5. 不同年龄的青海少数民族大学生积极消极情感及生活满意度各量表上的差异分析

本研究发现，青海少数民族大学生在不同年龄阶段对于生活满意度均分，消极情感均分，积极情感均分均没有表现出显著差异（$p>0.05$），意味着不同年龄样本对于生活满意度均分，消极情感均分，积极情感均分均表现出一致性。

6. 不同年龄的青海少数民族大学生在抑郁—焦虑—应激量表上的差异分析

本研究发现，青海少数民族大学生在不同年龄阶段对于抑郁维度得分，焦虑维度得分，应激维度得分均没有表现出显著性差异（$p>0.05$），说明不同年龄样本对于抑郁维度得分，焦虑维度得分，应激维度得分均表现出一致性，心理状况比较稳定且良好。

---

① 张智勇，罗珊红. 大学生SCL-90量表测查结果的比较研究[J]. 中国心理卫生杂志，1998，12（2）：14-15.

第二节 青海少数民族大学生在积极心理品质与心理健康水平的相关性分析

在上述研究的基础上，现通过对青海少数民族大学生的积极心理品质、心理健康与生活满意度的相关问卷数据作了进一步分析，分析探讨互相影响作用的内在机制。结合数据相关性分析所得结果论证，三者影响关系中是否表现出中介影响，从而进一步解释积极心理品质对青海少数民族大学生心理及生活的影响并分析其原因。

一、青海少数民族大学生积极心理品质与心理健康各维度相关性分析

为了研究青海少数民族大学生在积极心理品质与心理健康状况各维度是否存在相关关系，问卷所涉各个维度题项展开相关分析，得出表4-28所示结果。从表中数据对相关性进行分析不难发现，在积极心理品质与心理健康状况中共涉及的13个维度之间均呈现出十分显著的两两相关关系。同时可以看出积极心理品质各维度与生活满意度水平各维度之间呈现出正相关，而积极心理品质与心理健康的各个维度指标都有显著负相关关系。

表 4-28 积极心理品质与心理健康各维度相关性分析

	平均值	标准差	1	2	3	4	5	6	7	8	9	10	11	12
积极情感均分 (1)	3.048	0.647	1											
消极情感均分 (2)	1.764	0.568	0.621**	1										
生活满意度 (3)	22.357	6.205	0.666**	0.741**	1									
应激 (4)	3.763	3.426	−0.137**	−0.219**	−0.192**	1								
焦虑 (5)	2.419	2.73	−0.134**	−0.206**	−0.183**	0.818**	1							
抑郁 (6)	2.514	3.315	−0.147**	−0.218**	−0.200**	0.802**	0.794**	1						
超越维度 (7)	40.627	5.694	0.148**	0.202**	0.168**	−0.207**	−0.208**	−0.249**	1					
节制维度 (8)	39.244	5.019	0.151**	0.223**	0.175**	−0.187**	−0.184**	−0.225**	0.568**	1				
公正维度 (9)	42.852	5.338	0.174**	0.239**	0.206**	−0.159**	−0.157**	−0.206**	0.557**	0.493**	1			
情感维度 (10)	34.055	4.729	0.182**	0.253**	0.204**	−0.176**	−0.173**	−0.206**	0.531**	0.522**	0.559**	1		
人际维度 (11)	40.509	5.593	0.124**	0.186**	0.145**	−0.154**	−0.138**	−0.176**	0.522**	0.483**	0.474**	0.535**	1	
认知维度 (12)	38.791	5.484	0.188**	0.225**	0.225**	−0.189**	−0.179**	−0.243**	0.663**	0.598**	0.611**	0.565**	0.538**	1

* $p<0.05$ ** $p<0.01$

二、积极心理品质各维度与心理健康各变量之间的回归分析

为进一步探究青海少数民族大学生积极心理品质与心理健康各因素之间的因果关系,对相关变量进行回归分析,从而进一步分析各变量之间的关系,并对相关研究假设进行验证。根据已有研究及对青海少数民族大学生积极心理品质特点现状的调查提出假设如下:

H1:青海少数民族大学生积极心理品质状况显著影响其心理健康状况中抑郁情绪。

H2:青海少数民族大学生积极心理品质状况显著影响其心理健康状况中焦虑情绪。

H3:青海少数民族大学生积极心理品质状况显著影响其心理健康状况中应激情绪。

H4:青海少数民族大学生积极心理品质状况显著影响其心理健康状况中生活满意度。

H5:青海少数民族大学生积极心理品质状况显著影响其心理健康状况中积极情感。

H6:青海少数民族大学生积极心理品质状况显著影响其心理健康状况中消极情感。

(一)积极心理品质各维度对抑郁焦虑应激的回归分析

为探究积极心理品质六个维度对心理健康状况抑郁焦虑应激各维度的因果关系,采用线性回归的方法进行分析从而验证假设H1、H2、H3是否成立。

1. 积极心理品质与抑郁维度回归分析

表4-29 积极心理品质与抑郁维度的回归分析

	非标准化系数		标准化系数	t	p	VIF	R^2	调整R^2	F
	B	标准误	Beta						
常数	10.894	0.915	—	11.909	0.000**	—	0.080	0.075	$F(6,1134)$ =16.404, p=0.000
超越维度	-0.065	0.024	-0.112	-2.705	0.003**	2.122			
节制维度	-0.050	0.025	-0.075	-1.961	0.025	1.819			
情感维度	-0.021	0.024	-0.034	-0.858	0.192	1.878			
公正维度	-0.031	0.027	-0.045	-1.150	0.125	1.868			
人际维度	0.000	0.022	0.001	0.021	0.491	1.679			
认知维度	-0.047	0.027	-0.078	-1.767	0.039*	2.408			

因变量：抑郁 D-W值：2.054 * p<0.05 ** p<0.01

将积极心理品质的六个维度作为自变量，而将抑郁维度得分作为因变量进行线性回归分析，R^2为0.080，意味着积极心理品质可以解释抑郁维度得分的8%变化原因。同时经过F检验可知模型通过F检验（F=16.404，p=0.000<0.05），由此可见，积极心理品质内的六大评价指标中，至少有一个指标会显著影响抑郁得分。其中超越指标的评分p值<0.01，认知维度p值<0.05。同时针对模型的多重共线性进行检验发现，VIF值均未超过5，证明各因素之间没有共线性现象；D-W值接近2，进一步说明本文研究构建的模型内没有自相关关系，换言之所用的数据样本内部不存在互相关影响，模型分析结果较为可靠。根据回归关系方程分析有：抑郁=10.894-0.065*超越维度-0.050*节制维度-0.021*情感维度-0.031*公正维度+0.000*人际

维度-0.047*认知维度。由此可知，积极心理品质会显著影响个体心理健康中抑郁情况，因此可以认为假设H1得到支持（见表4-29）。

2. 积极心理品质与焦虑维度回归分析

表4-30 积极心理品质与焦虑维度的回归分析

	非标准化系数 B	非标准化系数 标准误	标准化系数 Beta	t	p	VIF	R^2	调整R^2	F
常数	7.944	0.764	—	10.393	0.000**	—			
超越维度	-0.057	0.020	-0.119	-2.836	0.003**	2.122			
节制维度	-0.038	0.021	-0.071	-1.812	0.036*	1.819			$F(6,1134)$
情感维度	-0.007	0.020	-0.014	-0.358	0.360	1.878	0.053	0.048	=10.495,
公正维度	-0.033	0.023	-0.057	-1.434	0.076	1.868			$p=0.000$
人际维度	0.003	0.018	0.006	0.172	0.431	1.679			
认知维度	-0.010	0.022	-0.020	-0.457	0.324	2.408			

因变量：焦虑 D-W值：2.066 * $p<0.05$ ** $p<0.01$

将评测积极心理品质的六大指标定义为自变量，将焦虑评分指标定义为因变量开展线性回归分析，从表4-30数据分析可知，模型R^2值为0.053，意味着积极心理品质可以解释焦虑维度得分的5.3%变化原因。同时经过F检验可知模型通过F检验（$F=10.495$，$p=0.000<0.05$），进一步说明了在积极心理品质的六个维度中至少有一个维度会对焦虑维度得分产生影响。其中节制维度的p值<0.05，超越维度p值<0.01。同时针对模型的多重共线性进行检验发现，VIF值均未超过5，证明各因素之间没有共线性现象；D-W值接近2，进一步说明本文研究构建的模型内没有自相关关系，换言之所用的数据

样本内部不存在互相关影响，模型分析结果较为可靠。根据回归关系方程分析有：焦虑维度得分=7.944-0.057*超越维度-0.038*节制维度-0.007*情感维度-0.033*公正维度+0.003*人际维度-0.010*认知维度。可见积极心理品质对心理健康的焦虑维度有着明显的影响，因此可以认为假设H2得到支持。

3. 积极心理品质与应激维度回归分析

表4-31 积极心理品质与应激维度的回归分析

	非标准化系数		标准化系数	t	p	VIF	R^2	调整R^2	F
	B	标准误	Beta						
常数	10.902	0.959	—	11.371	0.000**	—			
超越维度	-0.062	0.025	-0.103	-2.454	0.007**	2.122			
节制维度	-0.046	0.027	-0.067	-1.730	0.042*	1.819			$F(6,1134)$ =10.758, p=0.000
情感维度	-0.006	0.025	-0.010	-0.243	0.404	1.878	0.054	0.049	
公正维度	-0.037	0.029	-0.051	-1.303	0.087	1.868			
人际维度	-0.009	0.023	-0.015	-0.413	0.339	1.679			
认知维度	-0.023	0.028	-0.037	-0.821	0.206	2.408			
因变量：应激									
D-W值：2.100									
* p<0.05 ** p<0.01									

将评测积极心理品质的六大指标定义为自变量，将应激评分指标定义为因变量开展线性回归分析，从表4-31数据分析可知，模型R^2值为0.054，意味着积极心理品质可以解释应激维度得分的5.4%变化原因。同时经过F检验可知模型通过F检验（F=10.758，p=0.000<0.05），进一步说明了在积极心理品质的六个维度中至少有

一个维度会对应激维度得分产生影响。其中节制维度的 p 值<0.05，超越维度 p 值<0.01。同时针对模型的多重共线性进行检验发现，VIF值均未超过5，证明各因素之间没有共线性现象；D-W值接近2，进一步说明本文研究构建的模型内没有自相关关系，换言之所用的数据样本内部不存在互相关影响，模型分析结果较为可靠。根据回归关系方程分析有：应激维度得分=10.902-0.062*超越维度-0.046*节制维度-0.006*情感维度-0.037*公正维度-0.009*人际维度-0.023*认知维度。说明积极心理品质对心理健康的应激维度有着明显的影响，因此可以认为假设H3得到支持。

综上所述，青海少数民族大学生积极心理品质在对心理健康状况中抑郁、焦虑、应激三个维度均有明显的影响作用。

（二）积极心理品质各维度对生活满意度的回归分析

为探究积极心理品质六个维度与心理健康中生活满意度的因果关系，采用线性回归的方法进行分析从而验证假设H4是否成立。

表4-32　积极心理品质与生活满意度的回归分析

	非标准化系数 B	标准误	标准化系数 Beta	t	p	VIF	R^2	调整 R^2	F
常数	8.776	1.727	—	5.081	0.000**	—	0.063	0.058	$F(6,1134)$ =12.793, p=0.000
超越维度	-0.018	0.046	-0.017	-0.404	0.344	2.122			
节制维度	0.037	0.048	0.030	0.773	0.220	1.819			
情感维度	0.093	0.046	0.080	2.022	0.022*	1.878			
公正维度	0.117	0.052	0.089	2.273	0.012*	1.868			
人际维度	-0.016	0.041	-0.014	-0.375	0.354	1.679			
认知维度	0.143	0.050	0.126	2.835	0.003**	2.408			

因变量：生活满意度 D-W值：2.002 * p<0.05 ** p<0.01

续表

将积极心理品质的六个维度作为自变量，而将生活满意度维度得分作为因变量进行线性回归分析，从表4-32可以看出，模型R^2值为0.063，意味着积极心理品质可以解释生活满意度维度得分的6.3%变化原因。同时经过F检验可知模型通过F检验（F=12.793，p=0.000<0.05），进一步说明了在积极心理品质的六个维度中至少有一个维度会对生活满意度维度得分产生影响。其中情感维度与公正维度p值<0.05，认知维度p值<0.01。同时针对模型的多重共线性进行检验发现，模型中VIF值全部均小于5，意味着不存在共线性问题；并且D-W值在数字2附近，因而说明模型不存在自相关性，样本数据之间并没有关联关系，模型较好。其回归关系模型公式为：生活满意度总分=8.776-0.018*超越维度+0.037*节制维度+0.093*情感维度+0.117*公正维度-0.016*人际维度+0.143*认知维度。可见积极心理品质对心理健康的生活满意度维度有着明显的影响，因此可以认为假设H4得到支持。

（三）积极心理品质各维度对积极消极情感的回归分析

为探究积极心理品质六个维度对心理健康中积极消极情感的因果关系，采用线性回归的方法进行分析从而验证假设H5、H6是否成立。

1. 积极心理品质与积极情感的回归分析

表4-33 积极心理品质与积极情感的回归分析

	非标准化系数 B	非标准化系数 标准误	标准化系数 Beta	t	p	VIF	R^2	调整R^2	F
常数	1.829	0.182	—	10.059	0.000**	—	0.046	0.041	F(6,1134)=9.209, p=0.000
超越维度	−0.001	0.005	−0.005	−0.126	0.450	2.122			
节制维度	0.003	0.005	0.026	0.667	0.253	1.819			

续表

	非标准化系数		标准化系数	t	p	VIF	R^2	调整R^2	F
	B	标准误	Beta						
情感维度	0.008	0.005	0.063	1.578	0.056	1.878	0.046	0.041	$F(6.1134)$ =9.209, p=0.000
公正维度	0.012	0.005	0.090	2.279	0.012*	1.868			
人际维度	−0.002	0.004	−0.015	−0.389	0.348	1.679			
认知维度	0.011	0.005	0.095	2.103	0.028*	2.408			

因变量：积极情感均分 D-W值：2.006* p<0.05 ** p<0.01

将评测积极心理品质的六大指标定义为自变量，将积极情感评分指标定义为因变量开展线性回归分析，从表4-33数据分析可知，模型 R^2 计算结果为0.046，可见积极心理品质可以解释积极情感维度得分的4.6%变化原因。同时经过F检验可知模型通过F检验（F=9.209，p=0.000<0.05），进一步说明了在积极心理品质的六个维度中至少有一个维度会对积极情感维度得分产生影响。其中认知维度、公正维度 p 值<0.05。同时针对模型的多重共线性进行检验发现，VIF值均未超过5，证明各因素之间没有共线性现象；D-W值接近2，进一步说明本文研究构建的模型内没有自相关关系，换言之所用的数据样本内部不存在互相关影响，模型分析结果较为可靠。根据回归关系方程分析有：积极情感均分=1.829−0.001*超越维度+0.003*节制维度+0.008*情感维度+0.012*公正维度−0.002*人际维度+0.011*认知维度。可见积极心理品质对心理健康的积极情感维度有着明显的影响，因此可以认为假设H5得到支持。

2. 积极心理品质与消极情感的回归分析

表4-34 积极心理品质与消极情感的回归分析

	非标准化系数		标准化系数	t	p	VIF	R^2	调整R^2	F
	B	标准误	Beta						
常数	0.232	0.156	–	1.484	0.138	–			
超越维度	0.000	0.004	0.004	0.100	0.920	2.122			
节制维度	0.009	0.004	0.077	2.010	0.045*	1.819			$F(6,1134)$ =17.462, p=0.000
情感维度	0.011	0.004	0.100	2.557	0.011*	1.878	0.085	0.080	
公正维度	0.015	0.005	0.128	3.305	0.001**	1.868			
人际维度	0.001	0.004	0.012	0.316	0.752	1.679			
认知维度	0.004	0.005	0.036	0.821	0.412	2.408			

因变量：消极情感均分D-W值：1.998* $p<0.05$ ** $p<0.01$

将评测积极心理品质的6大指标定义为自变量，将消极情感评分指标定义为因变量开展线性回归分析，从表4-34数据分析可知，模型R^2计算结果为0.085，可见积极心理品质可以解释积极情感维度得分的8.5%变化原因。同时经过F检验可知模型通过F检验（F=17.462，p=0.000<0.05），进一步说明了在积极心理品质的六个维度中至少有一个维度会对积极情感维度得分产生影响。其中公正指标分析得到p值<0.01，情感、节制维度指标分析得到p值<0.05。同时针对模型的多重共线性进行检验发现，VIF值均未超过5，证明各因素之间没有共线性现象；D-W值接近2，进一步说明本文研究构建的模型内没有自相关关系，换言之所用的数据样本内部不存在互相关影响，模型分析结果较为可靠。根据回归关系方程分析有：消极情感均

分=0.232+0.000*超越维度+0.009*节制维度+0.011*情感维度+0.015*公正维度+0.001*人际维度+0.004*认知维度。可见积极心理品质对心理健康的积极情感维度有着明显的影响，因此可以认为假设H6得到支持。综上所述，积极心理品质对心理健康中积极消极情感有着明显的影响。

三、青海少数民族大学生在积极心理品质与心理健康水平关系：应激的中介作用

有关应激对心理健康影响的相关研究开始于20世纪三十年代，认为应激是一个包括许多复杂因素的过程，而在面对应激问题时许多青少年会出现认知或者行为上的偏差，从而导致心理健康问题。因此在对青少年尤其是大学生心理健康问题影响因素的探究过程中，有不少学者将视角转向压力应激对大学生的影响。李虹、林崇德的研究显示，大学生面对校园压力时心理健康状况会有一定负面影响，同时与心理健康问题呈现出正相关。[1] 同时也有研究指出，大学生在面对应激状况时，采取积极的方式应对会有更高的心理水平[2]，并且在大学生面临压力时更多地采用积极心理节制机制进行应对。[3] 根据上述研究结论，为研究积极心理品质与心理健康的作用模型，进行以应激为中介变量的中介模型分析。

近年来在心理学和教育学等多个研究领域，已经有许多文献资料

---

[1] 李虹，林崇德.大学生的压力与心理健康（英）[J].心理学报，2003，35（2）：222-230.

[2] 佟月华.大学生应对方式与心理健康的关系研究[J].中国行为医学科学，2004，13（1）：94-94.

[3] 张林，车文博，黎兵.大学生心理压力应对方式特点的研究[J].心理科学，2005，(01)：36-41.

构建了中介效应模型，对自变量和因变量之间影响的中介作用机制。如果将自变量、因变量及两者间的中间变量分别用X、Y、M来表示，那么就可以用一下三个方程来描述解释各变量之间的关系：

Y=cX+e1　　　　（1）

M=aX+e2　　　　（2）

Y=c'X+bM+e3　　（3）

在上述的三个方程中，第一个方程代表了自变量X与因变量Y的回归分析，第二个方程代表了自变量X和中介变量（M）的回归分析，第三个方程代表了自变量X，中介变量（M）和因变量（Y）的回归分析。c代表了自变量X对因变量Y的总效应值，a代表了自变量X对中介变量M的效应值，c'代表了控制了中介变量M的影响后，自变量X对因变量Y的直接效应值，e1、e2、e3分别代表残差值。根据上述方程可知模型中的中介效应等于简介效应即a与b之积，即总效应、间接效应与直接效应的关系如下：

c=c'+ab　　　　（4）

根据温忠麟对中介效应的定义与解释，并结合本研究中各维度变量之间相关关系，提出心理健康状况、积极心理品质与应激之间的模型如图4-1所示，其中心理健康状况根据对心理健康有概念量表维度的划分可分为正性心理、负性心理和心理健康总体水平，当时对中介效应进行分析。应用AMOS构建积极心理品质、应激与心理健康的模型图。导入相关数据划分维度，计算模型的拟合指数、路径系数进一步分析积极心理品质对抑郁焦虑应激与主观幸福感的影响程度，并验证模型假设是否成立。具体的操作步骤如下：第一步，绘制模型图。根据经验法则或者已有文献和相关理论绘制假设模型，本文研究模型为假设因果模型。第二步，对涉及的变量进行命名，打开数据文件，将测量到的变量数据输入，在"对象属性"对话窗口内对各个变量命名，选择数据搜集和工具建构进行必要的定义和处理。第三步，选择需要使用的统计数据和相关变量，进行模型估计（计算估计值），只要前述步骤没有出现界定错误，构建的模型能够被识别，就会出现统计结果。第四步，校验提出的假设模型。主要根据各个参数估计值和适配度的统计量等分析数据和模型的适配程度，假如二者无法有效的适配，则需要修正建立的模型。本文研究如果运用工具软件SPSS校验中介效应，全部变量都定义为观测变量，需要忽略测量误差，因为构建的模型为一元回归模型，无法把握整体结构。选择软件工具AMOS不仅能够将测量误差纳入考量，而且可以构建整体模型。

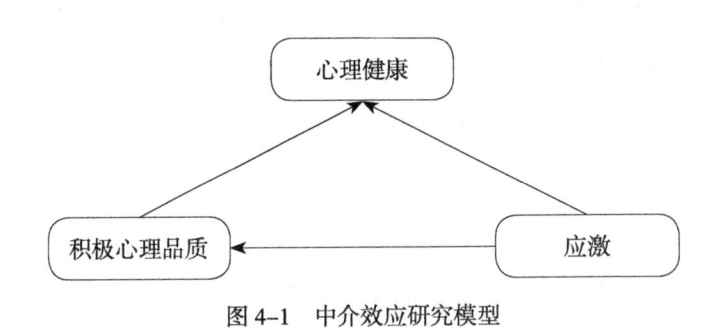

图 4-1 中介效应研究模型

（二）以应激为中介变量的积极心理品质与心理健康的结构方程模型

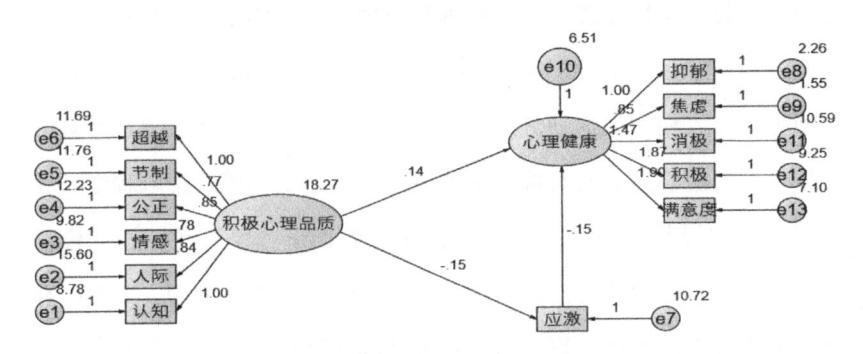

图 4-2 因变量为心理健康的中介模型

表4-35 心理健康预测模型拟合指数及标准

参数	合理标准	优秀标准	模型值	参数判断	是否达标
CMIN			160.856		
CMIN/DF	<5	<3	3.093	合理	是
GFI	>0.8	>0.9	0.947	优秀	是
AGFI	>0.8	>0.9	0.921	优秀	是
NFI	>0.8	>0.9	0.836	合理	是
IFI	>0.8	>0.9	0.883	合理	是
TLI	>0.8	>0.9	0.849	合理	是
CFI	>0.8	<0.9	0.881	合理	是
RMSEA	<0.08	<0.05	0.043	优秀	是

从表4-35可以看出：模型参数均达到合理的标准，表明模型拟合度达标，模型可以接受。

表4-36 路径参数表1

			UnStd.Est.	S.E.	Std.Est.	C.R.	P
应激	<---	积极心理品质	−0.153	0.024	−0.196	−6.284	***
心理健康	<---	积极心理品质	0.145	0.025	0.230	5.798	***
心理健康	<---	应激	−0.147	0.025	−0.182	−5.781	***

从表4-36可以看出：积极心理品质对应激有负向影响（$p<0.05$），回归系数为−0.196；积极心理品质正相关于心理健康（$p<0.05$），回

归系数为0.230；应激对心理健康有负向影响（$p<0.05$），回归系数为−0.182。

为了对存在的中介效应显著与否进行校验分析，本次研究选择了Bootstrap方法。元数据内随机抽5000个Bootstrap样本，得到95%的置信区间，间接效应95%置信区间内没有0，证明存在间接效应；直接效应95%置信区间内没有0，证明存在直接效应。如果同时存在直接和间接效应证明中介效应为部分中介；如果只有间接效应而没有直接效应，则证明中介效应为完全中介。计算结果如表4-37所示：

表4-37 中介效应的Bootstrap分析1

Effect	Point Estimate	95% Bias-corrected percentile		95% percentile	
		Lower	Upper	Lower	Upper
IE	0.022	0.013	0.036	0.012	0.035
DE	0.145	0.082	0.196	0.088	0.203
total	0.167	0.104	0.219	0.111	0.224

从表中可以看出：间接效应为0.022，95%区间没有包括0，说明间接效应存在；直接效应为0.145，95%区间没有包括0，说明直接效应存在；总效应为0.167，95%内没有0，证明存在中介效应。而且如果同时存在直接和间接效应证明中介效应为部分中介，占比为：0.022/0.167*100%=13.17%。

（二）以应激为中介变量的积极心理品质与正性心理的结构方程模型

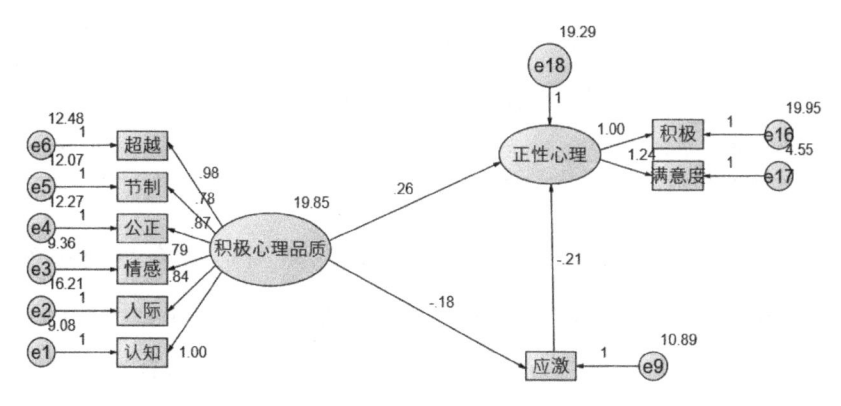

图4-3 因变量为正性心理的中介模型

表4-38 正性心理预测模型拟合指数及标准

参数	合理标准	优秀标准	模型值	参数判断	是否达标
CMIN			50.103		
CMIN/DF	<5	<3	2.004	优秀	是
GFI	>0.8	>0.9	0.981	优秀	是
AGFI	>0.8	>0.9	0.966	优秀	是
NFI	>0.8	>0.9	0.931	优秀	是
IFI	>0.8	>0.9	0.964	优秀	是
TLI	>0.8	>0.9	0.948	优秀	是
CFI	>0.8	<0.9	0.964	优秀	是
RMSEA	<0.08	<0.05	0.030	优秀	是

从表4-38中可以看出：模型参数均达到合理的标准，表明模型拟合度达标，模型可以接受。

表4-39　参数路径表2

			UnStd.Est.	S.E.	Std. Est.	C.R.	P
应激	<---	积极心理品质	-0.178	0.023	-0.234	-7.664	***
正性心理	<---	积极心理品质	0.262	0.048	0.251	5.508	***
正性心理	<---	应激	-0.214	0.047	-0.157	-4.558	***

从表4-39中可以看出：积极心理品质对应激有负向影响（$p<0.05$），回归系数为-0.234；积极心理品质对正性心理有正向影响（$p<0.05$），回归系数为0.251；应激对正性心理有负向影响（$p<0.05$），回归系数为-0.157。

为了对存在的中介效应显著与否进行校验分析，本次研究选择了Bootstrap方法。元数据内随机抽5000个Bootstrap样本，得到95%的置信区间，间接效应95%置信区间内没有0，证明存在间接效应；直接效应95%置信区间内没有0，证明存在直接效应。如果同时存在直接和间接效应证明中介效应为部分中介；如果只有间接效应而没有直接效应，则证明中介效应为完全中介。结果汇表如表4-40：

表4-40　中介效应的Bootstrap分析2

Effect	Point Estimate	95% Bias-corrected percentile		95% percentile	
		Lower	Upper	Lower	Upper
IE	0.038	0.022	0.057	0.022	0.057
DE	0.262	0.146	0.357	0.163	0.372
total	0.300	0.180	0.394	0.197	0.412

从表中可以看出：间接效应为0.038，95%区间没有包括0，说明

间接效应存在；直接效应为0.262，95%区间内没有0，说明存在直接效应；总效应为0.300，95%区间没有0，证明存在中介效应。而且如果同时存在直接和间接效应证明中介效应为部分中介，占比为：0.038/0.300*100%=12.67%

（三）以应激为中介变量的积极心理品质与负性心理的结构方程模型

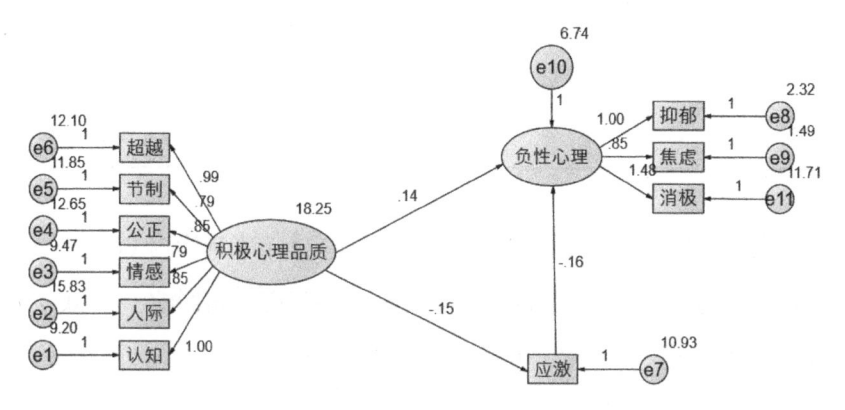

图4-4 因变量为负性心理的中介模型

表4-41 负性心理预测模型拟合指数及标准

参数	合理标准	优秀标准	模型值	参数判断	是否达标
CMIN			102.457		
CMIN/DF	<5	<3	3.105	合理	是
GFI	>0.8	>0.9	0.961	优秀	是
AGFI	>0.8	>0.9	0.936	优秀	是
NFI	>0.8	>0.9	0.879	合理	是
IFI	>0.8	>0.9	0.915	优秀	是
TLI	>0.8	>0.9	0.882	合理	是
CFI	>0.8	<0.9	0.913	优秀	是
RMSEA	<0.08	<0.05	0.043	优秀	是

从表4-41中可以看出：模型参数均达到合理的标准，表明模型拟合度达标，模型可以接受。

表4-42 参数路径图3

			UnStd.Est.	S.E.	Std.Est.	C.R.	P
应激	<---	积极心理品质	−0.152	0.025	−0.193	−6.172	***
负性心理	<---	积极心理品质	0.141	0.027	0.219	5.230	***
负性心理	<---	应激	−0.160	0.026	−0.196	−6.144	***

从表4-42中可以看出：积极心理品质对应激有负向影响（$p<0.05$），回归系数为−0.193；积极心理品质对负性心理有正向影响（$p<0.05$），回归系数为0.219；应激对负性心理有负向影响（$p<0.05$），回归系数为−0.196。

为了对存在的中介效应显著与否进行校验分析，本次研究选择了Bootstrap方法。元数据内随机抽5000个Bootstrap样本，得到95%的置信区间，间接效应95%置信区间内没有0，证明存在间接效应；直接效应95%置信区间内没有0，证明存在直接效应。如果同时存在直接和间接效应证明中介效应为部分中介；如果只有间接效应而没有直接效应，则证明中介效应为完全中介。计算结果如表4-43所示：

表4-43 中介效应的Bootstrap分析3

Effect	Point Estimate	95% Bias-corrected percentile		95% percentile	
		Lower	Upper	Lower	Upper
IE	0.024	0.013	0.037	0.013	0.037

续表

Effect	Point Estimate	95% Bias-corrected percentile		95% percentile	
		Lower	Upper	Lower	Upper
DE	0.141	0.078	0.196	0.078	0.196
total	0.165	0.103	0.222	0.101	0.22

从表中可以看出：间接效应为0.024，95%区间没有包括0，说明间接效应存在；直接效应为0.141，95%区间内没有0，说明存在直接效应；总效应为0.165，95%区间没有0，证明存在中介效应。而且如果同时存在直接和间接效应证明中介效应为部分中介，占比为：0.024/0.165*100%=14.55%。

四、分析与讨论

本研究在对青海少数民族积极心理品质与心理健康各维度进行了测量分析后，探讨了积极心理品质与学生的人口学变量、心理健康各维度之间的关系，并以此为依据设计并实施了以积极心理学为导向的团体咨询与线上视频干预。经与被试的前测积极心理品质、心理健康各维度比较后发现有着显著的改善作用。现对研究中发现的问题进行总结与分析并提出相应对策，同时讨论本研究中出现的不足。

（一）青海少数民族大学积极心理品质与心理健康整体状况与关系分析

测量结果表明，青海少数民族大学生的积极心理品质得分在各维度及总分均高于平均值，表现出较好的积极心理品质得分。其中积极心理品质总分为236.1分，且各维度得分也都远高于问卷的平均分。

虽然青海少数民族大学生在积极心理品质不同维度得分情况均较为乐观，但是在不同的人口学变量中仍出现了差异。具体表现在积极心理品质总分、超越维度、节制维度、公正维度、人际维度及认知维度均发现了男性少数民族大学生得分显著高于女性少数民族大学生的情况。这与在其他地区得到的大学生积极心理品质的结果保持一致。[1][2] 同时对于不同年龄的少数民族大学生在积极心理品质的得分也有所差异，在积极品质总分、节制维度、公正维度、人际维度、认知维度都可以发现显著差异，并且进一步分析可以发现，随着被试年龄的增长积极心理品质得分也随之提升，可见少数民族大学生的积极心理品质会随着年龄的增长而有所增加。

由于青海是一个少数民族聚集的省份，在青海各高校中的少数民族学生也多来自青海及其周边地区。由于生活习惯及文化差异使得男生相较于女生有着更好的社交环境，女性学生的思想相对保守从而使得男生在情感维度外的五个维度得分全部高于女生，而当学生在中学尤其是高中开始，所上学校多为寄宿制学校，自己离开了家庭走进了相同的生活环境，重新来建立起自己的情感世界，所以情感维度得分差异并不明显。

同时，根据积极消极情感量表、焦虑抑郁应激量表及生活满意度量表的得分情况可以对青海少数民族大学生有一个全面的了解，从结果来看，青海少数民族大学生的焦虑抑郁应激状况处于较好水平，但是生活满意度和积极情感维度得分均处在中等偏上水平，同时，消极情感得分中等偏下水平。说明青海少数民族大学生的负性心理状况较

---

[1] 熊会芳. 当代大学生积极心理品质现状及培育路径研究[D]. 长沙：长沙理工大学，2016.

[2] 刘嫒. 大学生积极心理品质的研究及培养[D]. 西安：西安电子科技大学，2013.

少但是同时正性心理情绪情感得分并不高，可见青海少数民族大学生的心理状况仍有提升的空间。

同时本研究发现在积极消极情感量表与生活满意度量表中并没有发现性别之间的明显差别，但是在抑郁—焦虑—应激量表的三个维度中均发现，青海少数民族女大学生的得分明显高于男性，这与许多并没有选取少数民族作为被试的研究结果恰恰相反。[1][2] 可见青海少数民族女大学生的心理健康状况虽然整体上来看处在正常水平，却也值得有关学者的关注。同时，根据不同年龄的方差分析结果，可见随着年龄的增长，各项心理健康指标都没有发生明显的变化。

究其原因，这与青海少数民族生活习惯与家中培养男孩和女孩的方式差异有关。男生往往有着更多的社交活动与机会，同时在家中受到的约束也相对较少可能会在一定程度上影响到不同性别之间抑郁焦虑应激的得分。

研究中通过相关回归以及中介效应的研究探讨了应激对积极心理品质与心理健康状况的中介作用。在进入大学后，生活与学习环境都会发生前所未有的改变，对于大学生而言外部环境突然发生的巨大变化势必会导致心理与生理上的应激反应，拥有更高积极心理品质的学生在面对这种前后环境的不一致时，能够以更加积极乐观的心态去迎接面对困难，从而有更加良好的适应能力。也正因为这种积极的心理品质与适应能力，使得大学生尤其是刚入校不久的大一新生能够更好地应对新的环境以及在相应的应激状况下带来的心理健康问题。

---

[1] 华婉晴. 在校大学生抑郁、焦虑及压力现况研究[D]. 长春：吉林大学，2020.
[2] 石泉. 大学生负性情绪、心理弹性和生活满意度的关系研究[D]. 北京：首都师范大学，2013.

（二）研究反思

首先，在研究被试的选取上，以往的传统研究多选择某地区的整体大学生作为研究被试，此种被试选取方法容易忽视关于少数民族大学生的积极心理品质与心理健康状况。在大量非少数民族的数据下，不利于对少数民族被试的现状进行研究。其次，本研究对青海少数民族大学生的研究也将填补青海乃至西北少数民族大学生积极心理品质及心理健康的现状调查。同时从应激为中介变量出发，探究了青海少数民族大学生的积极心理品质如何影响其心理健康状况。

本研究在以积极心理学为导向的心理干预，将传统的团体心理咨询与网络视频相结合，验证以该理论为依托的干预方式能够对被试的积极心理品质与心理健康状况进行改善。最后本研究对青海少数民族大学生积极心理品质与心理健康状况进行了调查与分析，同时进行了干预实验。其中存在些许不足：在设计问卷人口学变量时略显简单，青海地区不同学生的家庭环境相对差异较大，不同的语言、是否独生、学习时的主导语言及有关父母各类情况都会对学生在积极心理品质与心理健康等方面产生不同的影响，所以在一定程度上本研究对因人口学变量而导致的积极心理品质与心理健康差异有些许不足；在干预实验阶段仅进行了为期6周的干预实验与多数实验采取的8周试验周期相比略显仓促；在视频干预材料的选择中没有单独进行调查研究，导致出现被试对实验提前准备的部分视频资源不感兴趣的状况。

（三）研究启示

青海地处中国西北高原，虽然不是少数民族自治区，但与西藏、新疆和宁夏三个民族自治区接壤，同时又临近内蒙古，在这样的地理环境下少数民族在青海人口中占据了很大一部分，根据全国第六次人口普查结果显示，青海少数民族人数占总人口的46%，甚至远高于宁夏回族自治区的35%，由此可见，对于青海少数民族大学生的心理健康的研究十分必要。如何培育出有较高积极心理品质并且心理健康状况良好的大学生，培养全面发展的社会建设者和国家事业接班人，是一项复杂而崇高的任务。

中学与大学都是对学生进行思想与心理健康教育的重要阵地，尤其是对于走出家门即将走向社会的大学生而言更是珍贵的机会。在以往的心理健康工作中，学校关注的更多是有一定心理健康问题的学生，而积极心理学为各教育部门提供了新的思路。相较于传统的心理健康工作，我们在防止学生负性心理健康问题发生的同时，也要将工作的注意力放在开发学生的心理潜能，从而使得其自我实现的需要得到满足。

从教师的角度而言，除了加紧落实高校心理教师的人员配置需求，同时也要开展相应的培训，学习有关积极心理学的知识与观点，更新积极心理健康的教育知识，从而进一步将积极心理健康教育的理念贯彻到教学实践活动中去。鼓励高校开展"幸福课"。西方国家早在21世纪初期便在高校展开以积极心理学为理论基础的幸福课，其中最突出的莫过于哈佛大学组织的幸福课，这一课程的听课人数甚至一度超过了《经济学导论》。我国开展这一课程需要充分考虑本国国情，不能一味地照搬照抄。已有国内一线教师和相关专家指出，本课程设计需围绕积极优势、积极情绪、积极关系、积极应对、积极成长、积极组织六个主题。[①] 以更加完善的教师配置与理论基础为各族大学生提供良好的教育环境。

除学校之外家庭对于学生性格以及心理状况的影响毋庸置疑，而现在未成年人与家长之间的矛盾问题日益激化，家庭对于个体而言不

---

① 阳志平. 积极心理学团体活动课操作指南[M]. 机械工业出版社, 2010.

仅仅是一个帮助其长大成人的环境，同时对其心理健康的发展与性格的成长都有着密不可分的关系。因此，如何创造一个有利于青少年发展的"幸福"环境是家庭教育中十分重要的问题。

首先，为确保家庭环境能有一个积极乐观的氛围，应确保在家中占据主导地位的家长能有良好的心理健康状况，同时才能进一步要求家长能够为家庭营造一个良好乐观的家庭环境。其次，家长需要明确自身在儿女发展过程中的身份定位，不仅仅作为儿女的监护人，同时也是孩子心理成长和个性发展的标杆。因此，结合近年来全国推广家校合作的契机，教育部门不仅要面向学生开展心理健康教育，也需要面向家长开展同类教育，确保孩子在校在家都有良好的环境。最后，为进一步提升家庭以及青少年在家中的幸福感，还需引起社会更多的关注，如以社区、单位等为基础开展"幸福课"，这也与2012年党的十八大会议中提出的"建设幸福中国"相呼应。在面向社会开展幸福课时也需要与中国的传统文化相结合，使得这一西方的"舶来品"更能深入人心。

> 这世界除了心理上的失败,实际上并不存在什么失败,只要不是一败涂地,你一定会取得胜利的。
>
> ——亨·奥斯汀

第五章　青海少数民族大学生积极心理品质与心理健康发展的纵向研究

青海地处中国西部,历来就是一个典型的多民族聚集地区。少数民族大学生作为各个民族发展的中流砥柱,拥有健康的心理是其生活、学习、社交与发展的最基本保障。而以往的高校心理健康教育往往遵从传统的消极心理学模式,经常是"头痛医头,脚痛医脚",这种方式表面上使学生摆脱了心理问题,实际上忽视了学生的主观能动性,只是被动地对心理问题进行矫正。这种模式已经不适用于新时代大学生追求独立思考、勇于承担的人生目标。积极心理学的出现,将研究重点转向了人类的品格优势与积极力量,通过挖掘与培养良好的心理品质,增强个体的主观幸福感,从而提升个人的心理健康水平。然而在积极心理学的研究领域,通过培养大学生包括少数民族大学生在内的积极心理品质,提升心理健康水平的研究大多集中在横断、干预或者中介研究方面,纵向研究相对比较少。因此,本研究采取纵向研究设计,考察少数民族大学生积极心理品质与心理健康的总体现状与发展趋势以及特点，深入探索两者之间的因果关系，以及心理健康的关键预测因素。

方法：随机选取青海551名少数民族大学生作为研究对象，选取新修订的《中国大学生积极品质量表》《生活满意度量表》《积极情感量表》以及《抑郁—焦虑—应激量表》四个量表进行间隔一年的2次测验，对整理后的数据利用SPSS20.0与AMOS22.0等统计方法进行分析处理。

结果：(1)间隔一年时间后，青海少数民族大学生积极心理品质显著提升，其心理健康水平也显著提高；(2)前后测的积极心理品质之间、心理健康之间均呈显著正相关；两次测试中，青海少数民族大学生的积极心理品质与心理健康正性指标呈正相关，与心理健康负性指标呈负相关；(3)青海少数民族大学生积极心理品质可以跨时间地预测心理健康水平，心理健康水平也可以跨时间地预测积极心理品质；(4)积极心理品质、性别、年级、是否独生子女和家庭所在地均能预测少数民族大学生的心理健康水平。

结论：青海少数民族大学生的积极心理品质既可以作为前因变量影响心理健康，也可以作为结果变量受到心理健康的影响。因此，可以通过培养少数民族大学生的积极心理品质，进而提升其心理健康水平。

第一节　研究设计

纵向研究（longitudinal study），也称追踪研究。它是心理学领域一种重要的研究方法。纵向研究与横向研究相比最大的优点是，它

续表

是一种准实验设计，可以合理地推论变量之间存在的因果关系。随着社会科学研究方法的发展，出现了一系列分析变量增长趋势的统计方法。目前主要有四种：（1）重复测量方差分析；（2）时间序列分析；（3）潜变量增长曲线模型；（4）多层线性模型。这几种方法各有优缺点，前两种方法主要用来解决总体平均发展趋势问题，后两种方法除此之外，还注重个体发展趋势之间的差异。因此，研究者们可以根据研究需要采用不同的处理方法。

一、研究对象

本研究选取青海师范大学、青海大学、青海民族大学三所高校的2017级、2018级和2019级在校少数民族大学生作为研究对象。2019年9月中旬（T1）进行初次测查，第一次测查共发放问卷800份，收回有效问卷721份，有效回收率为90.13%。2020年9月中旬（T2）对同一批被试再次施测，共发放问卷721份，收回有效问卷551份，有效回收率76.4%。

表5-1 少数民族大学生样本分布情况（n=551）

变量名称	组别	人数（人）	占比（%）
性别	男	379	68.8
	女	172	31.2
民族	汉族	297	53.9
	回族	151	27.4
	其他少数民族	103	18.7
年级	大一	282	51.2

续表

变量名称	组别	人数（人）	占比（%）
年级	大二	225	40.8
	大三	44	8.0
是否独生子女	是	97	17.6
	否	454	82.4
家庭所在地	牧区	37	6.7
	农村	326	59.2
	乡镇	54	9.8
	县城	54	9.8
家庭所在地	城市	78	14.2
	半农半牧	2	0.4
父亲受教育情况	未受教育	50	9.1
	小学	191	34.7
	中学或中专	287	52.1
	大学及大学以上	23	4.2
母亲受教育情况	未受教育	114	20.7
	小学	211	38.3
	中学或中专	208	37.7
	大学及大学以上	18	3.3

二、研究方法

（一）文献法

文献法又称文献调查法，是一种通过对以往文献进行查阅、梳理、总结了解该领域的研究成果及发展趋势的研究方法。本研究通过查阅国内外积极心理品质、心理健康已有的研究成果，探索积极心理品质与心理健康的发展变化轨迹，分析造成总体差异与个体差异的原因。

（二）问卷法

问卷法是指使用信效度均符合测量标准的标准化问卷来测量人的认知、行为和态度的研究方法。问卷法具有效率高、资料内容丰富全面、在时间空间上节省人力物力等优点。本研究采用新修订的孟万金、官群编制的《中国大学生积极心理品质量表》《生活满意度量表》《积极情感量表》《抑郁—焦虑—应激量表》进行两次问卷调查，第一次测查后间隔一年，进行第二次测查，采用同一批问卷调查青海少数民族大学生积极心理品质与心理健康的情况。

（三）访谈法

访谈法又称晤谈法，是研究者使用预先编制好的访谈问题，与受访者面对面交流，从主观和客观方面收集受访者信息过程的研究方法。本研究根据研究需求，采用半结构式访谈对被试进行筛查，剔除因意外因素导致积极心理品质及心理健康变化较大的个体。

三、研究工具

（一）积极心理品质测评量表

本研究参考了孟万金、官群编制的《中国大学生积极心理品质量表》对被试展开测量。本量表中设计有六个维度共计62个题项。这一量表结构包括6个评价维度设计了20种品质，建立了稳定性较好的心理结构；设计的62个题项有较好的表征和测量效果。这一量表的信度和效度已经得到了证实，可被用于开展大面积测量，也是相关研究经常采用的初步测量工具。①

(二) 心理健康测评工具

本次研究主要使用三个量表对少数民族大学生的心理健康状况进行测量：

1. 生活满意度量表（Satisfaction With Life Scale, SWLS）

2. 积极情感消极情感量表（Positive Affect and Negative Affect Scale, PANAS）

3. 抑郁—焦虑—应激量表（Depression Anxiety Scale, DASS-21）

在第四章对以上工具做了详细的阐述。

四、研究假设

H1：青海少数民族大学生的积极心理品质整体状况良好，并且随着时间的迁移呈上升趋势。

H2：青海少数民族大学生心理健康水平整体状况良好，并且随着时间的迁移逐步提升。

H3：青海少数民族大学生积极心理品质、心理健康水平在性别、年级、是否独生子女、家庭所在地、父母亲受教育情况等方面存在差异。

H4：青海少数民族大学生积极心理品质是心理健康的前因变量，可以跨时间预测心理健康。

具体见图5-1、5-2：

---

① 孟万金，官群. 中国大学生积极心理品质量表编制报告[J]. 中国特殊教育，2009，(08)：71-77.

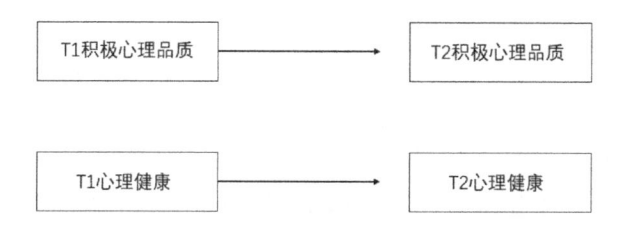

图 5-1　青海少数民族大学生积极心理品质、心理健康对比研究（T1 代表第一次测验，T2 代表第二次测验，下同）

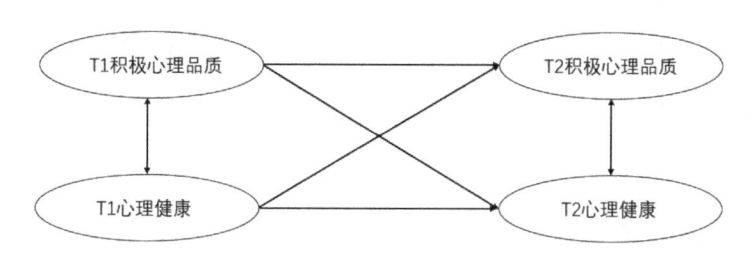

图 5-2　青海少数民族大学生积极心理品质与心理健康的交叉滞后模型假设图

五、研究技术路线图

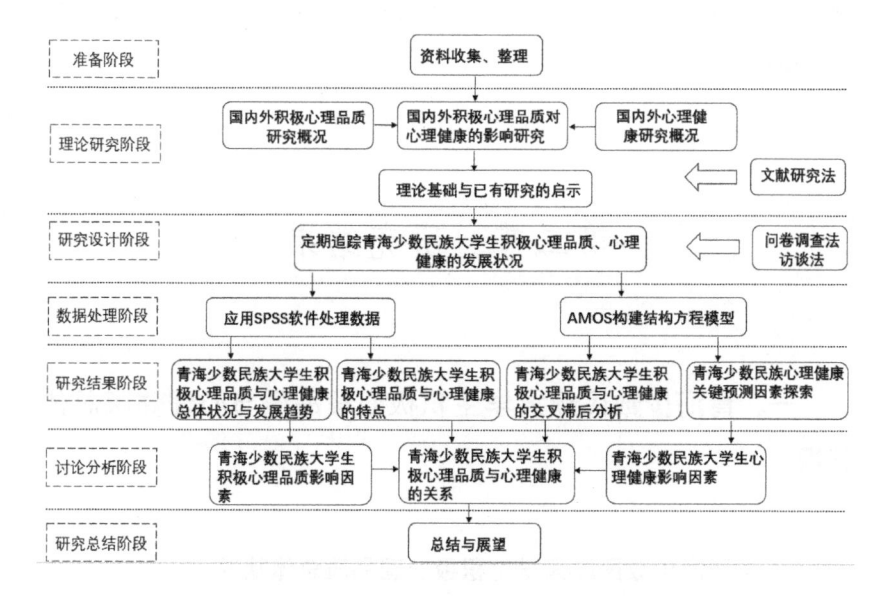

六、数据收集

本研究测验是由受过培训的民族心理学和发展心理学专业研究生在2019年9月中旬（T1）和2020年9月中旬（T2）期间开展，两次测验之间间隔时间为1年。测试是在安静的教室环境中进行。为保证在收集数据时被试的专注性，正式答题前，主试向所有参与者宣读测试说明、要求和其他相关问题。被试大约在40分钟内完成作答，之后立即收回。

七、数据处理

两次施测结束后经过初次样本与重测样本的匹配，共选用551名被试前后测试的数据进行分析处理。本研究采用SPSS20.0对数据进行了录入分析，采用AMOS22.0对数据进行交叉滞后分析，构建结构方程模型。

第二节 研究结果

一、青海少数民族大学生积极心理品质与心理健康总体状况

（一）青海少数民族大学生积极心理品质总体状况

《中国大学生积极心理品质量表》采用Likert五点计分法，所有

题项正向计分，个体得分越高，说明其积极心理品质水平越高。若每一题项均分大于3分，说明大学生在该题项上的积极心理品质较好；若每一题项均分介于2—3分之间，说明大学生在该题项上的积极心理品质一般；若每一题项均分低于2分，说明大学生在该题项上的积极心理品质较差。

表5-2 少数民族大学生积极心理品质及各维度现状分析

	最小值	最大值	均值	标准差
认知维度	12	39	26.39	6.68
人际维度	10	34	21.10	5.46
情感维度	11	35	23.17	5.99
公正维度	9	31	19.86	5.24
节制维度	10	37	22.43	5.59
超越维度	10	38	21.75	5.92
积极心理品质	62	197	134.70	32.93

由表5-2可知，青海少数民族大学生积极心理品质总体状况一般，得分为134.70±32.93，处于124（62道题×2）-186（62道题×3）之间。根据各个维度的得分情况，少数民族大学生均表现一般：认知维度得分为26.39±6.68，小于36分（12道题×3）；人际维度得分为21.10±5.46，小于30分（10道题×3）；情感维度得分为23.17±5.99，小于33分（11道题×3）；公正维度得分为19.86±5.24，小于27分（9道题×3）；节制维度得分为22.43±5.59，小于30分（10道题×3）；超越维度得分为21.75±5.92，小于30分（10道题×3）。

（二）青海少数民族大学生心理健康总体状况

本研究采用组合问卷的形式测量青海少数民族大学生的心理健康状况。心理健康的正性指标以生活满意度、积极情感为代表，心理健康的负性指标以抑郁、焦虑、应激为例。《生活满意度量表》采用Likert七点计分法，总分越高表示生活满意度水平越高，得分在31—35之间表示个体对生活非常满意、得分在26—30之间表示个体对生活满意，得分在21—25之间表示个体对生活一般满意、得分在16—20表示个体对生活无太大感触、得分在15—19之间表示个体对生活少许不满意、得分在10—14之间表示个体对生活不满意、得分在5—9之间表示个体对生活非常不满意。《积极情感量表》采用Likert五点计分，得分越高，说明在过去一个月中体验到的积极情绪越多。《抑郁—焦虑—应激量表》采用1—4分4点式评分，1为一点不符合，4为非常符合，每个分量表得分范围为7—28分，总分越高，表明个体近一个月内抑郁、焦虑、应激情绪越大。

表5-3 少数民族大学生心理健康现状分析

	最小值	最大值	均值	标准差
生活满意度	35	5	20.87	6.05
积极情感	45	9	27.25	7.10
抑郁	42	0	8.87	8.19
焦虑	42	0	9.18	8.19
应激	42	0	10.31	8.19

由表5-3可知，青海少数民族大学生生活满意度总体状况良好，得分20.87±6.05，大于20分（中立）；积极情感总体状况良好，得分27.25±7.10，大于27（9道题×3）。青海少数民族大学生在抑郁维度上总体状况良好，得分8.87±8.19≤9分；在焦虑维度上总体状况

良好，得分9分≤9.18±8.19≤10分；在应激维度上总体状况良好，得分10.31±8.19≤14分。总体而言，青海少数民族大学生心理健康状况良好。

二、青海少数民族大学生积极心理品质与心理健康发展趋势

（一）青海少数民族大学生积极心理品质及各维度发展趋势

对青海少数民族大学生积极心理品质及其各维度进行重复测量方差分析发现：青海少数民族大学生积极心理品质随着时间发展显著提高，$F(1,550)=34.60$，$p<0.01$，$\eta^2 p=0.13$。并且除了公正维度两次测查无显著差异，其余各维度后测得分均高于前测得分，呈现上升趋势，$F(1,550)=4.05$，$p<0.05$，$\eta^2 p=0.02$，$F(1,550)=3.06$，$p<0.05$，$\eta^2 p=0.01$，$F(1,550)=4.06$，$p<0.05$，$\eta^2 p=0.02$，$F(1,550)=3.79$，$p<0.05$，$\eta^2 p=0.01$，$F(1,550)=4.13$，$p<0.05$，$\eta^2 p=0.02$（见表5-4）。

表5-4 两次测查中少数民族大学生积极心理品质及各维度差异比较（n=551）

变量	T1	T2	F	$\eta^2 p$
积极心理品质	133.63±26.07	137.70±24.09	34.60**	0.13
认知维度	24.34±6.56	26.47±6.49	4.05*	0.02
人际维度	20.16±5.21	21.10±5.46	3.06*	0.01
情感维度	21.26±6.29	23.17±5.99	4.06*	0.02
公正维度	19.13±5.28	19.86±5.24	2.17	0.00
节制维度	19.86±5.24	22.43±5.59	3.79*	0.01
超越维度	19.40±5.93	21.75±5.92	4.13*	0.02

注：***$p<0.001$，**$p<0.01$，*$p<0.05$

（二）青海少数民族大学生心理健康发展趋势

对青海少数民族大学生心理健康各指标进行重复测量方差分析发现：青海少数民族大学生心理健康随着时间变化稳步提升，具体表现在心理健康积极指标（生活满意度、积极情感）呈现增长趋势，$F(1,550)=32.37$，$p<0.001$，$\eta^2p=0.06$，$F(1,550)=7.35$，$p<0.01$，$\eta^2p=0.03$；心理健康消极指标（抑郁、焦虑、应激）呈现下降趋势，$F(1,550)=4.06$，$p<0.05$，$\eta^2p=0.02$，$F(1,550)=4.70$，$p<0.05$，$\eta^2p=0.02$，$F(1,550)=4.33$，$p<0.05$，$\eta^2p=0.02$（见表5-5）。

表5-5 两次测查中少数民族大学生心理健康差异比较（n=551）

变量	T1	T2	F	η^2p
生活满意度	19.28 ± 5.91	20.87 ± 6.05	32.37***	0.06
积极情感	26.25 ± 6.27	27.25 ± 7.09	7.35**	0.03
抑郁	11.82 ± 4.05	11.44 ± 4.09	4.06*	0.02
焦虑	12.01 ± 4.31	11.59 ± 4.10	4.70*	0.02
应激	12.53 ± 4.04	12.16 ± 4.09	4.33*	0.02

注：***$p<0.001$，**$p<0.01$，*$p<0.05$

三、前后测试中积极心理品质与心理健康的特点

（一）前后测试中积极心理品质的特点

以两次测查时间（T1、T2）和人口学变量（性别、年级、是否独生子女、家庭所在地、父母亲受教育情况）为因变量，以积极心理品质为结果变量，进行重复测量方差分析。分析结果显示，性别的主

效应不显著，但测查时间与性别之间的交互作用显著（$F(1,549)=1.08$, $p<0.01$, $\eta^2p=0.01$。第一次测查中，男女生积极心理品质差异不显著；第二次测查中，男女生积极心理品质差异显著，男生的积极心理品质高于女生的积极心理品质。是否独生子女的主效应显著$F(1,549)=3.23$, $p<0.05$, $\eta^2p=0.02$，独生子女的积极心理品质高于非独生子女的积极心理品质。父母亲受教育情况主效应显著$F(1,549)=3.78$, $p<0.05$, $\eta^2p=0.02$；$F(1,549)=4.06$, $p<0.05$, $\eta^2p=0.03$。母亲受教育情况为大学或大学以上学生的积极心理品质高于母亲未受教育学生的积极心理品质；父亲受教育情况为大学或大学以上学生的积极心理品质高于父亲未受教育以及小学程度学生的积极心理品质。其他变量的主效应与交互效应均不显著（见表5-6）。

表5-6 人口学变量在积极心理品质前后测试的重复测量方差分析（n=551）

变量	F	p	η^2p
性别	1.08	0.13	0.01
年级	0.86	0.64	0.00
是否独生子女	3.23*	0.03	0.02
家庭所在地	1.01	0.07	0.01
母亲受教育情况	4.06*	0.02	0.03
父亲受教育情况	3.78*	0.03	0.02

注：***$p<0.001$, **$p<0.01$, *$p<0.05$

（二）前后测试中心理健康各指标的特点

1.前后测试中心理健康积极指标的特点

以两次测查时间（T1、T2）和人口学变量（性别、年级、是否独生子女、家庭所在地、父母亲受教育情况）为原因变量，以心理健康积极消极指标（生活满意度、积极情感）为结果变量，进行重复测量方差分析。生活满意度分析结果显示，性别的主效应显著$F(1,549)$=2.76，$p<0.01$，$\eta^2 p$=0.02，女生的生活满意度高于男生的生活满意度。年级的主效应显著$F(1,549)$=2.77，$p<0.05$，$\eta^2 p$=0.02，大学一年级学生的生活满意度高于二年级学生的生活满意度，二年级学生的生活满意度高于三年级学生的生活满意度。是否独生子女的主效应显著$F(1,549)$=3.00，$p<0.01$，$\eta^2 p$=0.04，独生子女的生活满意度高于非独生子女的生活满意度。家庭所在地的主效应显著$F(1,549)$=2.89，$p<0.01$，$\eta^2 p$=0.03，来自城市的少数民族大学生的生活满意度高于来自农村的少数民族大学生的生活满意度。父亲受教育情况的主效应显著$F(1,549)$=3.41，$p<0.05$，$\eta^2 p$=0.03，父亲受教育情况为大学或大学以上学生的生活满意度高于父亲未受教育、父亲受教育情况为小学学生的生活满意度。其余变量的主效应与交互作用均不显著。

积极情感分析结果显示，年级的主效应显著$F(1,549)$=3.52，$p<0.05$，$\eta^2 p$=0.03，大一学生的积极情感得分高于大二学生的积极情感得分。父亲受教育情况的主效应显著$F(1,549)$=2.93，$p<0.05$，$\eta^2 p$=0.02，父亲受教育情况为大学或大学以上和父亲受教育情况为中学或中专学生的积极情感得分高于父亲未受教育学生的积极情感得分，父亲受教育情况为大学或大学以上学生的积极情感得分高于父亲受教育情况为小学学生的积极情感得分。其余人口学变量的主效应与交互作用均不显著（见表5-7）。

表5-7 人口学变量在心理健康积极指标前后测试的重复测量方差分析（n=551）

变量	生活满意度 F	生活满意度 $\eta^2 p$	积极情感 F	积极情感 $\eta^2 p$
性别	2.76**	0.02	0.65	0.00
年级	2.77*	0.02	3.52*	0.03
是否独生子女	3.00**	0.04	1.00	0.01
家庭所在地	2.89**	0.03	0.83	0.00
母亲受教育情况	0.94	0.01	1.08	0.01
父亲受教育情况	3.41*	0.03	2.93*	0.02

注：***$p<0.001$，**$p<0.01$，*$p<0.05$

2. 前后测试中心理健康消极指标的特点

抑郁分析结果显示，性别的主效应显著 $F(1,549)=3.01$，$p<0.05$，$\eta^2 p=0.02$，女生的抑郁得分高于男生的抑郁得分。年级的主效应显著 $F(1,549)=4.10$，$p<0.05$，$\eta^2 p=0.03$，大学二年级学生的抑郁得分高于一年级学生的抑郁得分，三年级学生的抑郁得分高于一年级学生的抑郁得分。测查时间与是否独生子女的交互作用显著 $F(1,549)=2.11$，$p<0.05$，$\eta^2 p=0.02$。第一次测查中，独生子女与非独生子女抑郁差异不显著，第二次测查中，二者抑郁差异显著，非独生子女的抑郁得分高于独生子女的抑郁得分，而在其余变量上的主效应与交互效应均不显著。

焦虑分析结果显示，性别的主效应显著 $F(1,549)=3.90$，$p<0.05$，$\eta^2 p=0.02$，女生的焦虑得分高于男生的焦虑得分。年级的主效应显著 $F(1,549)=2.81$，$p<0.05$，$\eta^2 p=0.01$，大学二年级学生的焦虑得分高于大学一年级学生的焦虑得分。其余变量的主效应与交互效

应均不显著。

应激分析结果显示，性别的主效应显著$F(1,549)=3.17$，$p<0.05$，$\eta^2p=0.02$，男生应激得分高于女生应激得分；测查时间与性别之间的交互作用显著$F(1,549)=2.01$，$p<0.05$，$\eta^2p=0.01$。对于女生而言，前后应激得分差异不显著，对于男生而言，前后应激得分显著，男生前测得分高于男生后测得分。年级的主效应显著$F(1,549)=4.10$，$p<0.05$，$\eta^2p=0.03$，大二、大三学生的应激得分高于大一学生的应激得分；测查时间与年级的交互作用显著$F(1,549)=1.90$，$p<0.05$，$\eta^2p=0.01$。第一次测查中，大二、大三学生的应激得分高于大一学生的应激得分；第二次测查中，三个年级的应激得分不存在差异。是否独生子女的主效应显著$F(1,549)=3.81$，$p<0.05$，$\eta^2p=0.02$，非独生子女应激得分高于独生子女的应激得分。其余变量主效应与交互效应均不显著（见表5-8）。

表5-8 人口学变量在心理健康消极指标前后测试的重复测量方差分析（n=551）

变量	抑郁 F	抑郁 η^2p	焦虑 F	焦虑 η^2p	应激 F	应激 η^2p
性别	3.01*	0.02	3.90*	0.02	3.17*	0.02
年级	4.10*	0.03	2.81*	0.01	4.10*	0.03
是否独生子女	1.11	0.01	0.85	0.00	3.81*	0.02
家庭所在地	1.34	0.01	0.72	0.00	1.22	0.01
母亲受教育情况	1.00	0.01	1.23	0.00	1.06	0.01
父亲受教育情况	1.33	0.01	0.97	0.00	1.47	0.01

注：***$p<0.001$，**$p<0.01$，*$p<0.05$

四、青海少数民族大学生积极心理品质与心理健康的交叉滞后分析

（一）青海少数民族大学生积极心理品质与心理健康的相关分析

对两次测试（T1、T2）的积极心理品质与心理健康各指标进行相关分析，结果如表5-9所示。T1和T2少数民族大学生积极心理品质显著正相关（$r=0.123$），T1和T2少数民族大学生心理健康的各指标也存在显著相关（$r=0.399$；$r=0.407$；$r=0.451$），且均达到了0.01的显著性水平。表明少数民族大学生积极心理品质和心理健康在一年内表现出一定的稳定性。T1积极心理品质与T1生活满意度、积极情感显著正相关（$r=0.656$；$r=0.667$），与T1抑郁—焦虑—应激显著负相关（$r=-0.666$）；T2积极心理品质与T2生活满意度、积极情感显著正相关（$r=0.316$；$r=0.326$），与T2抑郁—焦虑—应激存在显著负相关（$r=-0.347$）。因此，变量间的同步相关和稳定性相关基本一致，适合做进一步交叉滞后回归分析。

表5-9 青海少数民族大学生积极心理品质与心理健康在前后测试的相关分析

	1	2	3	4	5	6	7	8
1积极心理品质T1	1							
2生活满意度T1	0.656**	1						
3积极情感T1	0.667**	0.855**	1					
4抑郁—焦虑—应激T1	-0.666**	-0.761**	-0.768**	1				
5积极心理品质T2	0.123**	0.034	0.065	-0.048	1			
6生活满意度T2	0.473**	0.399**	0.403**	-0.409**	0.316**	1		
7积极情感T2	0.452**	0.347**	0.407**	-0.386**	0.326**	0.868**	1	

续表

	1	2	3	4	5	6	7	8
8抑郁—焦虑—应激T2	−0.440**	−0.412**	−0.430**	0.451**	−0.347**	−0.789**	−0.768**	1

注：***$p<0.001$，**$p<0.01$，*$p<0.05$

（二）青海少数民族大学生积极心理品质与心理健康的回归分析

分别以心理健康的5个指标（生活满意度、积极情感、抑郁、焦虑、应激）为因变量，以其余变量为自变量做逐步回归分析，探讨心理健康的影响因素。

表5-10　青海少数民族大学生积极心理品质与心理健康在前后测试的相关分析

因变量	自变量	R^2	$R^2 change$	F	B	β	t
SWLS-T1	PMC-T1	0.430	0.429	414.091***	1.486	0.656	20.349***
SWLS-T2	PMC-T1 PMC-T2 SWLS-T1	0.224 0.238 0.259	0.222 0.235 0.257	85.360***	0.861 0.160 0.365	0.371 0.156 0.359	7.505*** 3.154*** 4.256**
PAS-T1	PMC-T1	0.277	0.276	201.265***	0.102	0.526	14.501***
PAS-T2	PMC-T1 PMC-T2 PAS-T2	0.138 0.234 0.287	0.137 0.233 0.286	88.200***	0.082	0.372	9.391***
DASS-T2	PMC-T1	0.443	0.442	437.140***	−0.729	−0.666	−20.908***
DASS-T2	PMC-T1 PMC-T2 DASS-T1	0.204 0.238 0.267	0.202 0.236 0.265	85.799***	0.281 0.269 −0.298	0.285 0.250 −0.297	5.706*** 5.233*** −4.999***

注：SWLS为生活满意度，PAS为积极情感，DASS为抑郁−焦虑−应激，PMC为积极心理品质。注：***$p<0.001$，**$p<0.01$，*$p<0.05$

如表5-10所示，以第一次（T1）的生活满意度作为因变量，以第一次（T1）的积极心理品质作为自变量，采用回归分析。第一次的积极心理品质进入回归方程，共解释变异量为43.0%。回归方程有效（F=414.091，p<0.001）。以第二次（T2）的生活满意度作为因变量，以第一次（T1）的积极心理品质和生活满意度、第二次（T2）的积极心理品质作为自变量，采用逐步回归分析。第一次的积极心理品质和生活满意度、第二次的积极心理品质依次进入回归方程，共解释变异量为25.9%。回归方程有效（F=85.360，p<0.001）。

以第一次（T1）的积极情感作为因变量，以第一次（T1）的积极心理品质作为自变量，采用回归分析。第一次的积极心理品质进入回归方程，共解释变异量为27.7%。回归方程有效（F=201.265，p<0.001）。以第二次（T2）的积极情感作为因变量，以第一次（T1）的积极心理品质和积极情感、第二次（T2）的积极心理品质作为自变量，采用逐步回归分析。第一次的积极心理品质和积极情感、第二次的积极心理品质依次进入回归方程，共解释变异量为28.7%。回归方程有效（F=88.200，p<0.001）。

以第一次（T1）的抑郁 — 焦虑 — 应激作为因变量，以第一次（T1）的积极心理品质作为自变量，采用回归分析。第一次的积极心理品质进入回归方程，共解释变异量为44.3%。回归方程有效（F=437.140，p<0.001）。以第二次（T2）的抑郁 — 焦虑 — 应激作为因变量，以第一次（T1）的积极心理品质和抑郁 — 焦虑 — 应激、第二次（T2）的积极心理品质作为自变量，采用逐步回归分析。第一次的积极心理品质和抑郁 — 焦虑 — 应激、第二次的积极心理品质依次进入回归方程，共解释变异量为26.7%。回归方程有效（F=85.799，p<0.001）。

综上所述，每次测查的积极心理品质都可以预测当时的心理健康，并且第一次测查的积极心理品质能够预测第二次测查的心理健康各指标。第一次测查的心理健康各指标也可以预测第二次测查的心理健康各指标。

（三）青海少数民族大学生积极心理品质与心理健康的结构方程模型分析

根据龙立荣（2001）提出采用相关分析、回归分析等统计方法来研究变量之间的关系，既不能控制变量的测量误差，也不能同时考虑多个潜变量之间的作用关系。但是结构方程模型恰恰可以解决这些不足。因此，本研究以相关分析为基础，对数据进行结构方程模型分析，以考察青海少数民族大学生积极心理品质与心理健康的相互影响作用。其中允许相同时间点不同变量的残差相关，控制年级、性别等人口学变量，建构交叉滞后模型。如图5-3所示，图中实线单向箭头表示路径系数显著，实线双向箭头表示相关。并且该结构方程模型的拟合指标良好（见表5-11）。图5-3所示，控制了T1积极心理品质和心理健康的相关之后，T1积极心理品质能够显著正向预测T2心理健康（$\beta=0.27^{***}$，$p<0.001$）；同时T1心理健康对T2积极心理品质的预测作用也显著（$\beta=0.18^{**}$，$p<0.01$）。根据Michael（2017）对交叉滞后型理论的阐述，若ra_1b_2系数显著，ra_2b_1系数不显著，则A为B的前因变量；若ra_2b_1系数显著，ra_1b_2系数不显著，则B为A的前因变量；若ra_1b_2系数显著，ra_2b_1系数也显著，则A、B存在双向预测关系；若ra_1b_2系数不显著，ra_2b_1系数不显著，则A、B不存在预测关系。因此，据研究结果可知：积极心理品质既作为前因变量影响心理健康，也作为结果变量受到心理健康的影响，积极心理品质与心理健康存在双向预测的关系。

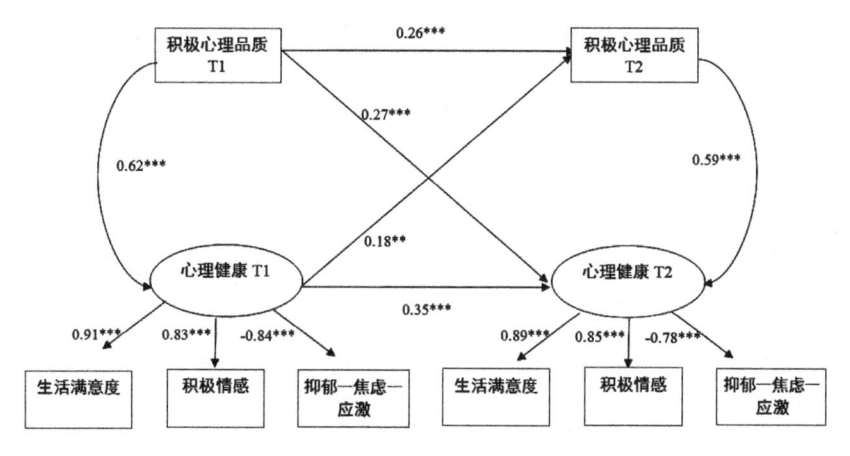

图 5-3　青海少数民族大学生积极心理品质与心理健康的交叉滞后模型

表 5-11　结构方程模型拟合指标

指标 模型	X^2	df	CFI	TLI	SRMR	RMSEA
	72.56	17	0.96	0.95	0.02	0.07

五、青海少数民族大学生心理健康关键预测因素探索

根据上述研究结果，本研究采用分层回归，分析逐步增加性别、年级、是否独生子女、家庭所在地、父母亲受教育情况是否可以提高积极心理品质对心理健康的预测水平。观测值之间相互独立（心理健康正性指标Durbin-Watson检验值为1.812，心理健康负性指标Durbin-Watson检验值为1.762），并且通过绘制学生化残差与未标准化预测值之间的散点图，证实数据具有等方差性。方差膨胀因子VIF均小于10，说明不存在多重共线性。异常值检验中，不存在学生化删除残差大于3倍标准差的观测值，数据杠杆值均小于0.2，也不存

在Cook距离大于1的数值。另外，Q-Q图显示，研究数据近似正态分布。

（一）青海少数民族大学生心理健康正性指标关键预测因素探索

由表5-12可以看出，心理健康正性指标的最终模型（模型5）纳入积极心理品质、性别、年级、是否独生子女和家庭所在地5个变量，具有统计学意义，$R^2=0.625$，$F(5,545)=194.781$（$p<0.001$），调整$R^2=0.613$。仅增加性别变量（模型2），R^2增加0.031，$F(1,548)=42.812$（$p<0.001$），说明纳入性别变量对心理健康正性指标的预测改善具有统计学意义。增加年级变量（模型3）后，R^2增加0.027，$F(1,547)=20.684$（$p<0.001$），说明纳入年级变量对心理健康正性指标的预测改善具有统计学意义。继续添加是否独生子女变量（模型4）后，R^2增加0.044，$F(1,546)=50.673$（$p<0.001$），说明纳入是否独生子女变量对心理健康正性指标的预测改善具有统计学意义。增加家庭所在地变量（模型5）后，R^2增加0.061，$F(1,545)=96.543$（$p<0.001$），说明纳入家庭所在地变量对心理健康正性指标的预测改善具有统计学意义。此后，相继纳入父母亲受教育情况变量，R^2没有继续增加，具体结果见表5-12。

表5-12 青海少数民族大学生心理健康正性指标分层回归结果

模型	变量	积极心理品质	性别	年级	是否独生子女	家庭所在地	父亲受教育情况	母亲受教育情况	R^2	F	$\triangle R^2$	$\triangle F$
1	β	0.680***							0.462	472.273***	0.462	472.27***
	t	21.732										
2	β	0.680***	-0.524**						0.493	235.723***	0.031	42.812***
	t	21.702	-5.133									

续表

模型	变量	积极心理品质	性别	年级	是否独生子女	家庭所在地	父亲受教育情况	母亲受教育情况	R^2	F	$\triangle R^2$	$\triangle F$
3	β	0.677***	−0.515**	0.486*					0.520	118.638***	0.027	20.684***
	t	21.582	−5.086	4.953								
4	β	0.676***	−0.489**	0.452*	0.438*				0.564	158.466***	0.044	50.673***
	t	21.541	−4.913	4.537	3.649							
5	β	0.676***	−0.473**	0.368*	0.409*	−0.416*			0.625	194.781***	0.061	96.543***
	t	21.447	−4.827	4.461	3.552	−3.753						
6	β	0.673***	−0.465**	0.301*	0.386*	−0.404*	−0.337		0.625	79.166	0.001	2.048
	t	21.306	−4.771	4.338	3.470	−3.682	−3.554					
7	β	0.672***	−0.450**	0.299*	0.377*	−0.386*	−0.312	0.286	0.625	67.962	0.001	1.861
	t	21.211	−4.642	4.276	3.452	−3.605	−3.426	2.884				

注：N=551，***p<0.001，**p<0.01，*p<0.05。

（二）青海少数民族大学生心理健康负性指标关键预测因素探索

由表5-13可以看出，心理健康负性指标的最终模型（模型4）纳入积极心理品质、性别、年级和是否独生子女4个变量，具有统计学意义，R^2=0.576，$F(5,545)$=148.448（p<0.001），调整R^2=0.561。仅增加性别变量（模型2），R^2增加0.069，$F(1,548)$=84.643（p<0.001），说明纳入性别变量对心理健康负性指标的预测改善具有统计学意义。增加年级变量（模型3）后，R^2增加0.026，$F(1,547)$=36.584（p<0.001），说明纳入年级变量对心理健康负性指标的预测改善具有统计学意义。继续添加是否独生子女变量（模型4）后，R^2增加0.038，$F(1,546)$=54.326（p<0.001），说明纳入是否独生子女变量对心理健康负性指标的预测改善具有统计学意义。此后，相继纳入家庭所在地、父母亲受教育情况变量，R^2没有继续增加，具体结果见表

5-13。

表5-13 青海少数民族大学生心理健康负性指标分层回归结果

模型	变量	积极心理品质	性别	年级	是否独生子女	家庭所在地	母亲受教育情况	父亲受教育情况	R^2	F	$\triangle R^2$	$\triangle F$
1	β	-0.666***							0.443	437.140***	0.443	437.140***
	t	-20.908										
2	β	-0.666***	-0.573*						0.512	218.226***	0.069	84.643***
	t	-20.890	-5.133									
3	β	-0.661***	-0.569*	-0.482*					0.538	111.154***	0.026	36.584***
	t	-20.776	-5.012	-5.264								
4	β	-0.661***	-0.526*	-0.456*	-0.394*				0.576	148.448***	0.038	54.326***
	t	-20.751	-4.862	-5.024	-3.856							
5	β	-0.661***	-0.491*	-0.443*	-0.386*	0.202			0.576	88.761	0.005	5.393
	t	-20.678	-4.834	-4.918	-3.715	1.684						
6	β	-0.661***	-0.468*	-0.442*	-0.371*	0.186	0.194		0.576	73.892	0.001	1.199
	t	-20.658	-4.732	-4.826	-3.520	1.542	1.692					
7	β	-0.661***	-0.449*	-0.436*	-0.352*	0.179	0.183	0.185	0.576	63.298	0.001	1.302
	t	-20.496	-4.694	-4.791	-3.511	1.462	1.538	1.267				

注：N=551，***p<0.001，**p<0.01，*p<0.05

第三节 讨论与分析

国内学者对积极心理品质与心理健康之间的关系大多采用横向研究，这还不能探讨两者之间的因果关系，并且对研究对象多选用普通大学生、贫困大学生等，较少涉及少数民族大学生群体。因此，本研究选取青海师范大学、青海大学、青海民族大学551名少数民族大学生作为研究对象，进行跨度一年的纵向研究，采用重复测量方差分析、交叉滞后相关分析、回归分析以及结构方程模型等研究方法来深入探讨积极心理品质与心理健康的关系，揭示二者之间的影响机制。

一、青海少数民族大学生积极心理品质的特点与变化

本研究从积极心理品质的6个维度（认知维度、人际维度、情感维度、公正维度、节制维度、超越维度）间隔一年的前后测验中，跨时间地评估青海少数民族大学生积极心理品质发展状况。通过比较积极心理品质及各维度前后两次测验得分，发现前后测积极心理品质及各维度存在显著差异；通过对青海少数民族大学生积极心理品质进一步方差分析后显示，测量时间影响积极心理品质及各维度的主效应显著；并且相关分析也表明前后测积极心理品质总分相关较高。根据本研究结果可知，青海少数民族大学生积极心理品质水平一般，这一结果与普通大学生积极心理品质发展状况一致，但是随着时间的迁移积极心理品质逐步提升。并且除了公正维度外，积极心理品质其余维度都呈现出稳步增长的趋势。分析原因，由于2020年初爆发的新冠肺炎疫情一直没有彻底消退，学生们笼罩在这样的氛围下，其积极心理

品质难免会受到影响，相比以往稍有降低。但是国家和人民众志成城，努力抵御疫情。随着形势的好转，学生们的积极心理品质也随之逐渐向前发展。

对两次积极心理品质数据重复测量方差分析后发现，测查时间与性别之间的交互作用显著。在时间因素影响下，男性少数民族大学生积极心理品质水平变化趋势高于女性少数民族大学生积极心理品质水平变化趋势，表明男生拥有更高水平的积极心理品质。这一方面证实了积极心理品质的可塑造性，能够通过后天培育得到提高。另一方面少数民族大学生的积极心理品质存在性别差异，女性得分要低于男性得分。究其原因，在传统文化的影响下，男性往往被赋予更多的责任，与此同时他们也拥有更强的担当意识与独立意识。在社会交往中，方式更加灵活与多样，这些促使男性在积极心理品质的认知、人际、节制等维度相较于女性而言表现更好。因此，在教育教学工作中应该加强对女性少数民族大学生的积极心理品质培养。与此同时，青海作为一个多民族聚居的西部地区，各种文化在此相互交流碰撞。少数民族大学生在进入高校之后，都面临着不同文化、生活方式等方面的适应。这启示我们，关注少数民族大学生的文化适应水平，帮助其更好更快地适应新的环境，有助于提升他们的积极心理品质。

另外，是否独生子女对少数民族大学生积极心理品质存在显著影响作用。独生子女积极心理品质得分显著高于非独生子女积极心理品质得分，表明独生子女学生拥有更高的积极心理品质水平。这一结果与徐学绥（2020）等人对普通大学生的研究结果基本一致。究其原因，独生子女相较于非独生子女而言，获得的物质与教育资源更多，享受到家庭的关爱与关注也更多，各方面发展较好。而非独生子女大多在家庭中承担了较多的家庭责任，一定程度上扮演了父母的角色。

因此，高校应该关注非独生子女的成长发展，有针对性地培育他们的积极心理品质。父母亲受教育情况对少数民族大学生积极心理品质存在显著的影响，父母亲受教育程度越高，其子女的积极心理品质水平越高。这可能是由于父母亲受教育程度越高，营造的整体家庭氛围越好，也更加重视子女各方面的发展。母亲受教育程度越高，能够给予子女更多的理解与情感关怀。父亲受教育程度越高，其自身更加自律，为子女树立了良好的榜样。张小菊（2013）等人的研究表明，父母教养方式对积极心理品质具有直接正向影响。因此，少数民族大学生父母受教育程度的高低会左右其教养方式，这对少数民族大学生积极心理品质能够产生积极的影响。

年级对少数民族大学生积极心理品质没有显著的影响作用。这一结果与尹晨祖（2017）研究结果基本一致，不同年级的积极心理品质不存在显著差异，并且在时间因素下保持相对稳定。分析原因，由于不同年级的少数民族大学生在年龄上比较接近，因此其认知水平差距不大，同时他们还未形成安全、稳定的依恋和信任等基本关系，因此其积极心理品质总体差异不明显。家庭所在地对少数民族大学生积极心理品质也不存在显著的影响。这一结果与林静（2015）等人的研究结果基本一致。农村经济蒸蒸日上，教育条件日渐完善，居住环境也大大改善，农村少数民族大学生积极心理品质的发展得到重视，积极心理品质水平逐步提高，与城镇少数民族大学生积极心理品质水平没有明显差异。

二、青海少数民族大学生心理健康的特点与变化

本研究从正性心理健康（生活满意度、积极情感）、负性心理健

康（抑郁、焦虑、应激）两大结构5个维度间隔一年的前后测验中，跨时间地评估青海少数民族大学生心理健康发展状况。通过比较心理健康各指标前后两次测验得分，发现前后测心理健康各指标存在显著差异；通过对青海少数民族大学生积极心理品质进一步方差分析后显示，测量时间影响心理健康各项指标（生活满意度、积极情感、抑郁、焦虑、应激）的主效应显著；并且相关分析也表明前后测心理健康各指标相关较高。根据本研究结果可知，青海少数民族大学生心理健康总体状况良好，并且随着时间的迁移，心理健康正性指标稳步提升，心理健康负性指标逐步下降。这与辛素飞（2019）等人的研究发现基本一致。探究原因，宏观层面上，随着社会各界尤其心理学界对于少数民族大学生心理健康的重视日渐提升，学校定期开展各种各样的心理健康知识讲座，在新生入校时便建立心理档案，同时健全心理危机干预机制，时刻关注着学生的成长变化；个人层面上，越来越多的大学生，包括少数民族大学生对自身心理健康有了新的认识，遇到无法解决的心理困惑，愿意向父母、老师等求助，心理健康水平自然而然得到提高。

心理健康正性指标重复测量方差分析结果显示，性别、年级、是否独生子女以及父亲受教育情况均对少数民族大学生生活满意度存在显著影响，年级、父亲受教育情况对积极情感存在显著影响。具体表现在：女生的生活满意度得分显著高于男生的生活满意度得分，说明女性少数民族大学生拥有更高的生活满意度。这一结果与周末（2007）等人的研究结果基本一致。随着时代的进步，越来越多的少数民族女性接受高等教育，接受先进思想和文化的熏陶，对生活的评价也更加积极向上。大一学生的生活满意度、积极情感高于大二学生的生活满意度，大二学生的生活满意度高于大三学生的生活满意度。

这进一步支持了已有研究结果。董莉（2012）等人研究发现，随着年级的升高维吾尔族大学生的生活满意度逐渐下降。这可能是由于大一新生刚脱离中学生身份进入了更高层次的学府，对大学生活与学习充满热情与希冀，对身边新奇事物的评价也较高。随着热情的褪去，课业的加重，少数民族大学生生活满意度与积极情感均有所下降。独生子女的生活满意度高于非独生子女的生活满意度。这一结果与梁媛（2012）的研究结果相似。城市学生的生活满意度高于农村学生的生活满意度。这一结果与赵文进（2010）研究结果基本一致。独生子女在物质与精神方面的获得感均优于非独生子女。城市居住环境、生活设施以及教育条件优渥，这些外在因素的丰富给城市学生带来了更好的生活体验。相比之下，农村经济相对落后，基础设施也不完善，农村学生无法像城市学生一样享受很多物质上的资源，因此有着较低的生活满意度。父亲受教育程度越高，子女的生活满意度越高，体验到的积极情感越多。家庭作为青少年生活的重要场所，其所处的家庭环境对他们的成长发展有着极其重要的影响。管夏瑜（2011）等人的研究发现，教养方式对学生主观幸福感的影响存在显著差异，父亲在教养方式上的影响程度要显著高于母亲。这间接说明拥有越高文化水平的父亲，更有可能采取合理的教育方式，从而对其子女的心理健康产生积极的影响。

研究结果显示，少数民族大学生抑郁、焦虑、应激在性别上存在显著差异，具体表现为女生抑郁、焦虑得分高于男生得分，而男生在应激水平上的得分高于女生应激得分。这一结果与张富花（2016）等人的研究结果基本一致。女生相对于男生而言，天生具有敏感、情绪不稳定等特点，再加上社会、家庭对女性一些不公正的看法，可能导致女性容易出现抑郁、焦虑情绪。而从古到今，男性肩负的责任就比女性重。伴随社会的进步，男性又面临着许多新型的应激，影响着他们的心理健康。研究还发现少数民族大学生抑郁、焦虑、应激在年级上存在显著差异。具体表现为，大二、大三学生的抑郁、应激得分高于大一学生的抑郁得分，大二学生的焦虑得分高于大一学生的焦虑得分。这一结果与吴超（2019）等人的研究结果基本一致。究其原因所在，可能是因为大一新生刚刚步入一个新的环境，对身边的事物还处于探索阶段，充满热情与希望。而且高中三年的学习应激在进入大学后，终于可以放松下来。加上课程较少，难度也低，因此他们的焦虑、应激是大学四年中最低的时期。进入大三之后，专业课程内容加深，考试难度加大。同时又要面临实习、就业或者继续深造等一系列抉择，可能就会出现应激过大、心情焦虑的问题。因此，迫切需要提高对高年级少数民族大学生心理健康的重视程度。

除此之外，测查时间与是否独生子女的交互作用显著。相比非独生子女，独生子女学生拥有更低的抑郁情绪。这与高云鹏（2013）等人的研究结果基本一致。独生子女拥有良好的心理健康水平与其优渥的生活环境和教育资源密不可分，而非独生子女由于环境因素，在其成长中比独生子女经历了更多的挫折、承担了更多的家庭责任，在大学适应方面比独生子女面临更多的困难。是否独生子女对少数民族大学生应激有显著影响作用，独生子女在应激维度上的得分显著低于非独生子女在应激维度上的得分。相对于独生子女而言，非独生子女因为家里还有兄弟姐妹，家庭负担要比独生家庭大很多。因此他们除了要承担分内的家庭责任之外，还需要替父母分担一部分应激。

三、青海少数民族大学生积极心理品质与心理健康的关系

（一）青海少数民族大学生积极心理品质与心理健康的相互作用

本研究发现，积极心理品质与心理健康正性指标显著正相关，与心理健康负性指标显著负相关。表明青海少数民族大学生拥有的积极心理品质越高，其心理健康水平越高。这一结论支持了已有研究结果。以往研究发现，认知维度对躯体化、抑郁、焦虑具有预测作用。还有学者从单个积极心理品质探讨对心理健康的影响，研究发现，希望、激情、感恩等积极品质能够有效预测生活满意度。吴九君（2015）等人的研究中发现，通过培养大学生的希望积极心理品质能够增进其心理健康水平，通过提高宽容积极心理品质能够降低大学生躯体化、人际关系敏感、敌对和偏执等症状。

反之亦然，随着心理健康水平的提高，少数民族大学生的积极心理品质也会随之提升。这与前人已有的研究结论相似。杨军（2019）等人研究发现，青少年学生的主观幸福感（生活满意度、积极情感）与积极心理品质呈显著正相关。综上所述，青海少数民族大学生积极心理品质与心理健康之间是互相影响、互相作用的。

（二）青海少数民族大学生积极心理品质与心理健康的因果关系

在少数民族大学生积极心理品质与心理健康相关分析与回归分析的基础上，发现少数民族大学生积极心理品质与心理健康两两相关，并且前后测的积极心理品质均能预测对应时间的心理健康，但真正的科学研究不应该止步于此。因此，本研究采用结构方程模型，更加深层次的探索二者之间的因果关系，揭示事物内在发展规律。结构方程模型不仅能够控制变量的测量误差，而且能够同时考察多个潜变量之间的作用关系。研究结果显示，T1积极心理品质与T2心理健康的交

叉滞后路径系数0.27（$p<0.001$）和T1心理健康与T2积极心理品质的交叉滞后路径系数0.18（$p<0.01$）都显著，表明积极心理品质既作为前因变量影响心理健康，也作为结果变量受到心理健康的影响。这一结果证实了涂巍（2015）等人提出的猜想。

（三）青海少数民族大学生心理健康关键预测因素

本研究通过分层回归探索青海少数民族大学生心理健康的关键预测因素，结果发现心理健康正性指标，即主观幸福感（生活满意度、积极情感）的最终模型纳入了5个变量，根据预测作用大小依次是：积极心理品质、家庭所在地、是否独生子女、性别、年级。大量研究表明，人格是主观幸福感最可靠、最有利的预测因素。而积极心理品质也被称为积极人格特质，是人格特质中的积极部分。研究者发现，积极心理品质与主观幸福感之间密切相关，并且呈现显著正相关，换言之，个体拥有的积极心理品质越高，其感知到的主观幸福感随之越高。除了人格特质外，家庭因素（父母教养方式、亲子沟通）也被证实能够预测子女的主观幸福感。那么，家庭所在地作为家庭因素中一个不可忽视的变量，已经有研究发现，不同家庭来源的少数民族大学生在主观幸福感上存在差异。而本研究进一步发现，家庭所在地也能在一定程度上预测少数民族大学生的主观幸福感。关于是否独生子女、性别以及年级变量，早有学者们研究发现它们都能影响少数民族大学生的主观幸福感，但甚少有人发现它们能够预测主观幸福感。本研究发现这三个变量也能够在一定程度上预测少数民族大学生的主观幸福感，深化了原有关于少数民族大学生主观幸福感的研究结论。这可能与本研究选取的被试、使用的研究工具以及特定的时间背景影响下有很大关系，后期可以进行更加全面、细化的研究。总体而言，青海少数民族大学生心理健康正性指标的预测因素涉及三个方面：人格特质（积极心理品质）、家庭因素（家庭所在地）、人口学变量（性别、是否独生子女、年级）。

研究还发现，心理健康负性指标，即心理症状（抑郁、焦虑、应激）最终模型纳入了4个变量，根据预测作用大小依次是：积极心理品质、性别、是否独生子女、年级。张小艳（2013）研究发现，积极品质量表各因子与SCL-90各因子之间存在显著的负相关，积极心理品质水平对心理健康水平有预测作用。本研究证实了这一结论，并将研究对象从普通大学生扩展到了少数民族大学生。已有研究发现抑郁、焦虑、应激在性别、是否独生子女以及年级变量上存在差异，在这一基础上，本研究发现这三个变量能够同时预测少数民族大学生抑郁、焦虑、应激水平。这一结论有利于高校心理健康工作者根据大学生基本档案，对不同性别、是否独生子女以及不同年级的少数民族大学生给予不同程度的关注。例如，就本研究结论而言，对于高年级的非独生子女的女性少数民族大学生应该高度关注其心理健康状况。总体而言，青海少数民族大学生心理健康负性指标的预测因素涉及两个方面：人格特质（积极心理品质）、人口学变量（性别、是否独生子女、年级）。

四、研究启示

根据本研究结果，青海少数民族大学生积极心理品质和心理健康可以通过两方面提升和完善：

第一，完善高校积极心理健康教育工作体系。树立积极心理健康教育的目标，将提升少数民族大学生积极心理品质纳入传统的心理健康教育当中，通过开设专业课程、实践活动以及积极心理健康教育与学科之间相互渗透与融合，引导少数民族大学生开发自身的潜能与力量。丰富积极心理健康教育的内容，让少数民族大学生了解积极心理健康的基础知识，正确、客观地认识、评价自己，用积极的眼光看待问题，提高其心理调适能力。拓展积极心理健康教育的教学方法，注重理论联系实际，发挥学生的主动性与创造性。通过建立少数民族大学生心理档案，了解每位学生的心理状况，对于可能产生的各种心理问题做到早发现、早介入。

第二，加强少数民族大学生积极心理品质的自我培育。用发展的眼光看待自己，培养积极的自我情感体验，培养积极思维，学会自我调适。增强积极的自我适应能力，正确认识挫折与应激，主动向朋友、家人倾诉烦恼，建立良好的人际关系。

五、研究结论

1.青海少数民族大学生积极心理品质整体状况一般，但随着时间的变化逐步提升，并且除公正维度外，积极心理品质其余维度都呈现出稳步增长的趋势。

2.青海少数民族大学生心理健康总体状况良好，并且随着时间的迁移，心理健康正性指标稳步提升，心理健康负性指标逐渐降低。

3.是否独生子女、父母亲受教育情况是影响青海少数民族大学生积极心理品质的关键变量，在其余人口学变量上积极心理品质不存在显著差异。随着时间进展，男生积极心理品质高于女生积极心理品质。

4.青海少数民族大学生心理健康正性指标（生活满意度）在性别、年级、是否独生子女、家庭所在地以及父亲受教育情况上存在显著差异；心理正性指标（积极情感）在年级、父亲受教育情况上存在差异；心理健康负性指标（抑郁、焦虑、应激）在性别、年级上均存在差异，随着时间变化，独生子女的抑郁水平低于非独生子女的抑郁水平，男生的应激水平高于女生的应激水平，大一、大二学生的应激水平逐渐上升，与大三学生没有差异。

5.青海少数民族大学生积极心理品质既作为前因变量影响心理健康，也作为结果变量受到心理健康的影响。积极心理品质与心理健康存在双向预测的关系。

6.除了积极心理品质外，性别、年级、是否独生子女和家庭所在地均能够在一定程度上预测少数民族大学生的心理健康水平。

> 如果我们能够教会人们更积极地思考，那就如为他们注射了预防心理疾病的疫苗。
>
> ——克雷格·A·安德森

第六章 青海少数民族大学生积极心理品质及心理健康促进实验研究

多数研究表明，积极心理品质与心理健康指数呈正相关。研究发现，大学生积极心理品质与心理健康症状自评量表各因子呈显著负相关。[1][2] 也就是说，心理健康水平越低的学生，其积极心理品质水平越低；反之，心理健康水平越高的学生，其积极心理品质水平越高。

在以往研究中的相关性与中介作用的研究中可以看到，青海少数民族大学生的积极心理品质与心理健康状况总体良好，但仍有可提升的空间，并且积极心理品质与被试的心理健康和生活满意度有着显著的关系。如何能让这些学生拥有更好的心理健康状态并且更加快乐幸福成为大多数学生需要提升的问题，而这正是积极心理学所重视并倡导的理念与观点。为更好提升少数民族大学生的心理状况进一步展开

---

[1] 吴九君、温小平、何莉.大学生积极心理品质对心理健康的多元回归分析[J].中国健康心理学杂志，2015，23（12）：1885-1888.

[2] 张小艳.大学生积极心理品质与心理健康状况调查及干预研究[D].重庆：重庆师范大学，2013.

以积极心理品质为导向的心理团体干预实验，从而探究以积极心理品质为导向的团体心理干预是否对青海少数民族大学生的积极心理品质、心理健康以及生活满意度都有改善提升效应，并构建一套可行的干预方案。

第一节　积极心理品质促进实验设计

为进一步对青海少数民族大学生积极心理品质进行干预引导，在建构积极心理品质模型的基础上，以团体动力学与社会学习理论为理论依据，建立了一套可实施的团体心理干预方案，结合线上干预视频深入探究其对青海少数民族大学生积极心理品质与心理健康的影响。

一、实验目的与假设

根据以往研究的调查结果，针对青海少数民族大学生积极心理品质作用的模型与特点，建立一套针对青海少数民族大学生积极心理品质的干预方法，并探索该方法对青海地区少数民族大学生在积极心理品质及心理健康各维度是否有一定的改善并有持续作用。实验主要目的包括以下两个方面：

（1）探究并设计出一套可行的以积极心理品质为导向的团体心理干预方案。

（2）探究以积极心理品质为导向的团体心理干预方案结合线上视频干预对青海省少数民族大学生在积极心理品质、心理健康中各维度的影响。

包括的主要研究内容有：通过线下团体心理干预与线上网络干预相结合，针对青海少数民族大学生积极心理品质、心理健康水平与生活满意度的相互作用机制，主要以提升少数民族大学生积极心理品质为目的进行干预。在干预试验结束后再次通过《大学生积极心理品质量表》《积极消极情感量表》《生活满意度量表》及《抑郁—焦虑—应激量表》对被试进行后测，评估干预措施在不同维度的有效性。并提出研究假设：

H1：以积极心理品质为导向的团体心理干预与线上的视频干预能够使被试在积极心理品质及心理健康状况三个方面相较于前测得分有所改善。

H2：团体心理干预及线上干预对被试的影响有一定的持续性。

二、积极心理品质促进方案设计理论

（一）团体心理干预方案设计参考理论

1. 团体动力学与社会学习理论

团体动力学将团体视作整体，团体中的每一个成员关系都会影响团体发生的行为。同时由于团体是一个整体，团体动力学认为团体心理咨询是在团体环境下借助团体动力配合相应的心理咨询与治疗技术，使得参与团体心理干预的成员能够自知自助。场论提出心理事件的发生受到当前场景的影响，因此想要影响团体中的个体就需要让团体中的环境发生变化，从而进一步影响个体，这样的做法不仅相对简单，同时也能对个体有更为明显的作用。成员在一个凝聚力较高的团体中以相同的目标进行活动，归属感与团队凝聚力都会有所加强，并且成员需要在团体中理解他人感受,倾听他人发言,从而更积极地改变自己。

2. 社会学习理论

社会学习理论认为解释人类的思想行为时应该综合直接经验与间接经验的影响。不仅是施加于个体本身的刺激可以让个体获得或失去某种行为,同时观察其他个体的社会学习过程也可以获得同样的效果。环境是观察学习效果的决定要素。环境一旦发生改变,个体行动也必然会相应变化,榜样、社会文化关系等因素也会严重影响个体行动。所以只要能够控制上述条件,就能够推动社会行动朝着预期的方向变化发展。榜样的行为,尤其是那些受到人们尊重的榜样,有一种替代的强化作用。榜样是开展学习和模仿的前提条件,学生通过对榜样的行为进行细致的观察以及生动的模仿,开展学习,培养特定行为习惯。

3. 积极心理学

积极心理学是心理学新兴的一个分支,由心理学家塞利格曼与米哈里·奇克森特米哈伊最先提出。研究的主要内容包括快乐生活、美好生活以及有意义的人生讨论:第一,从生活中体会到健康积极的情感和情绪;第二,探讨忘我沉醉于某项事务的积极状态以及利益。当个体能力与其承担的工作具有较高的契合度,个体确信自身潜能得到充分发挥就可以完成他的任务时,这些状态就会出现;第三,探讨人们怎样从更持久、更广博的事务和活动参与及付出、贡献中获得归属感和幸福感,体会到人生目的和积极的意义。

(二)线上视频干预方案设计参考理论

研究发现,娱乐媒介对于个体的心情和情绪有强烈的影响和刺激作用，在观看相应视频也会激发快乐感。[1] 同时有研究发现以喜剧视频作为视频媒介可以激起被试的积极情感与娱乐感。在研究中将娱乐感定义为喜剧或幽默材料激发的情绪。[2] 国内也有相关的研究发现被试在观看不同类型的视频材料后，会激发不同的高强度的具体情绪体验，并且这种情绪会保持一段的时间。[3][4]

本次实验干预不仅是普通的线下团体，还有在网络上的娱乐视频与心理学相关知识的视频作为干预材料的线上干预。线下的团体心理干预设计主要内容如表6-1所示，线上干预的视频内容中娱乐视频内容包括脱口秀、动画片与喜剧为主。心理学相关视频主要包括国内外各高校编制的积极心理学课程。干预实验结束后对被试进行后测。

---

[1] BRUCE D. MILLER, BEATRICE L. WOOD. Influence of Specific Emotional States on Autonomic Reactivity and Pulmonary Function in Asthmatic Children[J]. Journal of the American Academy of Child & Adolescent Psychiatry, 1997, 36（5）: 669.

[2] Herring David R, Burleson Mary H, Roberts Nicole A, Devine Michael J. Coherent with laughter: subjective experience, behavior, and physiological responses during amusement and joy[J]. International journal of psychophysiology : official journal of the International Organization of Psychophysiology, 2011, 79（2）: 211-218.

[3] 李芳、朱昭红、白学军. 高兴和悲伤电影片段诱发情绪的有效性和时间进程[J]. 心理与行为研究, 2009, 7（1）: 32-38.

[4] 徐畅、周成林、陆颖之. 比赛逆境视频在摔跤运动员情绪调控训练中的应用[J]. 中国体育教练员, 2010, 18（004）: 46-47.

三、积极心理团体干预方案设计

（一）积极心理团体干预方案表

表6-1　团体心理干预方案设计表

维度	品质	干预方案设计	理论基础
智慧和知识的维度（认知的力量）	创造力、求知力、思维与观察力	《初次相识》《知识讲座》	人际交互理论、自我决定理论、团体动力学理论
勇敢维度（情感的力量）	真诚、执着	《学会感恩》	
人性维度（人际的力量）	爱、友善	《发现幸福》	
公正维度（公民的力量）	领导力、合作力	《团结就是力量》	
节制维度（避免极端的力量）	宽容、谦虚、持重	《积极互动》	
超越维度（精神信念的力量）	心灵触动、幽默风趣、信念与希望	《大拍卖》《一路同行》	

（二）积极心理团体干预三个阶段

本次研究的积极心理团体干预过程共分为三个阶段。

第一阶段为团体建立阶段。这一阶段的活动目标是使团体成员彼此相识，相互熟悉，尽快建立初步的友好互信关系；签订团体契约，形成团体规范，要求成员遵守团体规则，鼓励学生在团体活动中踊跃参与，积极发言；介绍积极心理团体辅导的形式和意义，及时解答小组成员的疑惑。

第二阶段为心理团体运作阶段。这一阶段进入本次积极心理团体干预的主题，引导小组成员形成积极的自我认知，发现自己的优点，养成积极行为，珍惜自己的现有资源，学会感恩。

第三阶段为结束阶段。这一阶段总结和回顾团体经验，评论小组成员的成长和变化，对团体干预的效果进行评估，帮助小组成员将团体干预所学应用到实际生活中。

四、线上视频干预设计

视频干预内容主要分为两个部分，由经被试投票所选类型的娱乐视频和心理学相关视频构成，每次视频干预均包含两种视频。视频干预与线下团体心理干预同步进行，共进行6周。

（一）娱乐视频的选择及干预

有研究表明个体的精神状态比较积极时，偏好于观看喜剧视频来保持这种状态，观看喜剧为干预条件的大学生心理资源、心理资源中的主控感、社会支持中的其他支持维度、生活满意度、学习投入及活力、专注呈线性增长，并随时间推移而提升。[1] 所以在本次线上视频干预选择的娱乐视频材料均为喜剧类型。根据被试者对视频偏好的反馈及时调整。其中第1、3、5周视频选择脱口秀类型视频，第2、4、6周选择动画类型视频。

（二）积极心理学视频的选择及干预

原计划选择北卡罗来纳大学教堂山分校在网络上发布的积极心理学课程，但在第一次视频干预后被试均反映对英文课程的不适应，所以在后续的视频干预中选择了清华大学郭凯平教授团队录制的积极心

---

[1] 李小月.娱乐视频对个人资源、心理健康、学习投入的影响[D].杭州：浙江师范大学，2017.

理学课程。同时要求被试在看完心理学的相关视频后于线上团体心理干预中分享自己观看后的感受。

第二节 积极心理团体及心理健康促进实验实施及结果分析

上一节中介绍了积极心理团体辅导实验设计理论，本节将主要介绍该实验的实施与结果。包括被试选取、实验变量、施测过程以及对干预结果的分析与干预影响的讨论。

一、被试选取

本次研究首先使用SCL-90进行被试筛选。该表由Derogatis编制，包括90个项目，内容涉及感情、思维、意识、行为以及生活习惯、人际关系、饮食睡眠等多个方面。目前，国内外广泛采用此量表作为衡量心理健康的指标。此量表具有较高的信效度。SCL-90分值越高，表明症状越严重。一般来说总分在160分以上，或者阳性项目数在43项以上，或者任一因子分在2分以上，考虑作为筛查阳性的标准。本研究筛选出分数介于90分到160分之间的学生，这部分学生不具有明显的心理问题和疾病。从中随机抽取出120名学生作为本次干预促进研究的被试，其中男女学生数量分别为42人和78人。

二、实验变量

（一）自变量

以积极心理品质为导向的团体心理干预与线上的视频干预，通过团体沟通、线上娱乐视频与心理学相关视频的播放，进行为期6周的实验干预。

（二）因变量

被试在干预实验期间积极心理品质、心理健康状况两个方面的变化状况。

（三）无关变量的控制

1. 被试效应

鉴于积极心理品质辅导的正向积极作用，本实验采用单盲实验设计，实验前只有实验者清楚实验的分组及实验的目的，参与实验的被试并不清楚本次实验的目的。

2. 主试效应

6次积极心理品质辅导均由同一位指导者组织进行，前测后测以及测量数据分析均由指导者在培训之后进行。

（四）测量工具

前后测问卷均采用《大学生积极心理品质问卷》《生活满意度量表》《积极消极情感量表》与《焦虑—抑郁—应激量表》。在后测时打乱问卷与各问卷题项顺序。

三、积极心理团体辅导的实施

（一）团体的准备工作

团体心理干预能否对来访者有积极的影响以及前期工作之间有无密切联系，团体活动的领导者、场地、总体目标和时间安排，都会对团体活动实施的过程是否顺利以及最终的结果造成影响。

领导者：2名心理学教师和2名应用心理硕士研究生。研究生学习期间参与主持多次团体心理活动，并定期参与心理督导课程，有较为丰富的团体心理干预经验，另有心理健康咨询中心教师提供督导支持。

干预场地：青海某大学心理健康咨询中心各咨询室，包括沙盘室、团体心理干预室、宣泄室、音乐治疗室等，各个房间均有可移动的拼接圆形桌，同时灯光及采光均可保证团体心理干预活动过程中的目光交流、讨论分享等需求。本次团体心理干预过程中每次咨询活动会选择在不同的环境中进行，以保证团体的活跃性。同时在进行正念冥想的时候可以使用音乐放松椅予以辅助。

团体目的：本次团体心理干预的目的是通过咨询中的团体支持设计的相关活动，针对改善青海少数民族大学生积极心理品质，从而使其能够更好地适应大学乃至以后的生活。但考虑到如果在干预过程中谈到积极心理品质可能会对被试有一定的暗示进而干扰实验结果，因此在实验进行过程中均用相似词语代替。

团体心理干预活动时间安排：有研究表明，对大学生被试开展为期6周的团体心理干预，对研究被试的共情能力有显著提升[1]，同时，

---

[1] 李婧煜.团体辅导对师范类专业学生共情能力影响的研究[D].烟台：鲁东大学，2014.

在一项以提升学习动机为目的的研究表明，在经过6周的团体心理干预后被试的学习动机有显著提升。①

众多研究表明大学生的团体心理干预以6周为一个周期能够有较好的干预效果，因此在本次研究中同样采用6周的干预周期。120位被试分为10个团体，周五的晚上、周六上午和下午分别进行，每次团体干预过程持续1-1.5小时左右。干预内容包括近期生活的感受分享，对线上视频干预的看法与分享，安排好的活动内容以及针对本次活动的最后分享与总结。

（二）实施具体步骤

本次研究的积极心理团体干预过程共分为三个阶段。

第一阶段为团体建立阶段。这一阶段的活动目标是使团体成员彼此相识，相互熟悉，尽快建立初步的友好互信关系；签订团体契约，形成团体规范，要求成员遵守团体规则，鼓励学生在团体活动中踊跃参与，积极发言；介绍积极心理团体辅导的形式和意义，及时解答小组成员的疑惑。

第二阶段为心理团体运作阶段。这一阶段进入本次积极心理团体辅导的主题，引导小组成员形成积极的自我认知，发现自己的优点，养成积极行为，珍惜自己的现有资源，学会感恩。

第三阶段为结束阶段。这一阶段总结和回顾团体经验，评论小组成员的成长和变化，对团体心理干预的效果进行评估，帮助小组成员将团体心理干预所学应用到实际生活中。

团体心理干预的具体实施过程和方案如表6-2所示。

---

① 彭燕凌.团体咨询在改善成教学生学习动机中的应用研究[J].中国成人教育，2014,（21）：155-157.

表6-2 积极心理团体干预过程方案表

次数	活动主题	活动目标	活动内容	作业
一	1.初次相识——促进成员间彼此熟悉，提升自我认识 2.知识讲座——积极心理学	1.指导者及团体成员之间相互熟悉，尽快建立信任关系 2.促进成员自我认识并帮助他们学会去积极地发现自己的与他人的优点 3.使成员了解积极心理学的内涵意义，便于团体辅导的顺利进行	1.领导者介绍团体性质及活动安排，使团体成员熟悉自己的义务和权利 2."大风吹"：调动团体成员的积极性，使成员之间彼此熟悉 3."我是谁"与"他是谁"：用句子描述自己和他人 4."优点轰炸"：团体成员轮流坐在团体当中，其他成员对其进行夸奖 5.团体成员分享讨论 6.知识讲座：讲授"什么是积极心理学"	1.制作优势卡片，运用自己的优势去解决生活中遇到的难题 2.在课后找到自己感兴趣的积极心理学的相关内容进行知识摘抄
二	学会感恩——真诚勇敢	1.引发成员感恩的情怀，学习运用语言和非语言方式表达感恩 2.提升自己与他人的感恩能力，与他人更和谐地相处	1.播放视频《爱的传递》：分享观看后的情感体验与想法 2.头脑风暴：我感恩……（感恩的人、事、物） 3.邀请小组结合具体事例分享讨论 4."盲行"表达感恩：教师带队进行盲行体验 5.团体成员分享讨论	每天记录"三件值得感恩的事情"

续表

次数	活动主题	活动目标	活动内容	作业
三	发现幸福—爱与友善	通过活动使团体成员体会当下的幸福感受，引导学生观察生活中的细节，从而提升主观幸福感	1.回顾上一周作业完成的情况 2.冥想：感受幸福，尽可能多的仔细想一想从小到大让自己觉得幸福的事情 3.分享我们的幸福：每一位同学分享刚才想到的使自己感觉幸福的三件事，并详细谈谈自己当时的心情和感受	这1周的每一天都记录下当天发生的3件感觉不错的事，并解释为什么感觉不错
四	"团结就是力量"—团体关系建立	进一步提升团体成员的积极认知水平，促进积极情绪的发生与发展	1."松鼠"："和大树"：热身游戏松鼠和大树角色扮演进行合作移动 2."翻叶子"：每组一块布或报纸，根据规则"翻叶子"，进行讨论 3.人椅：两组成员围圈坐在每位成员的腿上，看哪组坚持的久 4.讨论并分享	想一想生活中自己哪些事情需要与他人合作完成，下次活动分享
五	积极互动—积极人际关系	1.了解人际交往概念，影响因素、重要性 2.了解自身喜欢跟什么样的人交往，学会积极与同学互动	1.回顾上一周作业完成的情况 2.抓逃手指：游戏后思考 3.撕纸条游戏：游戏后思考 4.成员思考后讨论	思考我们在判断一个人时会受到什么因素影响

续表

次数	活动主题	活动目标	活动内容	作业
六	1."大拍卖"——积极自觉 2."一路同行"——祝福与期待	1.使团体成员体会在人生当中做出选择的意义，启发思考在人生当中该如何做出选择；通过活动帮助团体成员充分认识到自己学习和生活的内在动机和深层动机 2.总结团体心理干预的重点内容，了解成员在活动中的进步与改善。为成员送上美好祝福，结束团体心理干预	1.宣布拍卖清单和拍卖规则，用定好的金钱数目作为筹码购买所需的竞品 2.团体成员分享活动过程当中的收获与遗憾，指导者对活动进行总结 3.雨点变奏曲：根据指令，做出相应动作 4.分享座右铭：分享自己的励志的人生名言或者故事 5.开启未来金钥匙：回顾过去和现在，向最想感谢的同学进行真情告白，并互相赠送祝福留言卡 6.对为期6周的团体心理干预做以总结	

四、线上视频干预的实施

视频干预与线下团体心理干预同步进行，每周一次，共进行6周。每周的视频由20分钟左右的娱乐视频与20分钟的积极心理学相关视频组成，并于每周五上传至QQ群中，要求被试自行安排时间观看。在每周的线下团体心理干预中也会询问被试对视频的看法并及时调整。

五、积极心理干预结果

在干预实验结束后的第二周对被试进行了后测,被试的问卷填写通过网络发放并回收。四份问卷前后实验被试的评分差异检验分析结果如下:

(一)干预后被试心理健康状况前后测差异分析

1. 抑郁;焦虑;应激维度

表6-3 前后测心理健康状况差异t检验分析

	前后测(平均值 ± 标准差)		t	p
	前测(n=60)	后测(n=60)		
抑郁维度	6.77 ± 4.31	2.50 ± 4.30	2.429	0.012*
焦虑维度	6.87 ± 5.35	3.07 ± 4.69	1.85	0.039*
应激维度	8.00 ± 5.13	3.32 ± 3.42	2.629	0.008**

由表6-3中可以看出被试在参与干预实验后,心理健康中抑郁—焦虑—应激量表中的三个维度得分均有下降,说明在参与了本次干预实验后被试在抑郁、焦虑和应激三个维度均有积极变化,其中抑郁与焦虑维度得分的前后测差异达到了显著水平(p<0.05),而应激维度的得分差异达到了十分显著的水平(p<0.01)。综上所述本次干预实验能够对青海少数民族大学生的抑郁、焦虑和应激状况有一定的积极作用。

2. 生活满意度及积极消极情感维度

表6-4 前后测生活满意度状况差异t检验分析

	前测或后测（平均值 ± 标准差）		t	p
	前测（n=60）	后测（n=60）		
生活满意度总分	23.92 ± 6.93	30.67 ± 2.53	−3.167	0.00**
消极情绪	2.19 ± 0.67	1.57 ± 0.34	2.857	0.009**
积极情绪	3.45 ± 0.69	3.93 ± 0.56	−1.868	0.038*

由表6-4中可以看出，被试在参与干预实验后在生活满意度及积极消极情感三个维度均有明显的改善。其中生活满意度总分的后测分数（M=30.67, SD=2.53）相较于前测（M=23.92, SD=6.93）有着明显的提升，t检验$p<0.01$，具有十分显著的统计学意义；消极情感的后测分数（M=1.57, SD=0.34）相较于前测（M=2.19, SD=0.67）有着明显的下降，t检验$p\leq0.01$，具有十分显著的统计学意义；积极情感的后测分数（M=3.93, SD=0.56）相较于前测（M=3.45, SD=0.69）有着显著提升，t检验$p<0.05$，具有显著统计学意义。

综上所述，通过为期6周的团体心理干预实验，被试的生活满意度的相关维度均有明显的提升，说明该实验对青海少数民族大学生的生活满意度水平有着明显的提升改善作用。

3. 干预后被试积极心理品质前后测差异分析

表6-5 前后测积极心理品质状况差异t检验分析

	前测或后测（平均值 ± 标准差）		t	p
	前测（n=60）	后测（n=60）		
超越维度	35.58 ± 5.32	41.42 ± 4.50	−2.904	0.008**

续表

	前测或后测（平均值 ± 标准差）		t	p
	前测（$n=60$）	后测（$n=60$）		
公正维度	32.92 ± 4.33	37.75 ± 3.31	−3.071	0.003**
情感维度	40.67 ± 6.62	46.75 ± 4.48	−2.634	0.008**
人际维度	37.92 ± 6.09	43.00 ± 2.73	−2.636	0.008**
认知维度	39.75 ± 6.69	45.50 ± 3.75	−2.597	0.008**
节制维度	38.67 ± 5.88	42.17 ± 3.51	−1.77	0.05*

对被试在积极心理品质6个维度及总分的前后测得分进行对比，由表6-5可以看出被试在参与团体心理干预实验后积极心理品质各维度及总分均有一定程度的提升，其中超越、公正、情感、人际、认知五个维度与积极心理品质总分均呈现出t检验p值小于0.01的十分显著性变化；而节制维度也呈现出p<0.05的显著性变化。由此可见，本次实验结束之后，被干预大学生的积极心理品质各维度评分都明显提高，说明本次干预实验的方案的确有利于改善青海少数民族大学生的积极心理品质。

对上述青海少数民族大学生的心理健康状况及积极心理品质实验前后测变化的分析可知，本次实验对三个方面均有积极影响，对少数民族的心理健康与积极心理品质干预研究有一定的参考价值。

（二）干预实验活动反馈及评估

在团体心理干预及网络干预的活动结束后，参与本次实验的被试分享了自己在本次干预中的收获及感受并填写了团体咨询满意度反馈表，反馈表统计结果如表6-6所示。

表6-6 团体咨询满意度反馈表

题目	非常不符合	不符合	一般	较为符合	非常符合
我能在团体中坦诚表达自己的看法	0	0	1	3	8
我喜欢这次团体活动	0	0	0	3	9
我对自己越来越了解	0	0	0	3	9
参加团体是我越来越有信心	0	0	1	2	9
在团体中我乐意与别人分享我的经验	0	0	0	2	10
我觉得团体活动十分有意义	0	0	0	1	11

由满意度反馈表可知对本次团体心理干预各题项选择不符合与非常不符合的人数为0，同时绝大多数成员都选择了较为符合与非常符合。可见本次积极心理品质导向的团体心理干预活动中被试有着较好的主观评价。

同时实验结束后被试分享了自己在本次活动中的收获与感想，摘选部分分享内容如下：

（1）我们不仅要具有优势，而且要发挥优势，用自身的优势把被动变成主动，把不喜欢的事变成喜欢的事。

（2）世界上没有两片相同的树叶，自己和别人也是各有所长，各具不同的优势，那么我们如何把两个人的优势共同发挥呢？做一场优势对话，讨论彼此的共性、互补性，共同设计一次活动，一起完成。这样就可以做到各有所长，又有所互补。

（3）在团体心理干预中我们更好地了解了彼此，同学不再像我刚进校时那么陌生。

（4）在一次活动中说出了自己压抑了很久的事情，感觉轻松了很多。每周一次的团体心理干预活动对我来说更是一周一次的减压活动，大学的生活原来没我想的那样轻松，但是能每周和同学一起聊一聊对压力的释放还是很有帮助的。

（三）研究结果讨论

本研究干预目标是帮助青海少数民族大学生了解并发展他们的品质优势，通过积极团体心理干预培养成员的积极情绪、积极关系、积极接纳、积极应对、积极成长，提升幸福感体验并形成良好的心理和行为模式，开发心理潜能，培育成员自身积极心理品质。结果显示，积极的团体心理干预对青海少数民族大学生积极心理品质有显著的提升。积极团体心理干预促使成员在情感、行为、认知上发生了积极的改变，团体心理干预会产生很好的效果。Bolier等人对"积极心理学干预"的大量论文进行系统的元分析发现，积极心理学干预技术可以有效提升幸福感。Seligeman等人也发现，利用"在生活中了解并运用优势""记录生活中的3件好事"和"记录值得感恩的事"能让人们拥有更多的积极情感，有效提升他们的主观幸福感。与传统心理干预相比积极心理干预的对象更广，可以面向所有大学生，提升其幸福感和降低抑郁。

积极心理干预的接受度更广，可以去除学生"有问题的人才接受心理干预"的顾虑，给人以"积极向上追求幸福"的正能量光环作用；积极心理干预的见效更快，干预中的积极思维、积极情绪、积极行为、积极心理品质本身就有疗愈作用。[①] 积极心理学主题的团体干预能塑造青海少数民族大学生的积极心理品质，主要是因为其发挥了以

---

① 廖冉、夏翠翠、蒋索.积极心理团体辅导促进新生心理健康的干预研究[J].心理技术与应用，2015,（04）：49-52.

下功能。第一，教育功能。学生在这种同质化的团体中可以发现自己身上存在的问题并非个案，而是面临的共性问题，这种"去特殊化"的过程本身就有疗愈性，团体带领者的积极示范也让学生看到解决问题的可能办法。第二，发展功能。积极心理学导向的"去问题化"的理念和操作，用积极的态度看待自身的问题，从问题中看到学生发展的潜能，给学生探索自身问题的空间，不是将当前的心理困惑看作永久的、负面的障碍，而是将其视为发展过程中的曲折、成长中的必然，这就有利于减轻学生的心理负担，促进其思考和探索未来的发展。第三，预防功能。在团体中分享和探讨每个人遇到的不同问题，让学生了解到生活中可能遇到的各种问题，学会借鉴他人的观点，辨别适应行为和不适应行为，探讨可能的问题解决办法。[①] 总之，积极心理品质的干预有利于促进青海少数民族大学生积极心理品质发展，是一种有效的心理健康教育和辅导模式。

（四）积极心理品质与心理健康

育人为本，心育为先，心理健康教育的总目标是提升全体学生的心理素质，培养他们积极乐观、健康向上的心理品质，充分开发他们的心理潜能，促进学生的身心和谐可持续发展，为他们的健康成长和幸福生活奠定基础。培育乐观心态和积极心理品质让学生"既有分数，也能赢得未来人生大考"。

从积极心理学的角度来看，培育品格优势与美德要以人外显和内隐的积极力量、积极品质为出发点，要在人的最近发展区和潜力发展区培育优质品格，要以增强人的积极体验为主要途径，以培养人的积极人格为目标，促进学生的心理健康。当积极心理学将视野和实践探

---

① 李超、吴昱臻、李冬梅、丁旭东.积极心理团体辅导促进初中生师生关系的干预实验[J].中国健康心理学杂志，2018，26（09）：1386-1390.

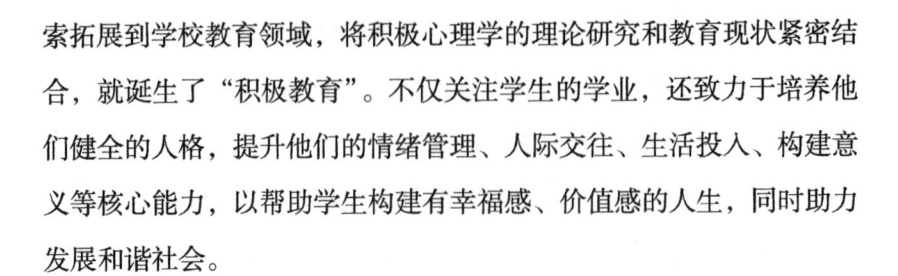

索拓展到学校教育领域，将积极心理学的理论研究和教育现状紧密结合，就诞生了"积极教育"。不仅关注学生的学业，还致力于培养他们健全的人格，提升他们的情绪管理、人际交往、生活投入、构建意义等核心能力，以帮助学生构建有幸福感、价值感的人生，同时助力发展和谐社会。

> 幸福是生活的目的,(但是)美德是幸福的基础。
>
> ——托马斯·杰弗逊(1819)

第七章　基于PERMA模式积极心理干预对青海少数民族大学生幸福感的影响研究

　　基于PERMA模式积极心理干预对少数民族大学生幸福感的影响研究，Aristotle曾在2千多年前就提出幸福是人类存在的目标和最终终点，获得幸福感是全世界大多数人的目标，尽管个人幸福感的获得来源不同，但研究人员从研究的不同文化发现，人们不约而同地将追求幸福作为人生重要目标之一[①]，在有关于幸福的调查报告中发现，仅有少部分报告已经达到幸福的较高水平，而大多数人报告居于中间状态，陷入一种困于"平常生活"或者是"想要更多"的一种尴尬状态。随着人类经济水平的发展，幸福并未获得同步性增长而是继续保持原有水平。[②] 幸福已经是一种影响生活满意度的重要因素。因此，如何增进人们的幸福感是一个很重要的问题。

[①] Diener E, Oishi S. Money and happiness: Income and subjective well-being across nations[J]. Culture and subjective well-being, 2000, 185-218.

[②] Myers D G. The funds, friends, and faith of happy people[J]. American psychologist, 2000, 55（1）: 56-57.

第一节 研究背景和意义

一、研究背景和核心概念界定

（一）研究背景

幸福是人类社会发展永恒的追求目标，是推动人类社会不断向前发展的动力。改革开放40多年以来，工业化和现代化进程使人类的社会财富得到迅速的增长，社会条件的改善影响社会整体的幸福水平及对民众幸福感的界定标准。在迈向社会主义现代化的新征程中，经济水平的发展为人民的物质生活提供了稳定的保障，满足人类衣食住行等最基本的需求，在低阶物质需要的基础上促使高阶精神需要的产生。在对国民幸福感的调查研究中，发现国民幸福感水平并未同步增长，现代人幸福感的来源从经济因素转移到非经济因素，如个人价值的实现、人际关系和谐、生活方式稳定等方面。[①] 单方面注重经济发展，使人类社会在幸福追求中偏离了正常轨迹，国民幸福指数也难以提升。幸福感作为人们对美好生活理解的本源感知，人民需求的新变化反映了国民幸福感层次的跃迁和更高的追求。马克思主义幸福论认为物质和精神层面的双重满足为幸福实现提供了可能，物质幸福是追求精神幸福的后盾，而精神幸福反过来促进物质幸福的创造，二者互为影响又相互促进。根据马克思主义幸福论，立足国家实际，解决新时代矛盾出现，习近平总书记在多次会议中提到"幸福感"，十九大报告时习近平总书记提出："为人民谋幸福是社会主义奋斗的使

[①] 王铁，刘文，曹莹."幸福感"调查的启示[J].学习与实践，2011,（09）：104-109.

命。"① 习近平总书记强调："使人民幸福感更充实、更持续、更有保障。"② 习近平总书记始终关注着人民幸福，对幸福的概述涵盖了时代的奋斗目标，是为实现人民对幸福美好生活的必然之路。人民幸福感的不断满足是实现社会发展的基础，幸福是当今时代的主旋律。

追求幸福是人生永恒的主题，正确的幸福感是人们追求幸福的基础。新时代大学生不仅作为人民幸福实现与创造的新生力量，也是自我幸福实现的主体存在。在对大学生幸福感的调查中，大学生对幸福感的概念认识模糊，仅有少部分学生认为自身很幸福，步入大学的高期望与现状的差距，在人际交往、学业生活等方面的新适应、就业压力等现实考虑影响大学生的幸福体验。③ 大学生幸福感受多方面因素的影响，比如积极性格特质、社会支持、目标等因素。"躺平""佛系"热门词汇作为当代大学生社会态度的体现，看似豁达的处事心态，背后则是对自我的放纵，表面"佛系"心态不利于大学生社会适应能力的培养和幸福感的提升。④ 幸福感作为学生幸福水平的反应指标，在一定程度上也可以预测学生心理健康水平，提高大学生幸福感也有助于提高大学生的心理和谐水平。⑤ 柴凡在《大学生幸福观教育》中指出，树立正确幸福观念、建构切实可行的幸福策略对大学生自身积极、健康、向上发展具有重要影响，同时也是影响着时代发展

---

① 刘景泉、肖光文.当代世界格局与中国特色社会主义新时代[J].南开学报（哲学社会科学版），2018，（01）：1-11.

② 习近平.在全国脱贫攻坚总结表彰大会上的讲话[M].北京：人民出版社，2021，21-22.

③ 汤舜.大学生主观幸福感调查[J].教育与职业，2009，（34）：44-45.

④ 徐美华、刘轩.当代大学生的"佛系"特征、成因及影响——基于16所高校717名大学生的调查研究[J/OL].重庆高教研究：1-12[2022-03-12].http://kns.cnki.net/kcms/detail/50.1028.g4.20210831.1417.002.html.

⑤ 罗鸣春，陈家敏，常敬，等.民族院校大学生心理和谐与感激和幸福的关系[J].中国健康教育，2020，36（10）：916-919.

迈向现代化、幸福化的新征程。大学阶段是塑造青少年价值观的重要时期，探索让大学生在学校生活中获得更快乐的、更幸福的方式是现代教育工作者的使命和责任。重视大学生幸福观问题，构建幸福观实现策略不仅是大学生全面发展的重要保障，更是构建社会主义和谐社会的必然要求。PERMA作为幸福模式，认为积极情绪、投入、人际关系、人生意义、成就5个方面是构成幸福的关键要素，为幸福感的提升提供了理论依据，以积极心理干预为手段，以PERMA模式为幸福框架，探究积极心理干预对大学生的幸福感影响。

（二）核心概念界定

1. 积极心理干预

积极心理干预（Positive Psychological Interventions，PPI）是以积极心理学为基础发展起来的一系列干预策略和活动的总称，通过增加或改变个体积极变量（思维、认知、人际关系）提升个体幸福感的干预活动。国外学者SIN.N.L认为，积极心理干预不是以缓解消极或心理问题为目标的干预活动，而是发掘个体已有的积极资源，通过增加在情绪感知、人际关系互动、行为重塑等方面的积极体验，来提高个体幸福感的干预活动。[①] 本研究中，将积极心理干预定义为一种增加个体内在优势资源的干预方法。该方法能使个体对生活保持幸福健康的感知，对未来保持向往和期待，帮助个体拥有幸福的状态。

2. 幸福感

国内对幸福感研究较早的学者陈根法认为幸福感是一种即时的快乐与享受，与人自身欲望密切相关，幸福感是体验到快乐时刻的总

---

① Sin N L, Lyubomirsky S. Enhancing well-being and alleviating depressive symptoms with positive psychology interventions: A practice-friendly meta-analysis[J]. Journal of clinical psychology, 2009, 65（5）: 467–487.

和。① 檀传宝认为幸福感在于人生意义的实现与满足，对人生意义内涵的把握决定幸福获得的可能性和质量。② 彭凯平认为幸福感是一种有意义的快乐。③ 苗元江认为幸福感是主观与客观的综合统一，涵盖主观快乐体验与客观个人实现两个方面。④ 国外学者Waterman认为幸福感不仅在于单纯意义上的快乐实现，还包括个人内在潜能的发挥与实现。⑤ Diener认为幸福感由认知和情感两部分组成：生活满意度（LS）、领域满意度（DS）、积极情感（PA）和消极情感（NA），其中LS和DS作为幸福感的认知成分，PA和NA则是幸福感的情感成分。幸福感是各个部分相加的总和。⑥ 本研究中，将幸福感定义为幸福是个体对所处生活环境的积极评价，是个体在自我实现过程中的意义发现和潜能实现。幸福的追求既包含主观层面的快乐体验，又包含心理层面的自我实现，涵盖主观和心理两个层面。

3.PERMA 模式

PERMA模式经历了从1.0模式到2.0模式的完善发展，在本研究中采用PERMA2.0模式，即达到幸福人生包含有5个元素：积极情绪（positive emotion）、投入（engagement）、人际关系（relationship）、意义（meaning）及成就（accomplishment），简称为PERMA。（1）积极情绪，指的是对情绪的积极感知。例如感到快乐、知足和充

---

① 陈根法、吴仁杰.幸福论[M].上海人民出版社,1988.
② 檀传宝.信仰教育与道德教育[N].北京科学教育出版社,2005.
③ 彭凯平.幸福是一种有意义的快乐[N].新华日报,2017.
④ 苗元江.心理学视野中的幸福[D].南京师范大学,2003.
⑤ Waterman A S. Two conceptions of happiness: Contrasts of personal expressiveness (eudaimonia) and hedonic enjoyment[J]. Journal of personality and social psychology, 1993, 64 (4): 678.
⑥ Diener E. Subjective well-being: The science of happiness and a proposal for a national index[J]. American psychologist, 2000, 55 (1): 34–43.

满希望;(2)投入,投入与心流有关,指的是一种沉浸式的心理状态,在这种心理状态下,个体会有专注当下、行动与意识合二为一、自我意识丧失、感知时间流逝飞快、对当下情景可控的体验;(3)人际关系,人际关系主要是人与人之间的互动,是一个人被看见、被理解、被尊重的信念。对人际关系与幸福感的影响在不同文化中表现出一致性;(4)意义,意义是对生命本体存在的回答,归属于或致力于某个任务超越自我的东西,或只是对"我为什么活着"的回答;(5)成就,成就可以被定义为在特定领域内达到最高水平的成绩、成功或精通度。

二、研究目的和意义

(一)研究目的

本研究有两个主要目的:第一,调查青海少数民族大学生的幸福感现状,了解青海少数民族大学生在衡量幸福感的不同维度上的特点;第二,根据PERMA幸福模型,采用积极心理干预的形式,设计积极心理干预方案,从定量和定性两方面研究积极心理干预对大学生幸福感的影响,在此基础上提出有助于提升青海少数民族大学生幸福感的策略。

1.采用问卷法调查青海少数民族大学生幸福感现状,分析在不同水平的大学生幸福感的特点。

2.基于PERMA模式,结合积极心理干预的方法,编制积极心理干预方案,探究积极心理干预对幸福感提升的有效性和持续性效果。

3.制定幸福感提升策略,完善青海少数民族大学生幸福感教育。

(二)研究意义

1. 理论意义

(1)塞利格曼的PERMA模型对幸福进行多方面定义,将"积极情绪""投入""意义""人际关系"和"成就"作为幸福实现要素,为进一步深入阐述认识幸福感提供了理论指引;

(2)运用积极心理干预的方法,将PERMA模式融入青海少数民族大学生幸福研究中,探讨青海少数民族大学生幸福教育模式,为幸福实现途径提供理论依据和参考,为青海少数民族大学生幸福感研究提供了多面的视角,丰富现有关于大学生在幸福感方面的研究。

2. 实践意义

(1)验证意义,验证PERMA模式在青海少数民族大学生幸福教育中的可行性,其有效性证明了PERMA模式可以在大学生幸福教育中得到推广;

(2)推广意义,将PERMA模式推广到关于青海少数民族大学生幸福感研究领域之中,为幸福教育提供多种模式参考;

(3)实际指导意义,为提升青海少数民族大学生幸福感提出了具体可行的策略方法,以之为践,帮助大学生建构正确幸福观,提高自身幸福感。

三、理论基础

(一)积极情绪的拓展 — 建构理论

Fredrickson提出积极情绪的拓展 — 建构理论[1],强调积极情绪对

---

[1] Frederickson B L. The role of positive emotions in positive psychology: The broaden-and-built theory of positive emotions[J]. American psychologist, 2001, 56: 218-226.

个体多方面的积极影响。主要体现在拓展、建构两方面。拓展功能，表现在对个体的思维广度、行动能力方面，积极情绪拓展功能的实现是后续建构得以完成的先决条件，建构主要表现在有利心理资源的存储。当人处于消极情境之中时，往往会对事物多出单一的反应，个体对问题的解决与思考不够全面。反之，当个体处于积极状态之中时，则会想出多样的问题解决策略，对问题的判断也更为全面。积极情绪对个体思维广度、问题解决策略多方面的影响为积极情绪的拓展功能。这种认识的扩大也为进一步提高个体环境生存能力、自我实现可能、心理多样健康发展提供了可能。积极情绪拓展建构了个体多方面的资源，如与他人建立关系的社会资源、适应环境变化的身体资源、应对压力的心理资源等，通过不同策略对情绪调节进行干预，获得最大化的情绪体验，有助于提升个体的幸福水平。[1]

（二）福流理论

Mihalyi[2] 提出了Flow概念并构建相关理论模型，彭凯平将其译为福流[3]，心流的研究对个体完全参与当下的体验提供了新的视角。个体在活动参与过程中表现出浓厚的兴趣，过程之中保持高度注意力，并没有注意力关注活动以外的事情，参与活动本身的沉浸式体验被称为"福流"。福流中的沉浸式体验本身具备的独特属性对个体在日常生活中的幸福体验、做事效率发挥积极促进。[4] 研究发现，福流

---

[1] Quoidbach J, Mikolajczak M, Gross J J. Positive interventions: An emotion regulation perspective[J]. Psychological bulletin, 2015, 141（3）：655-693.

[2] Fine G A. Flow: The Psychology of Optimal Experience by Mihalyi Csikszentmihalyi: Star/Tribune Minneapolis-St. Paul，1990.

[3] 彭凯平.吾心可鉴：澎湃的福流[M].清华大学出版社，2016.

[4] 邓晨曦、杜卉.积极心理学视角下高职学生专注力的培养[J].辽宁高职学报，2017, 19（12）：94-96.

体验具备以下几个特征。① 一是专注于当下；二是行动和意识融为一体，即知行合一；三是自我注意的缺失，即在活动过程中对自我存在认识的缺失；四是对自己的行为感到可控；五是感觉时间飞快；六是活动本身是有回报的，注重活动参与过程。过程活动中能否进入心流状态，在于个体对任务本身难度和自身能力之间的认知，这种认知平衡本身是脆弱的，当活动带来的挑战大大超过个体应对能力，则会使个体产生焦虑感，无法着手当下活动；反之当活动任务非常简单对个体不具备挑战性，个体会感到放松，并参与到活动中去，但之后就会感到无聊。个体对活动的主观感知影响自身状态，任务挑战水平太高或太低，都不能让个体进入心流状态之中。任务本身难度与自身能力相匹配，既不会太高大大超过现有水平，也不会太低完全没有挑战，二者之间的平衡是进入心流的关键。心流体验是相对于个人目标和兴趣结构进行扩展的力量，也是相对于现有兴趣进行技能增长的力量。

（三）自我决定理论

自我决定理论是基于积极心理学为理论形成认知理论，该理论认为个体具备向上成长的力量，具有追寻人生意义的实现和自我成长的内向发掘。② 自我决定理论认为自由意志、掌控感和人与人之间的关系是促进个体健康全面发展的必要条件。"自由意志"指个体可以按照自我想法追求某件事情；"掌控感"指个体对周围发生的事情有一定的控制能力；"关系需要"指个体在与他人接触过程中体验到的尊

---

① Nakamura J, Csikszentmihalyi M. The concept of flow[M].Flow and the foundations of positive psychology. Springer, Dordrecht, 2014, 239–263.

② Deci E L, Ryan R M. The "what" and "why" of goal pursuits: Human needs and the self-determination of behavior[J]. Psychological inquiry, 2000, 11（4）: 227–268.

重、关心、爱护的体会。① 现有研究表明，不同心理需求不存在等价替换，某种需要的超额满足并不能阻挡更高阶需要的追求，不同需要对幸福感带来不同影响，关系需要的满足影响个体幸福感。② 由此可见，个体向内的实现程度为幸福实现了可能。

四、已有研究启示

综合国内外已有的研究，积极心理干预、PERMA模式及幸福感一直都是积极心理学的研究热点，但也存在不足。

从研究内容上看，PERMA模式作为一种幸福模式，提出了达到幸福人生应满足的五要素，为幸福感提升方面的干预提供了有据可循的理论依据。PERMA模式的应用较多出现在临床医学治疗中，多以精神疾病和身体疾病群体为主，后逐渐在缓解抑郁、焦虑等亚临床治疗以及可能出现问题的，如人际交往、压力缓解等正常群体之中，探究PERMA模式在普适大众群体幸福感的研究仍属于新兴领域。

从研究对象上看，关于少数民族大学生幸福感的研究相对较少，心理健康问题的发现在大学生群体中居于首位，多以心理问题的治疗为主，而忽视了个体本身的积极力量。大学生正处于人生发展的关键阶段，对幸福概念认识较为模糊，对正确幸福观的认识不够正确客观，关于大学生幸福感的研究、幸福观的培育有待完善。

---

① Deci E L, Olafsen A H, Ryan R M. Self-determination theory in work organizations: The state of a science[J]. Annual review of organizational psychology and organizational behavior, 2017, 4: 19–43.

② Milyavskaya M, Koestner R. Psychological needs, motivation, and well-being: A test of self-determination theory across multiple domains[J]. Personality and individual differences, 2011, 50（3）: 387–391.

第二节 青海少数民族大学生幸福感现状调查

快速化、智能化、多元化的时代特点对人类社会发展提出了新的要求和挑战，实现人民幸福是实现民族繁昌复兴的归宿，大学生作为新时代建设的中坚力量，不仅身肩为人民谋幸福的使命，还表达着实现个人梦、中国梦的未来，大学生在新时代社会迈向幸福、现代化征程中，具有不可忽视的潜力。大学生幸福感不仅是个体对本身生活质量、人生意义实现与目标获得多方面的主观感知，也是衡量自身心理健康的重要中介变量。在本次研究中通过《综合幸福感问卷》调查研究青海少数民族大学生幸福水平现状，为后续积极心理干预实验提供理论基础和准备。

一、研究目的和假设

通过问卷对青海少数民族大学生幸福水平现状进行调查，了解青海少数民族大学生幸福水平现状及特点，为后续积极心理干预提供基础准备。本研究假设如下：H1：青海少数民族大学生幸福水平良好，具备一定的提升空间。

二、研究设计

（一）研究对象

本研究选取青海师范大学、青海大学、青海民族大学三所高校的2017级、2018级和2019级在校少数民族大学生作为研究对象。有效问卷526份，有效率为95.636%。本次学生样本在各人口学变量的统计如表7-1所示。

表7-1 被试人口学变量分布表

人口学变量	类别	人数（人）	占比（%）
性别	男	189	35.93
	女	337	64.07
民族	汉族	284	53.9
	回族	127	24.1
	其他少数民族	115	22
独生子女	独生	168	31.94
	非独生	358	68.06
生源地	牧区	11	2.09
	农村	244	46.39
	乡镇	111	21.10
	县城	96	18.25
	城市	64	12.17
父亲受教育水平	未受教育	33	6.27
	小学	173	32.89
	中学或中专	268	50.95
	大学及大学以上	52	9.89
母亲受教育水平	未受教育	69	13.12
	小学	186	35.36
	中学或中专	242	46.01
	大学及大学以上	29	5.51

续表

人口学变量	类别	人数（人）	占比（%）
家庭经济	很好	5	0.95
	较好	73	13.88
	一般	374	71.10
	较差	74	14.07

（二）研究方法

1. 文献法

通过相关数据库，查阅相关PERMA模式、积极心理干预、幸福感方面的文献，对现有研究进行文献梳理总结，客观评述已有研究成果、不足及展望，把握相关领域的研究动态，为本研究提供理论指导和方向。

2. 问卷法

采用问卷施测的方式，以班级为单位完成施测，为保护个人隐私，采用非记名的方式完成问卷调查。以《综合幸福感问卷》为调查工具，调查大学生幸福水平现状，了解大学生幸福特点。

（三）研究工具

综合幸福问卷（MHQ）由苗元江编制而成，采用七级计分制，共51个项目。问卷的总Cronbach α系数为0.91，总分半系数为0.77。MHQ是在整合主观幸福感（SWB）与心理幸福感（PWB）理论框架与测评指标的基础上，建构的多方位、多测度、多功能的幸福感测评工具，该问卷共计九个因子：生活满意度、正性情感、负性情感、生命活力、健康关注、利他行为、自我价值、友好关系和人格成长。前三个因子属于主观幸福感，后六个因子属于心理幸福感。问卷没有合成总分，以不同维度分数作为衡量幸福感的具体指标，以区分幸福感不同维度的变化，将幸福指数自评（AVH）作为衡量幸福感的总体指标。

(四)研究程序

本次调查通过发放问卷的方式对青海少数民族大学生幸福感水平进行现状调查，分析大学生幸福感的表现特点。采用匿名方式进行调查。施测前告知学生保密原则，此次调查仅为本次研究所用，消除学生对个人隐私等问题不必要的担心。施测开始时由调查员统一宣读指导语，阐明问卷作答注意的问题，根据自身实际完成问卷填写，在测试结束后，由调查者统一收回。

三、青海少数民族大学生幸福感调查结果分析

(一)青海少数民族大学生幸福感总体水平

调查问卷共包含生活满意度、人格成长、自我价值、生命活力、友好关系、利他行为、健康关注、负性情感及正性情感，共9个结构维度。量表以不同维度的得分作为幸福感的具体指标，以自述幸福感作为幸福总体水平。其中负性情感是从消极情感角度评价幸福感，得分越低越好。除负性情感维度外，在其他维度上得分越高表明幸福感水平越高，幸福指数采用7点计分方式，中值为4。由表7-2可得，本次调查青海少数民族大学生的幸福指数除负性情感维度，其他维度均值均在中值4以上，说明青海少数民族大学生的幸福水平处于有些幸福和幸福之间，即幸福水平处于中等水平以上，由各维度得分可知健康关注维度得分最高（5.540），负性情感维度得分最低（2.239），健康关注（5.540）>友好关系（5.447）>利他行为（5.251）>自我价

值（5.147）>生命活力（4.903）>人格成长（4.850）>生活满意度（4.790）>正性情感（4.553）>负性情感（2.239）。

表7-2 青海少数民族大学生幸福感各维度描述统计

	Max	Min	M	SD
生活满意度	7.00	1.40	4.790	0.934
人格成长	7.00	2.67	4.850	0.725
自我价值	7.00	2.40	5.147	0.831
生命活力	7.00	1.17	4.903	0.894
友好关系	7.00	3.00	5.447	0.924
利他行为	7.00	2.80	5.251	0.791
健康关注	7.00	3.00	5.540	0.763
负性情感	4.67	1.00	2.239	0.750
正性情感	7.00	1.67	4.553	1.013
幸福指数自评	9.00	1.00	6.240	1.383

采用自述幸福水平作衡量整体幸福感水平。由图7-1可知，自述幸福水平的平均值为6.24，标准差为1.383，最大值为9，最小值为1。非常痛苦者有1人，占比0.19%，痛苦3人，占比0.57%，有些痛苦35人，占比6.65%，中等154人，占比29.28%，有些幸福99人，占比18.82%，幸福136人，占比25.86%，很幸福66人，占比12.55%，非常幸福32，占比6.08%。

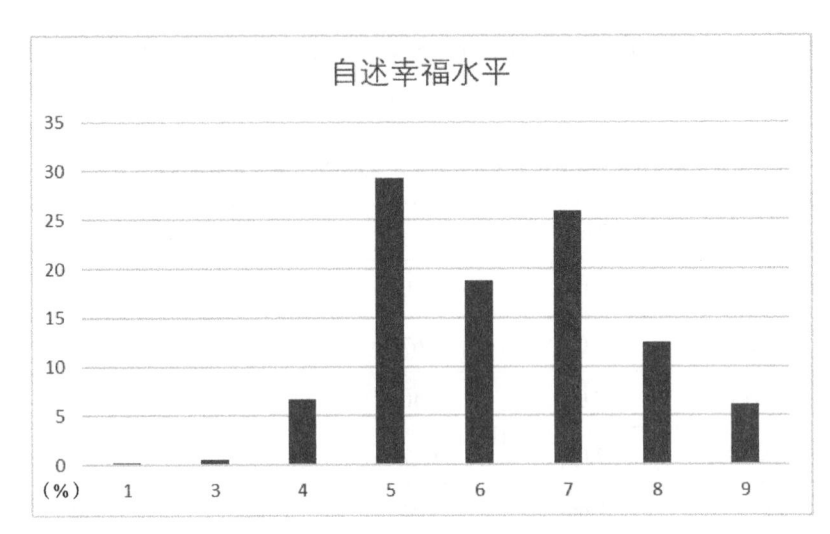

图 7-1 大学生自述幸福水平描述统计

通过综合幸福问卷调查青海少数民族大学生幸福水平现状，采用自述幸福水平（AVH）作为幸福的整体评价指标，多维幸福量表（MHQ-50）作为幸福感的具体评价指标，两者的综合使用，从更全面的角度研究幸福现状。通过调查发现，青海少数民族大学生总体幸福水平良好，介于有些幸福和幸福之间，在具体的幸福衡量指标中，健康关注位于首位，正性情感的关注最低，从一定程度上具有可提升的空间。

（二）青海少数民族大学生幸福感人口学变量差异分析

为研究青海少数民族大学生幸福感在不同人口学变量上的差异，在性别、和是否独生、生源地、父亲受教育水平、母亲受教育水平和家庭经济上等人口学变量上做检验分析。

1. 青海少数民族大学生幸福感在性别上的差异比较

经T检验，发现青海少数民族男生女生在生活满意度，正性情感维度上 p 值为 0.041、0.038，p 小于 0.05，存在显著的性别差异。在生活满意度和正性情感维度上，女生得分（4.852±0.933、4.622±1.020）显著高于男生（4.679±0.927、4.431±0.991）；而在其他维度上没有显著的性别差异（见表7-3）。

表7-3 幸福感不同性别t检验结果

维度	男生 M±SD	女生 M±SD	F	T	P
生活满意度	4.679±0.927	4.852±0.933	0.041	-2.044	0.041
人格成长	4.823±0.734	4.866±0.721	0.068	-0.643	0.520
自我价值	5.152±0.825	5.143±0.836	0.169	0.116	0.908
生命活力	4.911±0.861	4.898±0.914	1.903	0.158	0.875
友好关系	5.448±0.992	5.447±0.885	3.835	0.011	0.992
利他行为	5.220±0.846	5.268±0.760	3.629	-0.669	0.504
健康关注	5.534±0.782	5.542±0.754	0.428	-0.116	0.908
负性情感	2.318±0.806	2.194±0.715	5.075	1.768	0.078
正性情感	4.431±0.991	4.622±1.020	1.105	-2.075	0.038
自述幸福感	6.132±0.364	6.300±0.392	0.798	-1.333	0.183

2.青海少数民族大学生幸福感在是否独生上的差异比较

经T检验，发现是否独生在自述幸福感上，独生子女（6.446±1.379）显著大于非独生子女（6.143±1.376），p值等于0.019小于0.05，两者存在显著差异。在其他维度上没有显著的性别差异（见表7-4）。

表7-4　幸福感在独生子女t检验结果

维度	独生 M±SD	非独生 M±SD	F	T	P
生活满意度	4.736±0.986	4.816±0.908	0.993	−0.915	0.360
人格成长	4.865±0.731	4.843±0.724	0.004	0.321	0.748
自我价值	5.201±0.868	5.121±0.814	0.013	1.029	0.304
生命活力	4.860±0.965	4.923±0.860	0.263	−0.748	0.455
友好关系	5.494±0.956	5.426±0.909	0.032	0.793	0.428
利他行为	5.292±0.819	5.232±0.778	0.413	0.808	0.419
健康关注	5.563±0.833	5.529±0.730	3.434	0.484	0.628
负性情感	2.271±0.802	2.224±0.726	3.594	0.675	0.500
正性情感	4.497±0.965	4.580±1.035	2.080	−0.872	0.384
自述幸福感	6.446±1.379	6.143±1.376	0.059	2.361	0.019

3. 青海少数民族大学生幸福感在生源地上的差异比较

不同生源地的大学生在人格成长、自我价值、友好关系、利他行为、健康关注和自述幸福水平上存在显著差异，经过多重事后比较发现，在人格成长方面，居住在县城（$p=0.013$）和城市地区（$p=0.027$）的大学生显著高于农村地区；在自我价值方面，县城地区显著高于农村地区（$p=0.042$）、乡镇地区（$p=0.019$），城市地区显著高于农村地区（$p=0.036$）、乡镇地区（$p=0.017$）；在友好关系方面，县城地区（$p=0.02$）、城市地区（$p=0.034$）显著高于农村地区；县城地区显著高于乡镇地区（$p=0.025$）；在利他行为方面，居住在城市的地区显著高于牧区（$p=0.005$）、农村（$p=0.002$）、乡镇（$p=0.009$）；在健康关注方面,"城市>农村;县城>乡镇;城市>乡镇";在自述幸福水平方面,城市地区(p=0.022)、县城地区(p=0.001)显著高于农村地区。总体来说,居住地等级越高,幸福水平相对越高(见表7-5)。

表7-5 幸福感在生源地t检验结果

	牧区 (N=11)	农村 (N=244)	乡镇 (N=111)	县城 (N=96)	城市 (N=64)	F	P
生活满意度	4.691±0.935	4.752±0.888	4.638±0.895	4.944±1.062	4.984±0.929	2.232	0.064
人格成长	4.636±0.750	4.805±0.651	4.723±0.757	5.020±0.787	5.028±0.776	3.679	0.006
自我价值	4.982±0.701	5.097±0.765	5.029±0.962	5.300±0.885	5.341±0.719	2.605	0.035
生命活力	4.803±0.726	4.908±0.793	4.728±1.068	5.049±0.866	4.984±0.965	1.525	0.205
友好关系	5.364±0.706	5.340±0.907	5.393±0.986	5.681±0.905	5.615±0.877	3.037	0.017
利他行为	5.018±0.596	5.182±0.760	5.196±0.892	5.335±0.788	5.522±0.702	3.027	0.017
健康关注	5.345±1.028	5.509±0.713	5.413±0.902	5.644±0.718	5.753±0.657	2.795	0.033
负性情感	2.546±0.620	2.243±0.747	2.354±0.782	2.099±0.758	2.177±0.687	2.078	0.082
正性情感	4.561±1.165	4.564±0.973	4.395±1.096	4.682±0.997	4.594±1.010	1.101	0.356
自述幸福感	5.818±1.401	6.041±0.317	6.288±1.364	6.572±1.478	6.484±1.403	3.510	0.008

4.青海少数民族大学生幸福感在父亲受教育水平上的差异比较

在生活满意度、自我价值、友好关系、利他行为、自述幸福感在父亲受教育水平上存在显著差异。经过进一步事后检验，发现，在生活满意度、自我价值、友好关系方面，父亲受教育水平为大学及以上的学生均显著高于其他教育水平层次的学生，父亲受教育水平越高，学生在幸福这几个维度方面的值越高；在利他行为方面，父亲受教育水平为大学及以上的学生，其利他行为均显著高于受教育水平为小学（$p=0.014$）、未受教育（$p=0.005$）水平的学生，即父亲受教育水平大学及以上（5.496 ± 0.752）>父亲受教育水平小学（5.188 ± 0.787），父亲受教育水平大学及以上（5.492 ± 0.921）>父亲未接受教育（5.030 ± 0.721）；在自述幸福水平上，父亲受教育水平为小学（$p=0.028$）、中学或中专（$p=0.041$）、大学及以上（$p=0.003$）教育水平的学生，其自述幸福水平均显著高于父亲未受教育水平的学生，具体表现为父亲受教育水平大学及以上（6.596 ± 1.472）>父亲未受教育（5.697 ± 1.447），父亲受教育水平中学或中专（6.216 ± 1.346）>父亲未受教育（5.697 ± 1.447），父亲受教育水平小学（6.272 ± 1.377）>父亲未受教育（5.697 ± 1.447）。总体来说，父亲受教育水平越高，幸福水平也越高（见表7-6）。

表7-6 幸福感在父亲受教育水平单因素方差检验结果

	未受教育（N=33）	小学（N=173）	中学或中专（N=268）	大学及以上（N=52）	F	P
生活满意度	4.764 ± 0.720	4.697 ± 0.955	4.747 ± 0.891	5.339 ± 1.035	6.981	0.000
人格成长	4.815 ± 0.700	4.794 ± 0.667	4.829 ± 0.703	5.171 ± 0.948	2.380	0.074
自我价值	5.030 ± 0.721	5.124 ± 0.832	5.190 ± 0.814	5.492 ± 0.921	3.489	0.016

续表

	未受教育 （N=33）	小学 （N=173）	中学或 中专 （N=268）	大学及 以上 （N=52）	F	P
生命活力	4.798 ± 0.941	4.877 ± 0.833	4.887 ± 0.883	5.135 ± 1.091	1.395	0.243
友好关系	5.172 ± 0.813	5.368 ± 0.942	5.464 ± 0.941	5.801 ± 0.742	5.538	0.001
利他行为	5.000 ± 0.805	5.188 ± 0.787	5.275 ± 0.789	5.496 ± 0.752	3.250	0.022
健康关注	5.352 ± 0.745	5.481 ± 0.745	5.58 ± 0.763	5.758 ± 0.806	2.497	0.059
负性情感	2.192 ± 0.595	2.244 ± 0.745	2.256 ± 0.765	2.164 ± 0.795	0.264	0.852
正性情感	4.253 ± 0.789	4.536 ± 1.035	4.556 ± 0.980	4.789 ± 1.190	1.932	0.123
自述幸福感	5.697 ± 1.447	6.272 ± 1.377	6.216 ± 1.346	6.596 ± 1.472	2.935	0.033

5. 青海少数民族大学生幸福感在母亲受教育水平上的差异比较

在生活满意度、人格成长、自我价值、生命活力、友好关系、利他行为、健康关注、正性情感和自述幸福感在母亲受教育水平上存在显著差异。经过进一步事后检验发现，在生活满意度维度上，在中学和小学教育层次上差异不显著，其他母亲受教育程度两者之间均存在显著差异，表现出教育程度越高幸福水平越高的特点；在自我价值方面，母亲受教育水平为大学及以上的学生，其自我价值显著高于母亲受教育水平为未受教育（p=0.000）、小学（p=0.001）、中学或中专水平（p=0.002）的学生，具体表现为母亲受教育水平大学及以上（5.662 ± 0.827）>母亲受教育水平小学（5.111 ± 0.866）>母亲受教育水平中学或中专（5.155 ± 0.802）>母亲未受教育（4.997 ± 0.771）；

在生命活力方面，母亲受教育水平为未受教育的学生与母亲受教育水平为小学（p=0.045）、中学或中专（p=0.019）、大学及以上（p=0.000）的学生存在显著差异，母亲受教育水平为大学及以上的学生与母亲受教育水平为小学（p=0.006）、中学或中专（p=0.01）的学生存在显著差异；在友好关系方面，母亲受教育水平为未受教育的学生与母亲受教育水平为小学（p=0.044）、中学或中专（p=0.018）、大学及以上（p=0.000）的学生存在显著差异，母亲受教育水平为大学及以上的学生与母亲受教育水平为小学（p=0.009）、中学或中专（p=0.013）的学生存在显著差异；在利他行为方面、正性情感、自述幸福水平方面，母亲受教育水平为大学及以上水平的学生较其他母亲接受教育程度的学生差异显著；在健康关注方面，母亲受教育水平为未受教育的学生与母亲受教育水平为中学或中专（p=0.014）、大学及以上（p=0.010）的学生存在显著差异，母亲受教育水平为小学的学生与母亲受教育水平为大学及以上的学生存在显著差异（p=0.044）；总体来说，母亲受教育水平为大学及以上的学生幸福水平最高，母亲未受教育的学生幸福水平最低（见表7-7）。

表7-7 幸福感在母亲受教育水平单因素方差检验结果

	未受教育（N=33）	小学（N=173）	中学或中专（N=268）	大学及以上（N=52）	F	P
生活满意度	4.484 ± 1.014	4.747 ± 0.851	4.831 ± 0.945	5.448 ± 0.815	7.860	0.000
人格成长	4.673 ± 0.638	4.792 ± 0.684	4.890 ± 0.748	5.307 ± 0.800	6.013	0.000
自我价值	4.997 ± 0.771	5.111 ± 0.866	5.155 ± 0.802	5.662 ± 0.827	4.681	0.003

续表

	未受教育 （N=33）	小学 （N=173）	中学或中专 （N=268）	大学及以上 （N=52）	F	P
生命活力	4.643 ± 0.914	4.893 ± 0.817	4.928 ± 0.937	5.379 ± 0.761	4.871	0.002
友好关系	5.179 ± 0.939	5.439 ± 0.910	5.474 ± 0.919	5.920 ± 0.848	4.633	0.003
利他行为	5.058 ± 0.812	5.205 ± 0.811	5.284 ± 0.754	5.731 ± 0.741	5.398	0.001
健康关注	5.354 ± 0.724	5.481 ± 0.756	5.608 ± 0.751	5.786 ± 0.899	3.443	0.017
负性情感	2.384 ± 0.714	2.257 ± 0.732	2.200 ± 0.776	2.092 ± 0.711	1.484	0.218
正性情感	4.358 ± 0.990	4.488 ± 1.016	4.582 ± 0.990	5.195 ± 1.014	5.184	0.002
自述幸福感	5.768 ± 1.250	6.183 ± 1.418	6.322 ± 1.346	7.035 ± 1.375	6.457	0.000

6. 青海少数民族大学生幸福感在家庭经济水平上的差异比较

在生活满意度、人格成长、生命活力、友好关系、利他行为、健康关注、负性情感、正性情感和自述幸福感在家庭水平上存在显著差异。经过进一步事后检验发现，在生活满意度方面，家庭经济情况较差的学生，其生活满意度显著低于家庭经济情况一般（p=0.000）、较好（p=0.000）、很好的学生（p=0.000），家庭经济情况一般的学生显著低于与家庭经济情况较好（p=0.000）、很好（p=0.001）的学生；在人格成长方面，家庭经济情况较差的学生，其人格成长显著低于家庭经济情况一般（p=0.002）、较好（p=0.000）、很好的学生（p=0.006），家庭经济一般（4.828 ± 0.688）的学生显著低于家庭经济较好（5.233 ± 0.818）的学生（p=0.000）；在生命活力方面，家庭经济情况较差的学生，其生命活力显著低于家庭经济情况一般（$p=0.015$）、较好（$p=0.000$）、很好的学生（$p=0.022$），家庭经济一般（4.828 ± 0.688）的学生显著低于家庭经济较好（5.233 ± 0.818）的学生（$p=0.000$）；在友好关系方面，家庭经济情况较差的学生，其友好关系显著低于家庭经济情况一般（$p=0.009$）、较好（$p=0.000$）、很好的学生（$p=0.041$），家庭经济一般（5.442 ± 0.927）的学生显著低于家庭经济较好（5.749 ± 0.822）的学生（$p=0.009$）；在利他行为方面，家庭经济情况较差的学生，其利他行为显著低于家庭经济情况较好（$p=0.000$）、很好的学生（$p=0.000$），家庭经济一般的学生显著低于家庭经济较好（$p=0.000$）、很好（$p=0.002$）的学生；在健康关注方面，家庭经济情况较差的学生，其健康关注显著低于家庭经济情况较好（$p=0.000$）、很好的学生（$p=0.031$），家庭经济一般（5.498 ± 0.747）的学生显著低于家庭经济较好（5.880 ± 0.753）的学生（$p=0.000$）；在负性情感方面，家庭经济情况较差的学生，其利他行为显著低于家庭经济情况一般（$p=0.008$）、较好的学生（$p=0.001$）；在正性情感方面，家庭经济情况较差（$p=0.000$）、家庭经济情况一般（$p=0.000$）的学生与家庭经济情况较好的学生存在显著差异，具体表现为家庭经济较差（4.333 ± 1.018）<家庭经济较好（4.986 ± 0.988），家庭经济一般（4.505 ± 0.997）<家庭经济较好（4.986 ± 0.988）；在自述幸福感方面，家庭经济情况较差的学生，其自述幸福感显著低于家庭经济情况一般（$p=0.000$）、较好（$p=0.000$）的学生，家庭经济情况一般的学生显著低于家庭经济情况较好的学生。总体上说，家庭经济影响学生的幸福感水平，家庭经济越高，幸福指数越高（见表7-8）。

表7-8　幸福感在庭经济水平单因素方差检验结

	很好（N=5）	较好（N=73）	一般（N=374）	较差（N=74）	F	P
生活满意度	6.080 ± 0.228	5.367 ± 0.971	4.770 ± 0.854	4.238 ± 0.923	23.942	0.000
人格成长	5.444 ± 0.377	5.233 ± 0.818	4.828 ± 0.688	4.545 ± 0.659	13.239	0.009
自我价值	5.800 ± 0.245	5.603 ± 0.786	5.129 ± 0.787	4.743 ± 0.889	22.503	0.000
生命活力	5.533 ± 0.415	5.308 ± 0.905	4.874 ± 0.853	4.604 ± 0.965	9.125	0.000
友好关系	6.000 ± 0.408	5.749 ± 0.822	5.442 ± 0.927	5.140 ± 0.931	6.099	0.000
利他行为	6.280 ± 0.460	5.652 ± 0.706	5.205 ± 0.766	5.016 ± 0.839	12.410	0.000
健康关注	6.120 ± 0.593	5.880 ± 0.753	5.498 ± 0.747	5.373 ± 0.767	7.599	0.000
负性情感	2.467 ± 0.730	2.071 ± 0.670	2.222 ± 0.745	2.475 ± 0.807	3.954	0.008
正性情感	5.100 ± 0.703	4.986 ± 0.988	4.505 ± 0.997	4.333 ± 1.018	6.583	0.000
自述幸福感	6.800 ± 1.304	6.644 ± 1.358	6.270 ± 1.366	5.649 ± 1.329	7.163	0.000

通过问卷对青海少数民族大学生幸福感进行现状调查，并根据统计方法分析青海少数民族大学生幸福感在人口学变量上的差异，以了解当代大学生幸福感水平和幸福特点。现将调查结论总结如下：

（1）青海少数民族大学生总体幸福水平良好，介于有些幸福和幸福之间；

（2）在性别差异分析中，在性别变量上，生活满意度和正性情感

差异显著,女生生活满意度和正性情感更高;

(3)在独生子女上,独生子女的总体幸福水平显著高于非独生子女;

(4)在不同生源地上,在人格成长、自我价值、友好关系、利他行为、健康关注和自述幸福水平上差异显著,随生源地等级提高,幸福水平也越高;

(5)在父亲受教育水平上,在幸福总体水平、生活满意度、自我价值、友好关系、利他行为差异显著,父亲受教育水平越高,幸福水平也提高;

(6)在母亲受教育水平上,在幸福总体水平以及具体幸福指标差异显著,母亲受教育水平越高,幸福水平也提高;

(7)在家庭经济上,在生活满意度、人格成长、生命活力、友好关系、利他行为、健康关注、负性情感、正性情感和自述幸福感在家庭水平上差异显著,家庭经济水平越高,幸福水平也较高。

四、分析与讨论

(一)青海少数民族大学生幸福感整体状况

以自述幸福感作为衡量幸福感的整体指标,本次研究中,青海少数民族大学生幸福指数均值为6.3,处于均值以上,即大部分学生的幸福指数在中等偏上水平,整体上青海少数民族大学生幸福感良好。在幸福感的各维度中,自我价值、友好关系、利他行为、健康关注维度表现最佳,说明青海少数民族大学生关注自我存在价值的发现,注重与周围保持和谐的人际关系,在人际交往过程中能够注重对他人的影响,同时对自身健康也较为关注。青海少数民族大学生幸福感各维度的呈现水平，符合大学生自身发展阶段特点，大学生处于人格发展的青春期阶段和成年阶段，面对自我同一性和亲密关系的矛盾冲突，注重在他人眼中的形象及同一感的获得，同时渴求建立亲密关系，把自我同一性和他人同一性融为一体（艾森克人格发展阶段理论）；现在社会高度发展，社会形态与过往发生了变化，基本的温饱需求已得到满足，开始注重多方面的精神需求，包括心理健康及身体健康，这和新时代个体的需求相契合。青海属于多民族地区，独特的民族文化影响个体的人生观念，藏传佛教、伊斯兰教、儒释道形成多文化交融的文化圈[1]，其蕴含的宗教信仰是当地亘古不变的精神传承，其宗义重视慈悲心、理性智慧的培养、儒家主"合""仁""义"，宗教作为人类对超自然存在的象征符号的特点决定了人们的精神气质的表达[2]，在独具特色的文化意蕴中，形成了独特的教育文化。青海大学生作为知识的接受者，在接受高等基础教育的同时，也吸收着其独特的民族文化，潜行之中将知化为行，注重人生意义的获得和存在价值。同时高海拔地区的低氧特点对个体生存提出了挑战，高海拔地区与低海拔地区的差异对个体生长带来不同影响，对健康关注是自身机能的主动维持。

（二）青海少数民族大学生幸福感在人口学变量上分析

通过对不同人口学变量上对幸福感进行数据分析发现，在性别、独生与否、生源地、父母受教育水平、家庭经济情况不同人口学变量上对大学生幸福感存在不同程度影响。

---

[1] 杨胜利.汉藏文化融合视域下的藏族文化象征符号[J].西藏大学学报（社会科学版），2020，35（03）：94–101.

[2] 胡芳.文化认同视域下青海三大民俗文化圈的交融与共享[J].青海社会科学，2021（02）：194–200.

1. 各维度在性别上的差异分析

青海少数民族大学生幸福感总体水平在性别上不存在显著差异，但在衡量幸福感的其他指标，生活满意度和正性情感上存在显著的性别差异，且女生显著高于男生。此研究与侯振虎[1]、鲁宽民[2]研究相似。幸福感在性别方面的差异源于（或通过）男女之间的生物学差异及社会文化因素，在心理发展上表现出不同的性别特点，具体表现在内在认知思维和外在生理机能等方面[3]，青海地处青藏高原，高海拔、低氧，自然地理作为人类存在的先决条件，严峻的地理风貌塑造民族性格，造就了独特的气质特征。[4]地域空间对个体生存具有不可替代的影响，在生存中汲取的经验又会进一步外化到行为中[5]，并以经验的模式固存下来，男性坚毅顽强，性格豪放，与女性的居家乐业，形成了鲜明对比。

在感知觉方面，女性对情感的感知和表达较男性较为敏感，在思维方面，男性善于逻辑思维，偏理智，而女性则善于感性思维偏感性；后天的社会文化对男性女性有不同的社会期许，女性承担情感型角色，应该是平易的、体谅的，而男性承担任务型角色，应该是富有竞争性的、果敢的。男性女性承担着不同的社会压力，因此在幸福感的体验上表现出明显的性别差异。不过性别心理学并不支持性别角色

---

[1] 侯振虎、Chieh LI、许晓芳.人口学变量对大学生综合幸福感的影响[J].高教发展与评估，2019，35（01）：54-71+91+2.

[2] 鲁宽民、刘利鑫、鲁君.当代大学生幸福感多维度分析——基于对西部高校大学生的调查研究[J].河南工业大学学报（社会科学版），2012，8（02）：150-155.

[3] 史耀芳.性差心理学的研究及对教育的启示[J].江西教育科研，1992，（01）：40-41+29.

[4] 苏自红.试析藏族舞蹈《高原》的民族性格[J].中央民族大学学报，1999，（04）：80-82.

[5] 王委艳."主观民族性"：地域空间的民族文化性格——以张承志小说的空间叙述为中心[J].湖北民族大学学报（哲学社会科学版），2021，39（02）：154-161.

绝对化的"纯",绝对的男性化和绝对的女性化并不利于个体的全面适应性发展,对大学生性别角色的调查中发现,富有男女双性化角色的个体幸福感水平最高。① 在幸福方面关于性别差异的研究启发我们做进一步的研究和探讨。

2.各维度在独生子女上的差异分析

青海少数民族大学生幸福总体水平在是否独生子女上存在显著差异,独生子女的幸福水平显著高于非独生子女的幸福水平,而在其他维度上不存在差异。幸福感在独生子女人口学变量上的差异可能受其他因素的影响,如地理位置、资源分配、父母关注度、所处年龄区间等因素。在教育资源及养育的成本中,独生子女相较非独生子女占据更大的优势,更容易获得高比例资源,不需要面对资源分配的问题,同时在教养过程中,独生子女相较非独生子女,养育成本相对较少,父母教育精力相对较集中。由此,独生子女相对的幸福水平高。青海地处高海拔地区,从新中国成立初期到2018年人口数量突破600万②,当地较小的生活压力吸引了大批外来人员,同时当地新人口数量的增加,人口数量呈现增高趋势,适宜的生活居住环境促进了人口数量的增长。人口增长作为人口数量变化的直观显示,背后也反映了其他问题,在高原人口增长的区域调查中,呈现"东南密、西北疏"的总人口特征,"近疏远密"的高寒区区域特征③,区域的自然地理环境、经济发展水平影响人口分布特征。对独生子女反映幸福感水

---

① 王秀希、王雪、李清华、董好叶.大学生性别角色对心理幸福感的影响研究[J].石家庄学院学报,2021,23(06):115-119.

② 张镱锂、李炳元、郑度.A discussion on the boundary and area of the Tibetan Plateau in China论青藏高原范围与面积[J].地理研究,2002,21(001):1-8.

③ 黄祖宏、王新贤、张玮.青藏高原地区人类发展水平评估及其演变分析[J].地理科学,2021,41(06):1088-1095.

平的差异，可参考人口数量增长分析，从多角度的方式理解幸福感的差异。

3.各维度在生源地上的差异分析

不同生源地的青海少数民族大学生在人格成长、自我价值、友好关系、利他行为、健康关注和自述幸福水平上存在显著差异，总体来说，城市的学生幸福水平最高，农村的学生幸福水平最低，呈现出城市>县城>乡镇>农村的趋势。这与赵文进[①]、侯振虎[②]学者对不同生源地大学生幸福感的调查结果表现出一致性。人们的居住地影响着生活的方方面面，因此也显著影响着人们的幸福感[③]，本次调查对象大多来自青海省不同区域，不同区域在经济发展和地理风貌上表现出不同区域特点，区域间的内部差异造就了发展的不均衡性，进而影响区域个体幸福水平。西宁作为东部综合经济区发展中心，属于经济发达区域，西部柴达木盆地开发区属于较发达地区。[④]依据青海实际情况，城市占据区域指导，具有顶头优势，而城镇数量多更倾向农村化，在产业结构、经济发展、资源分配上表现不同梯度水平，相较乡镇、农村地区，城市是经济活动和消费的中心，可以提供更多的教育资源、医疗资源、公共服务资源及多样的就业机遇，由于城市多样资源的提供保障居民较好生活质量，城市的幸福感因此得到了更大的提高。居

---

① 赵文进.不同家庭来源藏回汉族大学生主观幸福感比较[J].中国学校卫生，2010，31（06）：689-690.

② 侯振虎、Chieh LI、许晓芳.人口学变量对大学生综合幸福感的影响[J].高教发展与评估，2019，35（01）：54-71+91+2.

③ Maricchiolo F, Mosca O, Lauriola M, et al. The role of urbanization of place of living in the relation between individual features and happiness（El papel del desarrollo urbanístico del lugar de residencia en la relación entre las características individuales y la felicidad）[J]. PsyEcology, 2020, 11（2）：232-259.

④ 张忠孝.青海地理[M].西宁：青海人民出版社，2004，402-412.

住地对人们幸福感有直接又积极的影响。

4.各维度在父母亲受教育水平上的差异分析

幸福感的不同维度在父母受教育水平上，表现出不同的差异性，在父亲受教育水平的人口学变量中，在生活满意度、自我价值、友好关系、利他行为、自述幸福感在维度上存在显著差异；在母亲受教育水平的人口学变量中，幸福感的各个维度均存在显著差异。青海位于青藏高原东北部，海拔较高，地理位置的特殊性影响着居民生活方式，由此形成了"慢节奏"的生活特点。高原较慢的生活节奏影响人们的教育需求。随海拔升高，教育需求呈现下降趋势，相较低海拔地区，高海拔地区表现出较低的教育需求。在本次大学生幸福感调查中，父母受教育水平大多处于小学、中学或中专区间，仅有少部分接受大学教育。根据家庭资源转换理论，父母本身的经济资本、文化资本等内在优势，通过资源转换的方式影响子女受教育质量。家庭作为个体接触到的第一个系统，在个体的成长发展过程中起到了重要且不可替代的作用，正如班杜拉（1989）所说："那些在孩子们的生活中占据重要地位的人是不可或缺的知识来源，他们对孩子们对不同事物的看法和方式做出了贡献。"受教育程度较高的父母对自我的整体评价（自尊水平）也较高，父母高度一致的自我评价又会影响自己孩子的幸福水平，父母高自尊水平与孩子幸福感呈正相关的关系[1]；同时较高教育水平的父母更愿意以平等姿态建立亲子关系，家庭氛围上融洽平等，而这种积极的教养方式又会正向预测孩子的幸福水平[2]，父

---

[1] 田玮宜、徐健捷、吕广林、王轶楠.父母自尊与青少年主观幸福感间的关系：亲子信任与青少年自尊的链式中介作用[J].心理发展与教育，2022，（03）：331–338.

[2] Cacioppo M, Pace U, Zappulla C. Parental psychological control, quality of family context and life satisfaction among Italian adolescents[J]. Child indicators research, 2013, 6（1）: 179–191.

母受教育程度与其对生活满意度、自身专业技能存在正向相关关系，这被发现可以促进儿童的认知和心理社会发展。这反过来培养了青少年的幸福感。父母受教育水平带来教育资源的同时，也同步其他资源的增长，这对孩子幸福感都产生了不同方面的影响。

5.各维度在家庭经济上的差异分析

在生活满意度、人格成长、生命活力、友好关系、利他行为、健康关注、负性情感、正性情感和自述幸福感在家庭水平上存在显著差异。即在幸福感衡量的各个指标中在不同家庭经济水平表现出差异性，总体来说，相较家庭经济较差的学生，家庭经济一般、较好及很好的大学生幸福感较高，幸福感随家庭经济水平逐级递减，呈现出依次递减的趋势。在现有经济社会发展水平条件下，家庭经济情况在一定程度上能反映大学生幸福水平，家庭经济水平与幸福感存在正向关系。在经济学概念中，幸福被定义为一种收益，收入的增加可以提高人们的效用水平，从而带来更高水平的幸福。① 大多数收入水平较高的人幸福感较高，尽管他们的幸福感增长幅度较小。以城镇和农村作为区分的调查中发现，收入差异导致居民幸福感显著下降，收入不平等显著降低了居民的幸福水平。②

随着社会时代发展，青海经济发展表现出不同的阶段目标和追求，在不断的探索实践中形成了农牧业、矿物与能源开发、盐湖化工和有色金属等四大经济发展重点。③ 发展的第一产业制约经济发展水

---

① Li Z, Xie Z. The impact of income inequality and the use of information media on happiness[J]. Open Journal of Social Sciences, 2020, 8（2）: 128-142.

② Cuñado J, De Gracia F P. Environment and happiness: New evidence for Spain[J]. Social indicators research, 2013, 112（3）: 549-567.

③ 赵永祥.从"两山"理论看青海经济社会发展战略演进及启示[J].青海社会科学，2021，（01）: 71-78.

平。① 西宁作为青海的省会城市，经济发展水平最高。家庭经济以家为单位，以市场为导向，呈现区域模块化发展特点。城市水平的经济发展特点影响居民生活质量，在资源分配与利用上表现出不同的区域特点，进而对幸福感表现出不同程度的影响。

第三节 积极心理干预实验

在调查了青海少数民族大学生幸福感现状后，发现青海少数民族大学生幸福感处于中等水平，为后续研究积极心理干预对青海少数民族大学生幸福感的提升保留了上升空间。在分析青海少数民族大学生幸福感不同水平上特点及存在的差异基础上，制定针对性积极心理干预方案，对招募到的被试进行积极心理干预和后续访谈研究，探究积极心理干预的有效性和持续性效果。

一、实验设计

（一）实验目的和假设

本研究采用实验组和对照组混合实验设计。实验组进行以PERMA幸福模式为指导的积极心理干预，探索积极心理干预对大学生幸福感的影响。对照组不进行任何干预，主要作为实验的基线对照。本实验研究假设如下：

---

① 王斌、杨德刚、徐文洁.西部十二省（市）经济发展水平的区域差异研究[J].干旱区资源与环境，2004,（01）：23-26.

H1：积极心理干预对青海少数民族大学生幸福感具有一定的提升影响，实验组被试在接受积极心理干预后前测后测成绩存在显著差异。

H2：在后续的追踪测试中，实验组被试幸福感水平保持较高水平且较前测、后测具有一定的差异性，积极心理干预表现一定程度的持续性效果。

（二）实验设计

积极心理干预效果实现程度受干预方案内容、干预实施时长等多方面因素影响，积极心理干预的Meat分析发现，积极心理干预的实践应用以持续时长5周以上的干预利于发挥积极心理干预的效果，后续对积极心理干预是否存在持续性效果的验证与后续追踪时间有关，1个月后的追踪测试往往达不到预期效果，干预结束3个月后则有显著性结果出现，为更好地实施积极心理干预，采用混合实验设计，对实验组进行为期5周的团体干预，对对照组不予干预，并在干预结束后2个月对实验组进行追踪测试和半结构式访谈，研究干预效果。实验设计流程由团体领导、团体活动过程、后续干预效果工具选择、最终的数据处理按阶段进行。

1. 研究对象

在青海师范大学发布招募信息，招募自愿参加原则，选取幸福水平居中被试60名，按等量随机原则分为实验组和对照组，实验组对照组每组30人，其中实验组被试接受积极心理干预，对照组被试不进行干预。

2. 研究方法

（1）实验法

采用混合实验设计，对实验组被试进行为期5周的积极心理干预，对对照组不给予干预，通过收集干预前测、后测及干预结束后2个月追踪测结果，验证积极心理干预效果。自变量：以PERMA模式为基础的在积极情绪、投入、人际关系、意义、人生成就5个主题方面的干预活动。因变量：被试在干预前后测及追踪测试中，被试幸福感在各个维度的变化。控制变量：为排除被试本身因素的影响，在干预前对实验对照组被试进行差异性检验，排除被试本身因素对干预效果的影响。

（2）访谈法

在干预结束两个月后，对实验组被试进行半结构化访谈，采用开放式回答方式，从定性角度了解被试在积极情绪、投入、人际关系、意义、人生成就5个方面了解幸福水平，验证积极心理干预是否存在持续性效果。

（三）研究工具

在干预前后测及追踪测试中，均采用《综合幸福感量表》调查被试幸福感在各个维度的变化；在干预实施过程中，采用积极心理干预方案进行干预；在后续追踪测试中，采用《访谈提纲》了解被试在幸福感不同维度中的情况。

二、积极心理干预实验方案

（一）理论基础

协同变化模型（SCM）提出了一个引起新的积极心理变化的复

杂动态系统模型，揭示了积极干预背后的持续影响机制。[①] SCM模型认为心理社会之间多种因素的相互影响是积极干预持续影响的基础，并提出了三种利于积极干预效果持续影响的干预策略，为积极干预的设计提供了指导。

该模型的包含两部分，第一部分在对积极心理领域的研究做元分析后归纳总结出5大心理社会功能的五个主要领域：(1)注意力和意识，(2)理解和应对，(3)情绪，(4)目标与习惯，(5)关系与美德。这些领域的心理和社会目标与日常习惯，以及人际关系和优势。五个核心领域，加上环境和生理影响，过程、状态和趋势代表了有效干预的结果。第二部分阐述了积极干预可能带来的不同类型的动态过程，包括复原、溢出、协同三种状态。复原：积极干预带来某一因素的改变，由于因素之间的相互影响破坏了整个系统的初始状态，但这种改变是动态且不稳定的，不足以使整个系统发生新的变化，最终整个系统又回到初始状态。溢出：一个领域内的功能通过干预而增强，那么这些影响可能会"溢出"到其他领域，并增强其功能。例如，在对生活的观察和感悟领域中，通过积极干预培养这方面的能力，会使个体对未来的理解和问题应对领域方面产生溢出效应。协同：当多个领域之间的相互作用相互加强且足够强大以创建新的稳定行为模式时，就会产生协同效应。从托盘（a）左侧表示初始状态，干预在某一个域（b）中培养期望功能。然而，当干预结束时，弹珠滚又回初始状态即（c）时，复原发生。相反，干预可以增强跨多个领域的积极功能（d），这可能有溢出效应的帮助。通过这样做，干预可能会导致托盘

---

① Rusk R D, Vella-Brodrick D A, Waters L. A complex dynamic systems approach to lasting positive change: The synergistic change model[J]. The Journal of Positive Psychology, 2018, 13（4）：406–418.

倾斜（e），导致系统发生新的转变（f）。这种"倾翻系统"的思想是SCM的关键原则。

（二）积极心理干预方案内容

1. 干预目标

本研究参考PERMA模式的5因素幸福理论框架制定干预策略，围绕在积极情绪、投入、积极人际关系、意义及积极成就5个方面确定不同的阶段目标。（1）P：学会从更积极的角度去看待问题，接纳理解不同情绪传递的信息；（2）E：认识什么是心流体验，学会在日常生活中创造沉浸式体验；（3）R：了解、熟悉人际沟通方法及技巧的相关知识，学会建立积极人际关系；（4）M：探寻、确定自己的人生目标及意义；（5）A：挖掘自身优势，了解自身兴趣，寻找成功所需的能力，努力达成理想目标。

2. 干预策略

在有关积极心理干预的研究中，同时参加多种类型的活动更有助于个体获得积极提升，参考PERMA幸福理论框架，借鉴积极心理干预、团体辅导方面的研究，围绕在积极情绪、投入、人际关系、意义及成就5大主题设计多种活动内容，每个主题有不同的分目标和不同类型的探索活动，以确保干预目标的实现。主题活动形式包括故事分享、主题演习、小组交流等。

3. 干预方案

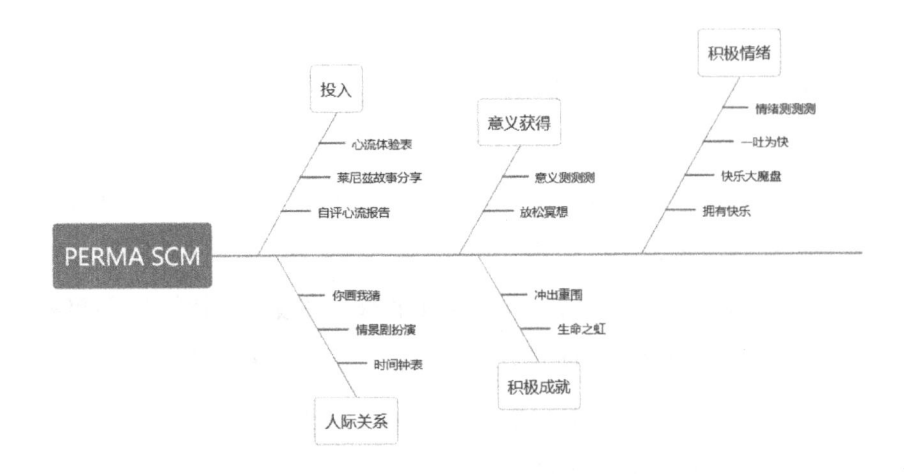

```
                        投入              意义获得           积极情绪
                        ├─心流体验表      ├─意义测测测       ├─情绪竟测测
                        ├─莱尼兹故事分享  ├─意义测测测       ├─一吐为快
                        ├─自评心流报告    └─放松冥想         ├─快乐大魔盘
   [PERMA SCM]──────────┤                                   └─拥抱快乐
                        ├─你画我猜        ├─冲出重围
                        ├─情景剧扮演      └─生命之虹
                        └─时间钟表        积极成就
                        人际关系
```

方案设计包含三层，即理论基础层（PERMA模式、SCM模型）、主题活动层（积极情绪、投入、人际关系、意义获得、积极成就5个主题）、活动方案层三个层次。具体方案详见附录。

三、半结构化心理访谈方案

采用半结构化访谈，给予了来访者较多主观及表达的自由空间，更利于了解来访者的真实想法，为实验研究提供定性依据。为探讨积极干预的持续性效果，在干预结束2个月后，采用一对多的方式对实验组成员进行半结构化访谈，探究积极心理干预的方法是否存在持续效果的影响。

（一）心理访谈编制原则

半结构化访谈作为定性研究的常用方法，是灵活多样的，可以结合个人和团体访谈方法加以运用。访谈内容的制订从根本上影响研究结果，因此为保障半结构访谈研究结果的客观性和可信度，在访谈设计上参考 Kallio H[①] 的5大步骤实施制订进一步的访谈。Kallio H对已有的半结构式访谈文献进行定性内容分析，提出研究人员在进行本结构化访谈时应遵循的原则，包括：

（1）确定使用半结构化面试的先决条件：确定访谈在实验研究中的可行性，半结构式访谈法适用于研究人们的感知（如价值观、意义）。

（2）检索和使用以前的知识；明确访谈主题，借鉴前人经验，以更全面、充分地理解访谈主题，在需要的情况下做经验性补充。为后续访谈的进行奠定基础。

（3）制订初步半结构化访谈指南：由主题和后续问题两部分内容组成，主题即研究主题的内容，在主题内容的访谈设计上可以是循序渐进的，可以作为一项热身活动，为受访者创造一放松空间，主题的顺序可以从较轻的主题转移到更具情感性和深度的主题，然后再次以较轻的主题结束。后续问题是为来访者更容易理解研究主题，目的在于从参与者中获取进一步独特、自发、深入的信息，访谈问题的设计应遵循以受访者为中心，访谈内容清晰明了、不具备引导性、开放性、主题性特点。在访谈问题设计上可采用"阅读法"制订，即什么时间？什么地点？谁？在哪里？发生了什么事？这五方面确定，必要时可采用"为什么"式鼓励受访者进一步回答。作为一个自发的后续问题，面试官可以通过询问更多信息或以问题为例，要求受访者阐述其中的特定问题。

（4）试点测试指南：这一阶段的目的是确认已初步制定的访谈内

---

① Kallio H, Pietilä A M, Johnson M, et al. Systematic methodological review: developing a framework for a qualitative semi-structured interview guide[J]. Journal of advanced nursing, 2016, 72（12）：2954–2965.

容，访谈问题的执行效果，对可能需要重新制定问题做进一步调整和更改。对访谈内容的试点测试可采用现场测试、内部测试的方式进行。

（5）呈现完整的半结构化访谈指南：即为最后一阶段，目的在于为数据收集提供一份清晰、完整且符合逻辑的半结构。

（二）心理访谈内容

依据PERMA模式，从积极情绪、投入、人际关系、意义获得、积极成就5各方面对成员进行积极心理干预，以期提升个体幸福感水平。在每期的主题设计中，辅以测验法、参与法、讨论法、总结法等多种方法的应用，确保活动方案的正常实施和效果发挥。因此，访谈提纲的制订围绕在情绪、投入、人际关系、意义获得、积极成就等方面，从定性的角度了解积极心理干预对个体是否存在持续效果的影响。访谈问题以开放式回答为主，按照"阅读法"步骤，从什么时间？什么地点？谁？在哪里？发生了什么事？5个方面了解个体的主观感受。初步编制好访谈提纲后，对访谈提纲的评估采用专家法，通过心理咨询中心处心理咨询师交流，对其中的问题做更改，制订最后访谈。具体访谈提纲详见附录。

四、实验流程

（一）团体领导

由团体领导带领成员完成为期5周的团体活动，团体领导具备积极心理学相关知识。同时主试进行过专业团体辅导训练和实践，具备一定的团体经验。

（二）团体活动过程

第一步，分组。将招募到的60名大学生按随机分组原则，随机分为实验组和对照组。

第二步，前测。对60名被试进行前测工作。测试开始前，由主试清晰、明白地口述指导语。学生填写完毕后，统一回收问卷。

第三步，由两位主试，分别向实验组和被试组说明干预方案。

第四步，启动干预程序，实验组被试每周接受一次积极心理干预，每周进行不同主题方向的积极干预，共计持续5周。

第五步，后测。按计划完成积极心理干预后，对实验对照组进行后测。施测过程严格按要求进行。

第六步，追踪。积极心理干预结束后2个月，对实验组被试进行再次测量和半开放式访谈，检验积极心理干预是否存在持续性效果。

（三）干预效果评价

采用《综合幸福感量表》对干预前、干预后、干预后两个月进行施测，检测干预的对比效果。采用访谈提纲在两个月后对被试进行访谈，访谈内容围绕在对本次团体活动的感受和思考、干预方法的实践应用以及对本团体活动的建议等方面，以检验干预效果的持久性。

（四）统计分析

使用SPSS26.0统计软件处理数据：采用t检验、单因素ANOVA方差分析，对实验组、对照组进行幸福水平检验；从定量单因素方差分析和定性半结构化访谈评估干预对幸福感的有效性和持续性。

五、积极心理干预实验结果

（一）实验干预前实验组、对照组测试结果比较

为排除被试本身差异对实验结果的影响，在实验干预前对实验组、对照组被试进行同质性检验，使用《综合幸福感量表》对实验组和对照组的被试在幸福感干预之前进行问卷测验，获得数据结果为实验干预前的基线水平，如表7-9所示。两组被试在自我价值、生命活力、利他行为、正性情感、负性情感、生活满意度、健康关注、人格成长，自评幸福感得分均处在中间水平，p值大于0.05，实验组和控制组在实验干预开始前的前测中，幸福水平不存在显著差异，说明两组幸福水平是同等状态，若在实验干预结束后，二者的幸福水平表现出不同程度的差异，则可排除被试本身差异这一因素，认为是干预效果的影响。

表7-9 干预前测实验组对照组 t 检验结果

	实验组	对照组	F	T	p
自我价值	4.907 ± 0.614	5.147 ± 0.772	1.565	−1.333	0.188
生命活力	4.839 ± 0.693	4.628 ± 0.929	0.578	0.998	0.323
利他行为	5.080 ± 0.914	5.427 ± 0.753	1.612	−1.603	0.114
正性情感	4.289 ± 0.843	4.450 ± 1.062	1.605	−0.651	0.518
负性情感	1.994 ± 0.644	1.967 ± 0.728	0.128	0.156	0.876
生活满意度	4.620 ± 0.878	4.520 ± 0.851	0.186	0.448	0.656
健康关注	5.333 ± 0.618	5.300 ± 0.800	2.719	0.181	0.857
友好关系	5.267 ± 0.795	5.600 ± 0.965	0.958	−1.461	0.149
人格成长	4.726 ± 0.628	4.559 ± 0.548	1.666	1.095	0.278
自评幸福感	6.500 ± 1.137	6.167 ± 1.488	1.556	0.975	0.334

（二）实验干预后实验组、对照组测试结果比较

实验组、对照组被试经过不同的实验干预处理后，对实验组、对照组被试进行检验以验证积极心理干预效果，实验组结果如表7-10所示，对实验组进行幸福感干预后，实验组对照组被试在自我价值、生命活力、利他行为、正性情感、生活满意度、健康关注、友好关系、人格成长，自述幸福感维度上的T值为-6.410、-4.611、-5.125、-5.224、-3.289、-3.492、-4.338、-4.779、-2.333，其中生活满意度、健康关注的P值小于0.05，其他维度 p 值均小于0.001，并且实验后测成绩均大于前测，前后测之间的差异达到显著水平。结果说明积极干预心理干预方案的有效性，可以显著提升大学生的幸福感水平。

表7-10 干预后测实验组前后测t检验结果

	前测	后测	T	p
自我价值	4.907 ± 0.614	5.547 ± 0.890	-6.410	0.000
生命活力	4.839 ± 0.693	5.289 ± 0.780	-4.611	0.000
利他行为	5.080 ± 0.914	5.487 ± 0.932	-5.125	0.000
正性情感	4.289 ± 0.843	4.889 ± 0.730	-5.224	0.000
负性情感	1.994 ± 0.648	1.917 ± 0.797	0.383	0.704
生活满意度	4.620 ± 0.878	5.040 ± 0.881	-3.289	0.003
健康关注	5.333 ± 0.618	5.753 ± 0.696	-3.492	0.002
友好关系	5.267 ± 0.794	5.756 ± 0.696	-4.338	0.000
人格成长	4.726 ± 0.628	5.156 ± 0.696	-4.779	0.000
自评幸福感	6.500 ± 1.137	7.033 ± 1.273	-2.333	0.027

对照组中的被试未接受任何实验处理，在前后测的实验结果中在幸福感的各个维度上的 P 值均大于0.05，并未有显著差异（见表7-11）。

表7-11 干预后对照组前后测t检验结果

	前测	后测	T	p
自我价值	5.147 ± 0.772	5.227 ± 0.674	-0.849	0.403
生命活力	4.628 ± 0.929	4.806 ± 0.826	-1.805	0.081
利他行为	5.427 ± 0.753	5.440 ± 0.738	-0.127	0.900
正性情感	4.378 ± 0.844	4.189 ± 0.461	1.698	0.100
负性情感	1.967 ± 0.728	1.989 ± 0.761	-0.117	0.908
生活满意度	4.507 ± 0.823	4.587 ± 0.829	-0.828	0.415
健康关注	5.300 ± 0.800	5.233 ± 0.728	0.681	0.502
友好关系	5.600 ± 0.965	5.400 ± 0.868	1.709	0.098
人格成长	4.559 ± 0.548	4.541 ± 0.497	0.246	0.807
自述幸福感	6.167 ± 1.488	6.167 ± 0.289	0.000	1.000

（三）实验组追踪测试结果

为进一步验证干预是否存在持续影响，对实验前测、实验后测以及追踪测试结果进行单因素方差分析，得到结果如表7-12所示，在自我价值、生命活力、正性情感、健康关注和友好关系维度存在显著差异，进一步事后检验发现，在自我价值维度上，前测、后测、追踪测两两均存在显著差异；在生命活力维度上，后测显著大于前测，追踪测显著大于前测；在正性情感维度上，后测显著大于前测（p=0.006），追踪测显著大于前测（p=0.048）；在友好关系维度上，后测显著大于前测（p=0.010），追踪测显著大于前测（p=0.040）。通过进一步事后检验发现，在自我价值、生命活力、正性情感和友好关系维度上，积极干预表现出一定的持续效果影响。

表7-12 追踪测试实验组三次检验结果

	前测	后测	追踪测试	F	P
自我价值	4.907 ± 0.614	5.547 ± 0.890	6.342 ± 0.775	26.279	0.000
生命活力	4.839 ± 0.693	5.289 ± 0.780	5.228 ± 0.462	3.875	0.027
利他行为	5.080 ± 0.914	5.487 ± 0.932	5.227 ± 0.587	1.493	0.234
正性情感	4.289 ± 0.843	4.889 ± 0.730	4.717 ± 0.901	4.177	0.019
负性情感	1.994 ± 0.648	1.917 ± 0.797	1.806 ± 0.484	0.844	0.435
生活满意度	4.620 ± 0.878	5.040 ± 0.881	5.040 ± 0.604	2.768	0.068
健康关注	5.333 ± 0.617	5.753 ± 0.696	5.573 ± 0.406	3.876	0.024
友好关系	5.267 ± 0.794	5.756 ± 0.696	5.656 ± 0.491	3.844	0.025
人格成长	4.726 ± 0.628	5.156 ± 0.696	4.844 ± 0.636	3.454	0.036
自评幸福感	6.500 ± 1.137	7.033 ± 1.273	6.767 ± 0.774	1.823	0.168

（四）积极心理干预访谈结果

在积极心理干预结束后2个月对被试进行访谈，对本次活动做一个整体性评价，分享个人在活动中的体会感受。根据被试的访谈反馈，按照活动主题的方式做出呈现。

积极情绪作为衡量幸福感的重要指标，影响者个体的身心健康和幸福体验。在首次团体活动中，团体成员对彼此还不够熟悉，通过对团体活动性质的介绍熟悉团体活动流程、个体名片的制作、积极情绪的经验分享，增进组内成员对彼此了解的同时，增加了获得积极情绪的经验储备。在后续的追踪访谈中，1号被试说到"最近临近考试，会觉得有些焦虑，感到焦虑时我会做个计划表，并督促自己按时完成"，3号被试说到"听到其他同学分享，很有共鸣，我也有试过这种方法，让自己的生活充实起来，各种小情绪就不会乘虚而入了"。

5号被试说到"最近一段时间平淡多一些，和快乐的朋友在一起我发现也会被积极的情绪感染"。心流体验，强调人们专注做一件事情时所获得的积极感受，在本次活动设置中通过心流自测，个人分享的方式作为心流体验的活动主题。后续的追踪访谈中，被试对心流活动体验依然保持着较深的记忆，2号被试说到"在打游戏时会有这种非常专注的体验，通过这次的活动参与，才知道原来这是一种心流体验，还挺新奇的"。4号被试说到"作为动漫的爱好者，每次看自己喜欢的动漫，都会让我觉得时间过得特别快，可能做自己感兴趣的事情就会发生心流"。5号被试说到"最近网络有个热门词，叫沉浸式什么什么，比如沉浸式化妆、沉浸式吃播，还挺有意思的。这和我们之前学的心流有些像"。人际关系反映了人与人之间的链接，在幸福感知中具有其独特影响。通过角色演练、活动分享的方式设置本次活动主题。后续的追踪访谈中，7号被试说到"定期参加社团活动，让我认识了一些志同道合的朋友，和他们在一起时我很乐于打开心扉和他们交流"。8号被试说到"最好的朋友和自己不在一个学校，虽然距离比较远，但我们会定时联系，好朋友不管距离多远一直都在"。意义获得是支撑人继续前进的内部动力，本次活动以个体为主体，团体分享的方式进行。5号被试说到"日常上课，社团活动还有各种实践课，虽然一天的时间有限，但按照计划做事就不会慌"。10号被试说道"最近给自己制定了睡眠上的目标，到了什么时间就做什么事，慢慢养成习惯后我发现好像对生活有了些掌控感"。积极体验是个体回顾以往，获得快乐的源泉之一，通过画图、分享的方式完成本次活动。9号被试说到"想到有一堆作业要做时，会比较焦虑，尤其是刚开始的时候，后来真正开始做了反而没时间焦虑了，我觉得当你决定开始的时候，最困难的时候就过去了"。10号被试说到"前段时间准备小组汇报，不仅要做分享还要面对大家站在讲台上，有压力也有动力，每一次挑战对我来说都是一种自我突破"。通过被试参加活动后的访谈信息，可以看到成员在活动过程中的个人体会，个人成长，侧面证明积极干预方案的有效性，提升被试的幸福水平。

六、分析与讨论

积极心理干预幸福感实验的研究中，实验组被试幸福感水平有所提升，相较干预前测幸福感表现出一定差异性，在后续追踪测试结果中，追踪测试较后测、前测表现出一定差异性，积极心理干预效果表现出一定程度的持续性效果，进一步分析如下。

本次实验的积极心理干预方案遵循积极心理学倡导的理念，以PERMA幸福模式而设计。大学生处在人生发展的关键时期，不仅会面对学业方面的压力，还存在生活适应、人际交往、人生规划等多方面的问题困扰。以往心理干预多遵循传统心理学所倡导的观念，关注治疗大学生的负面情绪、抑郁焦虑等问题方面，而忽视个体潜在的积极力量。本研究更注重发现个体内在的心理资本与个体优势，在积极心理干预活动之中，学会全面、客观的看待自我存在，以接纳、积极的态度对待自己。通过创建在情绪方面的正向感知、福流方面的投入体验、人际关系的积极形成、意义与成就的确定等主题的活动方案，在参与积极性质的活动中，帮助青海少数民族大学生建立自身幸福感，提升了内在积极潜力，让青海少数民族大学生实践之并用之，解锁个人幸福密码。乾润梅认为，积极心理学理念对大学生幸福观念建构和健全人格发展具有积极的提升效果。[①] 由此，在大学生幸福教育

[①] 乾润梅.积极心理学及其在教育实践中的运用[D].华中师范大学，2006.

探索过程中，积极心理学的出现和发展丰富完善了现有途径，为幸福实现提供了多种可能。

积极心理干预中活动本身所有的创造性、开放性、探索性特点，加之参与者本身所处年龄阶段相似，经历相似，易诱发个体的共情之感，形成互相支持、深有感悟的团体氛围，看到他人的同时也是在看到自己。以幸福为主题的团辅活动，辅以多种活动形式，以创建故事情境、主题讨论分析、技能活动设置等方法实施活动，活动完成调动大学生多方面的资源储备，锻炼其多方面的能力，多样化活动设计，共情式团体氛围，在参与过程中有所收获，有所理解，对团体成员幸福感具备积极影响。

> 教育的首要任务是教给年轻人从正确的事情中寻找乐趣。
>
> ——柏拉图（公元前约400年）

第八章　青海少数民族大学生积极心理品质与心理健康水平的培育

"成为幸福的人"是对每个人美好的祝福，也是所有人的愿望。当今似乎"幸福"超越了"经济"成为人们关注的重点。如何成为一个幸福的人？20世纪末，在塞里格曼等人的大力倡导下，积极心理学运动给人们带来了新的理念。现在心理健康教育目标也不仅仅满足于心理问题的应对，更多的是激发和培育积极心理品质，促进人格的完善与生活的美好。

少数民族大学生是少数民族的优秀子弟，是国家和少数民族发展的希望和未来。他们在各民族文化多元一体的氛围中接受着现代高等教育，同时他们也深深地受着本民族文化的熏陶，耳濡目染地接受着主流文化和本民族文化的相交织的多元文化的影响，因此，他们拥有丰富的精神世界和对多元文化的感知能力，思想意识充满了时代特色、浓郁的民族和地域气息，这是他们的身心得到进一步和谐发展、能够承担起本民族发展的重要内在精神力量，深入挖掘其心理特点，不仅可以为各高校更好地为他们的成长提供有价值的教育支持和帮助有重要意义，而且也是少数民族大学生心理健康发展的需要，促进少数民族大学生积极心理品质的开发和成长显得尤为重要，本章主要介绍了培育少数民族大学生积极心理品质与心理健康水平的对策。

一、培育青海少数民族大学生积极心理品质的对策

青海省地处我国西部，是典型的多民族地区，少数民族大学生作为各民族成员的骨干与精英，他们积极心理品质情况关系着民族未来的发展，培育少数民族大学生积极心理品质，为民族发展、地区稳定具有现实意义。本节将对培育和提升青海少数民族大学生积极心理品质进行相关路径与策略的探索。

大学生是国家的人才，少数民族大学生更是少数民族的精英分子，承担着民族交流交往交融的重任，他们的身心健康关系着我国民族关系的健康良好发展，因此在保证少数民族大学生具有良好体魄和充足知识的同时，也要保证他们的心理健康。

（一）培养积极的自我认知

个体对他人的心理状态、行为动机和意向做出推测和判断的过程称之为社会认知，对自我状态的认知则被称之为自我认知。少数民族大学生的心理敏感程度较高，尤其是在综合类、非民族高校中。自我认知偏差是影响少数民族大学生心理健康的重要因素。因此，引导少数民族大学生形成正确的认知方式，构建积极的认知图式是少数民族心理健康教育的关键。少数民族大学生可以通过对比来对自我进行认知，由于个体间成长环境、教育方式的差别，对待同一件事物或同一件事的方式是存在个体差异的，并且对认知到的事物的解释方式也存在差异，通过比较才能更好地发现自身的优点，弥补自身存的在

不足。

首先，培养少数民族大学生积极情绪，指导少数民族大学生准确、积极地认知评价自我。每个人经历中既有愉悦的使人感到幸福的体验，也有消极的使人感到挫败的体验。这些经历都会影响积极心理品质的形成。愉悦的经历使我们越战越勇，满足感增强，感受到生活的价值，有助于形成积极的心理品质；但是，消极的体验，不同的个体会得到不同的结果。有的人可能遇到挫折一蹶不振，而有的人可能越挫越勇，经历的每一次挫折，对他们来说是一笔财富和经验。对少数民族大学生来说，要引导他们正确地对待过去体验到的消极情绪，总结经验和教训，勇于承认差距，并且尽可能地改进，为未来再次远航做准备。

另外，要培养少数民族大学生对生活的满足感，对自身目前的生活环境、学习环境、就业环境坦然面对，应引导少数民族大学生对于目前的生活保持较高的满意度。培养少数民族大学生以积极心态看待生活，充分享受生活的乐趣，鼓励少数民族大学生发展发明创造等各种业余爱好。对高校教育者来说，对少数民族大学生取得的成绩及时地肯定，对少数民族大学生的成长和进步进行鼓励，会使少数民族大学生认识到自己的价值所在。更重要的是，要采取方法改变悲观少数民族大学生的不良情绪，鼓励同学有问题找大家。很多少数民族大学生遇到问题，闷在心里，难以找到解决的突破口，采用记日记的办法使自己的情绪得到宣泄。合理地运用自我激励、克制、情感表露等方法进行情绪调节。所以，适时地引导少数民族大学生找到解决问题的办法，也就消除了消极情绪。这种方法多次运用，少数民族大学生形成一种积极乐观的态度，使其不后悔过去的每一天，对现在生活保持乐观，对未来充满希望的积极心理品质。

少数民族大学生对自我的正确认知是一切认知的基础，是认知其他事物的出发点。引导少数民族大学生形成积极的自我认知，要学习合理的社会比较，在社会当中人与人形成交往关系，他们观察、评价他人的行为和品质的同时并自检，以做到取长补短、完善自我。但自卑的同学总是看不到自身的长处，自大的同学看不到自己的缺点。因此，对高校心理辅导工作者来说，要引导少数民族大学生进行合理的比较，承认个体在家庭环境、个人经历、生理状况、个人品质等方面存在的差异的同时，无条件地接受自己的一切。这要求少数民族大学生理智、乐观开朗地对待自己的优劣势与得失成败，不消极回避自身的现状，要以发展的眼光看自己，不自欺欺人，也不自怨自艾，否定自己。要在肯定自我的基础上，培养自信、自立、自强的积极心理品质来发展自我。

其次，引导少数民族大学生树立恰当的目标与抱负水平。西方经济学家萨缪尔森提出了幸福方程式，幸福与需要的满足程度成正比。人的幸福感和人的需要的满足密切相关，无论是物质上的满足还是精神上的鼓励。当个体迫切的物质或精神上鼓励的需要得到满足时，则会产生积极的情绪，他的幸福感就会增强；而当个体的需要不能满足时，则会产生消极的抑郁、悲观、沮丧的情绪体验。因此，少数民族大学生物质及精神需要能否得到满足，是他们培养与形成积极心理品质的重要因素。受到社会经济发展水平和价值观等条件的制约，少数民族大学生在不同的时期有不同层次的需要，适当的阶段性需求的确立，会促成需求的满足。设立过高的、难于实现的物质或精神目标，只会增加负面情绪、增加挫败感，无助于形成积极的心理品质。而少数民族大学生由于社会阅历浅、刚步入社会，所经历的挫败少，因此容易产生高于实际的目标。因此，要对少数民族大学生进行正确的引导，要避免无抱负或者低抱负，也要避免过分追求完美，应确立与自身实际相当的抱负水平，并把近期目标和长远目标结合起来，制定合理的、适当的、可实现的目标，这有助于形成积极的心理品质。①

最后，正确归因，增强控制感。在学校情境中，学生常提出诸如此类的归因问题，如：我为什么成功或失败，为什么我考试总是考不过人家等。美国心理学家伯纳德·韦纳认为，人们对行为成败原因的分析可归纳为以下六个原因：能力，根据自己评估个人对该项工作是否胜任；努力，个人反省检讨在工作过程中曾否尽力而为；工作难度，凭个人经验判定该项工作的困难程度；运气，个人自认为此次各种成败是否与运气有关；身心状况，工作过程中个人当时身体及心情状况是否影响工作成效；其他，个人自觉此次成败因素中，除上述五项外，尚有何其他事关人与事的影响因素（如别人帮助或评分不公等）。把失败归因于主观因素会使人感到内疚和无助，把成功归因于客观因素，不利于个人成就动机的提高。因此，少数民族大学生在归因时，要特别努力避免这两种错误的归因模式，对自己的成败进行客观、冷静的分析，逐渐培养自己的控制感，摆脱无助感。

（二）体验积极的情绪情感

积极情绪即正性情绪或具有正效价的情绪，是个体由于内外部刺激、事件满足个体需要而产生的伴有愉悦感受的情绪。② 现代的健康理念认为，健康应同时包含身体健康、心理健康和社会适应。积极情绪与三者都存在关系。在生理健康方面，首先积极情绪能够降低传染性疾病的感染风险，其次它也能够影响非传染性疾病的病情、病程及

---

① 谷素华.关于培养大学生积极心理品质的思考[J].内蒙古师范大学学报（教育科学版），2014，27（07）：66-68.

② 郭小艳，王振宏.积极情绪的概念、功能与意义[J].心理科学进展，2007，15（05）：810-815.

死亡率。

在心理健康方面，首先积极情绪能够降低少数民族大学生心理问题的易感性，使少数民族大学生能够更好地应对压力和负性事件，其次，积极情绪能够消除挥之不去的消极情绪，纠正或消除消极情绪的后遗症。

在社会适应方面，首先积极情绪可以增加少数民族大学生的人际资源，其次有助于少数民族大学生更好地应对生活事件。[①] 少数民族大学生可以通过在适当时机培养积极情绪来应对消极情绪，从而改善心理健康和生理健康。同时积极情绪激发和促进了心理韧性。

心理韧性高的少数民族大学生对生活持有乐观、热情和充满活力的态度，对新的经历充满好奇，并且具有高积极情绪特征。重要的是，心理韧性强度高的少数民族大学生不仅能够培养自身的积极情绪来应对负性事件，而且他们还擅长在他人身上激发积极情绪，这创造了一种具有支持性的社会环境，有助于应对集体负性事件。因此，在面对此次新型冠状病毒肺炎，体验积极情绪是很有必要的。少数民族大学生可以通过品味策略来体验积极情绪。

延长和增强积极情绪体验的第一种方式是通过行为表现，即通过非言语行为表达积极情绪。研究表明，情绪的面部表情可能在情绪的主观体验中起到因果作用。[②] 第二种策略是努力活在当下，有意识地把注意力放在当下愉快的经历上。第三种策略是与他人交流和庆祝积极事件，这种策略也被称之为资本化。最后一种策略是，个体可以通过生动地回忆或预测积极的事件来进行积极的心理时间旅行。

---

① 董妍，王琦，邢采. 积极情绪与身心健康关系研究的进展[J]. 心理科学，2012，35（02）：487–493.

② Finzi E, Wasserman E. Treatment of depression with Botulinum Toxin A: A case series[J]. Dermatologic Surgery, 2006,（32）：645–650.

首先,培养少数民族大学生建立积极的和谐人际关系,提高学生的主观幸福感。学会与同伴沟通。一个学生在班里"人缘好",受到同学的欢迎和接纳,他就心情愉快,情绪振奋。这种愉快、振奋的情绪能增强他的活动能量,强化他的学习积极性,提高学习的效率。反之,人际关系不良,在同学中没有朋友,在班里受到孤立或排斥的学生则情绪低落、消沉,消极的情绪降低了他的心理活动能量。因此,学会与同伴沟通是少数民族大学生必须具备的一项重要技能。教师应该有针对性地设计团体活动,让少数民族大学生在活动中真实地感受和体验,明确交往的原则,掌握交往的技巧,同时改变不良的交往习惯,学会合作和共同进步,尊重不同民族的信仰习俗。随着人们对积极心理学的关注,学校及教师对积极心理学理论与技术的借鉴,少数民族大学生积极心理品质一定会得到更多的培养和提高。①

在从事学校心理健康教育实践中,我们注意到:绝大多数大学生的心理危机、心理困惑往往与缺乏正常人际交往或没有形成良好人际关系有关。如宿舍同学间的人际关系状况,直接决定着少数民族大学生对大学生活满意度。那些生活在没有形成良好人际关系的宿舍里的少数民族大学生,常常表现出压抑、敏感、自我防卫、难于合作的特点,生活满意度较低。相反,生活在人际关系和谐的宿舍里的少数民族大学生,则表现出热情、乐于助人,喜好交往、自尊、快乐等特点,生活满意度高,幸福感指数高。因而,少数民族大学生学习和掌握人际交往技巧和待人处世的能力直接关系到他们在校学习、生活的质量,也是影响他们今后走上社会工作岗位事业能否取得成功的重要因素。所以,少数民族大学生要拥有积极心态主动去交往,并运用交

---

① 甘英.培养学生积极心理品质打造学生幸福人生[J].科学咨询(教育科研),2012,(04):26-29.

往艺术和技巧不断学习和实践才能建立良好的人际关系，使自己成为一名幸福感很强的人。

其次，以积极乐观的应对态度正确认识挫折。俗话说月有阴晴圆缺，人有旦夕祸福，不可能事事顺心。因而困境是我们在学习生活中必然经历的际遇，挫折对于我们的人生之路来说是一种历练，面对挫折和困难，每个人都会有着自己的应对方式和解决办法，由于每个人对待挫折的态度不同，随之挫折对当事人带来的结果也各得其所，在有着积极心理品质的学生面前，也就能起到正能量的作用，成就其人生丰富阅历和宝贵财富，它能磨砺个人意志，从而发奋图强激励斗志使人走向成功。当然如果是起消极作用的话，也会给人以打击，引起挫折感，成为个人发展的绊脚石，击垮个人的意志力和自信。因此，少数民族大学生应该坦然接受生活中的挫折与不幸，将压力转化为动力，在承受和克服挫折的努力中发现自身不足，进而发挥潜力，学习新技能，逐步完善自我。幸福感的提升能让少数民族大学生产生积极的心理效应，这无论对个人还是对社会都是有益的，积极心理学充分体现了以人为本的思想，提倡积极人性论，目的是使所有人的潜能得到充分的发挥并生活幸福，促进少数民族大学生快乐健康地成长成才。[①]

最后，主动地创设能够产生积极情绪的环境。良好的环境能带给人们轻松愉快的心情，在这样的情绪状态下，个体的行为活动会更有激情和效率。著名心理学家Gross的情绪调节理论强调了环境对人的情绪的影响，并提出了情景选择、情景修正的调节策略。选择情景是指个体趋近或避开某些人、事件与场合以调节情绪，这是人们经常或

---

① 胡爱珍.培养大学生积极心理品质提高生活幸福感[J].黑河学刊，2014，（10）：73-74.

者首先使用的一种情绪调节策略，个体经常使用这种策略来避免或降低消极负情绪的发生，增加积极情绪体验的机会。情景修正是指应对问题或对情绪事件进行初步的控制，努力改变情景。这两种情绪调节策略都强调了人的主观能动性，表明个体可以通过选择情景和修正情景的策略进行情绪调节。虽然人们日常生活中所遇到绝大多数环境是难以改变的，但是这并不能说明人们在改变环境上是无能为力的。人类的生存与发展实质上也是通过其对所处环境的改变和加工实现的。因此，对于少数民族大学生而言，主动地去创设能够产生积极情绪的情景、环境，对调节自身情绪也是十分有效的。例如，少数民族大学生之间可以创办情感互助支持小组，或是可以倾诉、交流情感的网络社区或论坛等，通过类似这样的一些渠道、平台去排解消极的情绪。少数民族大学生共同创造起一个和谐友好的氛围，这样就会产生良性循环，潜移默化感染更多的人，积极的思维模式也就会随之产生，进而产生更多的积极情绪。

积极心理学研究表明，积极乐观的情绪是使学生快乐的重要途径之一。个体如果具有愉悦、乐观、满意等积极情绪，也就拥有较强的自我调节能力，能够较好地协调和控制自己的情绪。作为少数民族大学生，要学会充分利用自己的积极情绪，使自己在学习、生活和工作中取得更好的成绩。积极乐观的情绪体验，可以拓展他们的思维，消除消极的思维定势，使他们能够以积极的心态去面对学习、生活中的挫折与困难，以积极的姿态去迎接学习中的各种挑战，还可以很好地培养顽强意志和勇气。积极心理品质的培养既是一个行为过程，同时也是一个心理体验过程。少数民族大学生的主动参与和体验，主动关心自己的心理发展是发展优良个性品质的基础。

因此，积极心理品质的培养可以采用少数民族大学生自助式的教育方式，让少数民族大学生自己去选择感兴趣的，与自己身心发展相关的专题进行自助式研究，主动地获取更多的心理学知识，掌握解决心理问题的方法，使自己获得深刻的心理体验，促进自我心理水平的健康发展。少数民族大学生在自助研究的同时，也能够培养自己的注意力、自信心、意志力和积极的心态，学习调控情绪的方法和应对压力的方法等，形成被人喜欢的心理品质。另外，还可以通过集体演讲、角色扮演、游戏及心理拓展训练等方法增加少数民族大学生的心理体验，促进少数民族大学生的有价值的情绪体验、内在成长的积极动机、积极的人际关系、主观幸福感等积极的心理品质。①

（三）培养积极的特色教育

积极教育是一种新兴的教育理念，对传统教育模式进行了反思，并做了重新的定位。它立足于少数民族大学生外在和内隐的积极心理品质，主张以成长为准则，帮助少数民族大学生发掘自身的优秀心理品质，如内在的力量和美德等。积极教育提倡在实践活动中激发和培养学生的积极心理品质，把挖掘学生潜能作为出发点，帮助少数民族大学生把潜能转化为行为的动力。积极心理学视域下的教育，提倡鼓励学生，发现学生的优点和长处，发扬他们的优点，从而提升他们的心理素质。要针对少数民族大学生开展具有民族特色的积极教育，提炼少数民族文化中优秀的民族品质，发掘少数民族大学生优秀的道德品质，鼓励少数民族大学生在日常生活中使用自身的优秀品质与美德。

开放课堂，开设人生规划、职业规划课程。高校大学生思想政治教育中，存在许多选修的内容，学校应将这些选修的内容加以细化，使这些选修内容的功能更加明显，让少数民族大学生能按照自己的需

---

① 刘媛. 大学生积极心理品质的研究及培养[D]. 西安：西安电子科技大学，2013.

求进行选择。这种较为开放的高校大学生思想政治教育课堂能更好地发挥少数民族大学生的主观能动性，使少数民族大学生对思想政治教育的学习积极性得以提高。高校大学生思想政治教育与积极心理学的结合更能培养少数民族大学生的积极心理品质，提升少数民族大学生的积极力量。

目前一些大学已经开展了相应的大学生人生规划和职业规划课程，但很多学生反映这些课程流于形式，并没有实现应有的期待。所以，高校很有必要在实地调研的基础上，邀请社会上一些充满正能量的成功人士，亲自对大学生进行人生规划和就业讲座，使他们近距离感受成功人士的风采。通过他们的事迹和经验给自己带来思想上的共鸣和情感上的震撼，继而明确自己人生需努力的方向。"活动式、体验式"的教学模式有助于培养个体积极心理，学校应多创造实习机会，组织志愿者活动，使少数民族大学生拥有更多的社会实践机会，及早领悟自己在学校期间还需要掌握的技能，使他们更珍惜校园生活，同时在实习和志愿者活动过程中培养自己的勇气、担当和感恩等积极心理品质。

（四）改变现有心理健康教育模式

现有心理健康教育多为公共课模式，采取大班授课模式，主要以老师讲授为主，缺少师生间的互动与体验，面对学习生活中遇到的心理问题往往不能够起到实际帮助作用，使心理健康教育流于形式而未见成效。本研究探究了积极心理干预对青海少数民族大学生积极心理品质的影响，发现积极心理干预可以有效提升青海少数民族大学生整体积极心理品质水平，从而间接地提升他们的心理健康水平和抗压能力。以团体干预的形式进行心理健康教育，可以更好地打造沉浸式课堂体验，使少数民族大学生重复地参与其中，更为高效地提升心理健康水平。此外，积极心理干预也教会了少数民族大学生如何调节自身情绪，在课堂外也可以自主地进行心理健康教育，使心理健康教育不仅仅局限于课堂，而是随时随地发挥效用。

要着重关注少数民族大学生积极心理品质发展的个体差异，加强学校心理健康教育。根据高校不同专业大学生的特点，对不同年级、不同性别、不同民族、不同专业、不同家庭、不同成绩的少数民族大学生，进行分类指导与重点帮扶。例如，对于自卑的学生，可以对其进行团体辅导，也可以用皮格马利翁效应给其以积极关注。

培养少数民族大学生自我激励的心理。自我决定论认为，人生来就有追求成功和卓越的心理。教师应注重对少数民族大学生的言传身教，帮助他们进行人生理想的塑造，让他们形成自我激励的良性循环。引导他们多读多看励志书籍，用社会上充满正能量的事迹等来激发自己前行的斗志，要自立自强，胸怀希望，积极向上，发挥自己的积极品质才能成就梦想。

大学应针对不同专业少数民族大学生积极心理品质发展水平的不同，有针对性地开展心理健康教育课程，创设个体心理咨询服务，加强对少数民族大学生积极心理品质的培养和训练；针对少数民族大学生积极心理品质发展的个体差异，教育工作者应因材施教，制定相应的教育培养策略，如将积极品质的培养与课堂教学及其课后辅导相结合，课堂教学中通过建立互帮互助学习小组来加强少数民族大学生间的合作与交流，从而提高少数民族大学生的学习热情及兴趣；教师应对少数民族大学生积极心理品质发展较为薄弱的个体给予更多的关爱和帮助，通过课外的谈话或者给予适当的任务，有针对性地培养和发展少数民族大学生的积极心理品质。①

要想方设法保证少数民族大学生的生活需求，然后注重对学生综合素质和能力的培养，可组织专题讲座、交友活动、征文比赛等。最后要注意引导的重点，加强对新设专业学生的积极心理健康教育。要定期开展心理健康普查活动，增加形式多样的心理健康教育选修课程，开展团体辅导、心理素质拓展锻炼等活动。在活动开展过程中，要结合新设专业大学生的特点和实际情况，注意活动的多样性、新颖性和参与面，以促进其心理的健康发展。同时，还要给少数民族大学生树立榜样，以点带面。对于积极心理品质特别突出的少数民族大学生，应予以肯定和鼓励，并倡导广大学生向其学习。总之，就是要通过各种形式的活动来促进不同专业大学生积极心理品质的塑造。②

积极心理健康教育主张通过开发全脑潜能、减负增效，用发展来防治问题，以达到"奠基幸福有成人生"的最终目标，因此，培养积极心理品质是健康教育的核心任务。少数民族大学生积极心理品质的培养是一个系统工程，为此，积极心理健康教育应从微观和宏观两个方面进行全面、系统的设计。在微观方面，应设计各种品质培养活动和课程；在宏观方面，应系统实施"五步走"的方案。学校对学生积极心理品质的培养应借鉴各方面的优秀研究成果，如在苏文宁等提出的积极心理品质的培养方法中就有一些方法值得学习，如培育学生骨干，推进朋辈教育，这在高校学生中是可以应用的。当然，我们更应该根据具体的情况来制定培养方针，必须把"因材施教"放在首位，要根据学生的不同的特点来使用不同的培养方法。

---

① 崔美玉，周为，李海红.满族学生积极心理品质现状调查研究[J].内蒙古民族大学学报，2019，007（002）：54-60.

② 李雪萍.民族高校新设专业学生积极心理品质培养研究——以广西民族大学应用心理学专业为例[J].教育观察（上半月），2016，5（05）：12-14+144.

（五）健全少数民族大学生的社会支持体系，更好地促进积极心理品质发展

首先，从学校方面，针对少数民族大学生学业的规律与特点，大学教学课程应做出适当的调整。尤其在迈入大学另一转折点的高考阶段，高中学校应适时的开设积极心理学课程内容，使学生们初步理解与认知到积极心理学中所提出的人的价值与优点等理念。同时大学校园能创设良好的生活、学习环境，营造温馨的学校氛围，会给少数民族大学生一种安全感和归属感，这也有助于促进积极心理品质的发展。高校要采取措施更新教育理念，转变教学观念，改进教育方法，要充分体现人文关怀和科学发展精神，积极与少数民族大学生家庭加强联系与沟通。注重学校精神培育，它具体体现在校风、教风和学风上。好的校风能催人奋进，对少数民族大学生具有内在动力的激发作用；广大教师治学严谨的教风对少数民族大学生积极心理品质的形成会产生榜样和示范作用；勤奋、积极向上的优良学风不仅能增强少数民族大学生自主学习的主动性和积极性，还能促进少数民族大学生形成正确的人生态度和价值取向，这对少数民族大学生积极心理品质的发展和完善有着重要的积极作用。要改变以往重视理论忽视实践的做法，深入开展社会实践活动。让少数民族大学生走出校园，一方面可以避免少数民族大学生社会阅历浅、辨别能力弱的不足，通过社会实践，提高对现实社会的认知程度；另一方面，可以帮助少数民族大学生获取社会信息、了解社会人才的价值走向。少数民族大学生只有在实践中才能提高认识，提高分析问题、处理问题的能力。

其次，从家庭方面，父母作为孩子的监护人，不能只在物质方面满足子女的需求，更要给予其感情与精神等方面的支持，既要为孩子构建出良好的学习环境，又要用心、用爱去包容与理解孩子在成长过程中出现的各类身体与心理问题。父母或监护人要随时注意孩子的情绪变化，多与他们进行日常的沟通与交流。

最后，从社会层面要对少数民族大学生给予更多的关注与重视，并要通过各种方式来提升对少数民族大学生的社会支持水平。要加强财政投入力度，将各类资源进行整合，逐步改善少数民族大学生的学习与生活环境，或为少数民族大学生开设对应的补助金，使其在遭遇困难或挫折的时候，能够获取到来自社会层面的客观支持。高校相关部门应加大力度，全面有效落实国家助学金的评定办法，使需要得到帮助的少数民族大学生切实感受到国家对他们的关心和帮助，激发他们的仁爱和感恩心理。注重招考和录用公平，为少数民族大学生提供较多的工作机会，注意薪酬合理，使其劳动获得相应的报偿，帮助他们尽快适应社会的发展。加强对贪官污吏的惩罚和犯罪分子的打击，使社会公正公平理念深入人心，提高个体的安全感和对环境的满意度。树立良好的道德榜样和风清气正的社会舆论导向，使他们能够认同道德榜样，挖掘自身潜能，积极参与国家的各项建设，同时认可和践行社会主义核心价值观，为促进民族和谐贡献自己的力量。除此之外，政府或社区应当具备应有的功能性。同时，为形成良好的社会风气，应当进一步丰富针对少数民族大学生的文化活动，使少数民族大学生将自身的才艺展示出来，加强自身的自信心。①

二、青海少数民族大学生心理健康水平的提升与培育

大学生心理健康状况越来越受到社会各方面的广泛关注，大学生

---

① 朴国花. 朝鲜族留守初中生积极心理品质与学习倦怠的关系研究[D]. 延吉：延边大学，2019.

的心理问题已经成为社会关注的重点问题。大学生的心理健康教育面临着新形势、新任务，少数民族大学生心理健康更应该得到重视，进一步改进和加强少数民族大学生心理健康教育的呼声不断增强，少数民族大学生心理健康水平需要进一步得到提升和培育。

1946年，国际心理卫生大会将"心理健康"定义为"在身体、智能及情感上与他人心理健康不相矛盾的范围内，将个人心境发展成最佳状态"。主要侧重于将心理健康与个人的心理调适能力和发展水平联系在一起，当个体处于不同的内部或外部环境时还可以长时间正常、稳定的状态，是符合大学生的基本需求和年龄需求的。[1]心理健康教育是全面推进素质教育的内在要求。开展少数民族大学生心理健康教育工作是新形势下全面贯彻党的教育方针的重大举措，不仅对培养社会主义事业建设者和接班人，而且对我国少数民族地区的未来发展以及我国的民族团结均具有重大意义。

全面推进素质教育是党中央、国务院从我国社会主义事业兴旺发达和中华民族伟大复兴的大局出发做出的重大决定。为培养社会主义事业建设者和接班人，全面推进素质教育是其必然的重要工作目标。心理素质是人才素质的基础，大学生没有良好的心理素质便无法很好地完成学业，更无力承担未来建设祖国的责任，心理健康素养是学生个人成长发展的重要组成部分。从这个角度讲，心理素质直接影响大学生全面素质的提高，关系到中华民族的未来。

少数民族大学生是少数民族地区经济发展、社会进步的生力军，少数民族大学生的心理健康状况是事关少数民族地区经济发展、教育进步和文化繁荣的一件大事。近年来大学生的心理问题呈现出日益增

---

[1] 高黎.新时期少数民族大学生心理健康状况及对策分析[J].科教导刊（下旬），2019,（33）：176–177.

长的趋势[①]，少数民族大学生心理健康是高等教育的重要内容。大学时期是人的社会化或心理社会性发展的重要阶段。这一时期，大学生经历着从青少年向成年人的角色转换，而心理健康是他们顺利过渡的心理基础。因此，应积极关注少数民族学生的心理健康状况，采取多种措施，提出针对少数民族大学生的心理教育策略，努力提高少数民族大学生的心理健康水平，增强他们的心理素质。具体来讲，可以从以下几个方面努力优化心理健康教育。

（一）社会层面

我国大学生的心理健康教育虽然起步晚了一些，但后劲足、发展快。国家及政府对大学生心理健康日益重视，并出台了一系列政策和文件精神，如2011年制定《普通高等学校学生心理健康教育课程教学基本要求》、2013年开展全国高校心理健康教育示范中心培育建设试点工作，直接推动了高校对学生心理健康教育的关注和落实。从国家相继出台的一系列关于高校心理健康教育工作的相关文件可以看出，国家和社会越来越重视关注大学生的心理健康教育工作。少数民族大学生代表着我国少数民族地区的希望和未来，社会要关注少数民族大学生的心理压力，政策上给予帮扶，经济上给予支持，通过物质上的帮助增加少数民族大学生的安全感、归属感，从而抑制负面情感，提高他们的积极情绪和心理健康水平，将会在一定程度上对我国少数民族地区未来的发展产生深远的影响。

1.降低毕业难度，减轻学业压力

我国少数民族地区经济、文化、教育发展相对落后，使得少数民

[①] 蔡亚敏.大学生心理健康教育创新路径浅议[J].学校党建与思想教育，2016,(02)：90-91.

族大学生成为各类心理行为问题的易感人群。① 少数民族大学生的自我幸福感相比于汉族大学生较低，因为大学生的自我幸福感通常是努力与绩效带来的幸福感。但是由于语言方面的限制，少数民族大学生虽然勤奋努力，学业成绩还是会或多或少地受到影响，比不上汉族大学生的学业成绩。在学习英语、计算机等非本民族文化的其他学科上，少数民族大学生要比汉族学生面临更多的困难。少数民族聚居地基本处于物质匮乏、教育资源欠缺的地区，考上大学的他们在原来的地区是非常优秀的学生。然而在内地高校，绝大多数少数民族学生学业成绩平平，鲜少有成绩优异者，能够获取奖学金者更是寥寥无几②，心理上的落差难免会引起少数民族大学生的焦虑、抑郁以及挫败感，产生较大的心理压力。

关注少数民族学生的心理健康问题，国家也需要转换观念、与时俱进，创新心理健康教育新模式。为了帮助家庭贫困的少数民族大学生拿到奖学金，在学业成绩要求上，可以依据少数民族大学生的学习基础和特点，制定适合他们的课程考核标准。如普通师范类高校，可适当地降低普通话二级甲等证书作为授予学位条件的要求标准；对于英语基础较差的少数民族大学生，也可适当地降低授予学位的英语要求。③ 在实行国家助学金制度和国家励志奖学金制度时，应采取相应的措施和办法给予家庭贫困的少数民族大学生特殊照顾，可以拨出专款，定期为他们发放困难补助，或者帮助学生申请奖助学金等，最大

---

① 罗晓路.大学生心理健康教育的现状与对策[J].教育研究，2018，39（01）：112-118.

② 宋歌.对内地高校少数民族大学生心理健康教育的几点思考[J].黑龙江民族丛刊，2011,（03）：159-161+178.

③ 李明，龙晔生.内地高校新疆籍少数民族大学生心理健康因素分析[J].民族教育研究，2018，29（01）：76-82.

限度地对他们予以资助，以缓解他们的经济压力。

2. 完善就业机制，缓解就业压力

少数民族大学生人才培养与就业工作在中华民族振兴伟大事业中具有重要地位与作用，不断加大少数民族大学生人才培养的力度，不断提高少数民族大学生人才培养的质量，进一步加大扶持少数民族大学生就业的政策力度，不断引导少数民族大学生转变就业观念，牢固树立社会主义核心价值观和服务少数民族区域基层的理念，增强少数民族大学生自主创业和勇于参与国际竞争的信心与能力。

就业问题关系到少数民族大学生的切身利益，并不乐观的就业形势是造成大学生心理压力的一个重要因素。在实际就业过程中，由于少数民族的语言、风俗、宗教信仰等问题，相较而言，用人单位更愿意接受汉族就业者，上学负担重加上回报率低就严重打击到少数民族大学生的自信心。因此，社会各界要积极主动地为少数民族大学生提供更多的锻炼和就业机会，给予少数民族大学生更多的关爱与关注，积极搭建各种有利于少数民族大学生人才培养与就业的平台与机制。国家应该完善相关法律法规，增加法律的深度和广度，清除有碍公平的法律制度，增加对少数民族群体的救助途径，为少数民族大学生提供各方支持，以降低少数民族大学生的失业率、增加就业率，提高少数民族的整体素养，维持少数民族大学生积极、健康的心理水平，保证社会的和谐稳定。

（二）学校层面

少数民族大学生处于从少年向青年的转变过程中，心理上发育尚不完善，处理和解决问题的能力也相对薄弱，来到多民族杂居的大学校园，进入与本民族文化背景迥异的新环境，通常会比汉族大学生遇到更多的生活适应问题，进而导致心理问题的产生。对于少数民族大学生来说，处于一个陌生的环境，缺乏安全感、产生孤单、抑郁的消极情绪也是人之常情。良好和谐的人际关系是心理健康发展的重要条件之一，积极健康的人际交往有利于少数民族大学生的学习进步、个性完善和情绪稳定，也是少数民族大学生获得社会支持的重要途径，能够有效增强他们的主观幸福感。大学作为少数民族大学生的第二个家园，思想启蒙之所、情感依托之地，应给予少数民族大学生更多的关注与关怀，营造一个积极向上、充满人文情怀的校园氛围，提高他们的积极情绪。

1. 建立新生入学动态心理档案

为帮助少数民族大学生更好地适应大学生活，了解他们的心理健康状况，建立学生心理健康档案，以心理普查为基础，形成筛查、诊断、干预、服务、跟踪一体化的工作模式，对心理处于亚健康状态的同学主动关怀、定期回访，让其感受到学校的温暖、老师的关注，努力做好后期支持工作，并对问题较为严重的学生进行跟踪、帮助与干预，为学校开展心理健康教育工作提供可靠依据。通过心理健康普查工作，全面掌握学生心理特点与心理健康水平，有效地将可能存在心理问题的学生筛查出来，进行早期诊断与危机干预，有效地减少学生心理危机事件的发生，使心理健康教育工作做到有的放矢，为增强学生心理调适能力、更好地适应大学生活、培养良好的心理素质提供依据。

因此高校应建立大学生心理健康的预防检查机制。定期对少数民族大学生进行心理状态的检查，包括人生观、情感体验、人格特征等多方面的测试。测试的结果不仅可以让少数民族大学生了解到自己的心理状态并进行自觉的调整。学校和老师也可以及时掌握学生的心理情况，然后有针对性地给出建议和帮助，把一切不好的苗头消除在萌芽状态，真正起到"防微杜渐"的预防作用。其次，建立和完善以心理健康咨询档案为中心的全程跟踪制度。为了能及时掌握少数民族大学生的心理动态，必须加强针对性，建立和完善以心理健康咨询档案为中心的全程跟踪制度。这一制度通过对每一个学生建立完善而科学的心理健康咨询档案，及时发现需要关注的心理健康异常的少数民族大学生，并根据其异常情况采取针对性的教育措施，从而有效缓解其心理危机，提高心理健康教育的成效。

2. 加强民族文化教育

在对少数民族大学生进行心理健康教育时，首先应建立在特定的文化背景基础上，考虑到少数民族大学生所处的社会文化环境，在对特定民族心理健康状况、特征及影响因素准确把握的前提下，采用少数民族学生乐于接受的形式、内容和过程实施心理健康教育，逐渐形成民族化、本土化的教育思路。高校可以定期举办以"民族文化节"为主题的活动，给少数民族学生搭建一个展示其本民族文化和个人才艺的平台，在校内增设少数民族文化的介绍展板，让不同民族学生分享和交流自己民族的优秀文化，以促进不同民族学生相互交流、相互学习，加深同学们对不同民族文化的相互了解，增进彼此之间的相互尊重与欣赏，促进各民族同学之间的文化沟通与情感交流。这样的活动不但有助于少数民族学生增强自身的民族自豪感，而且有助于他们扩大交往圈子，改善人际交往环境，增强自信心。

尊重民族习俗，加强民族团结教育。各民族学生的和睦交往是民族文化交融认同的基础。认同水平是个体心理特征的核心因素，对自我、他人和社会的认同，是个体保持认知合理、情绪稳定、行为正常的前提，也是具备较高安全感的重要前提。所以高校平时应注重对全体师生进行民族团结教育，教师要多做功课，主动积累民族文化背景知识，了解某个民族的生活习惯、民族风俗、宗教信仰以及民族禁忌等。了解得越详细，越有利于增进理解、减少误会、提高沟通效率，就越有利于给少数民族大学生提供实实在在的帮助与辅导。要进行换位思考，少数民族大学生离开家乡，来到遥远又陌生的新环境学习，必定会有孤独、敏感的情绪。所以辅导员或者班主任要做到积极沟通，化解矛盾，及早消除不良情绪，主动去接触少数民族学生，及时了解他们的感受、想法，帮助他们以平稳的心态在校园中学习和生活。

3. 以团体辅导活动促进心理素质提升

心理健康素养的培育重在实践，心理健康教育活动能够实现理论与实践的结合，高校心理健康教育工作应该将心理类活动与课堂教学内容相契合。团体心理辅导是在团体的情境下进行的一种心理辅导形式，它是在特定的情景下，通过团体内人际交互作用，成员在共同的活动中彼此进行交往、相互作用，促使个体在交往过程中观察、学习、体验、认识、探索自我、调整、改善人际关系、诉说、解决生活中的问题，学习新的态度与行为方式。大学生所遇到的一些问题主要还是集中在人际交往、适应不良、焦虑抑郁等几个方面，这些问题大多不是特别严重的，只要对症下药、合理宣泄情绪就可以缓解压力。学校可以定期组织团体心理辅导活动利用团体成员间的互动，从而达到集思广益、互帮互助、减缓压力，改善心理健康水平的目的就是一条非常有效且有用的方式。

团体心理咨询活动丰富多彩，形式多样，生动有趣，可以为每一位少数民族大学生提供一个被尊重、保护、接纳以及被肯定的小环境，同时也容易降低少数民族大学生的心理防线，抓住他们的兴趣，吸引少数民族大学生主动参与。通过沙盘、绘画、放松训练、冥想等各种方式可以帮助少数民族大学生宣泄不良情绪，释放压力；可以在"优点轰炸"的活动过程中让学生体验被人称赞以及称赞别人的感觉，在绘画"我的自画像"过程中更加深入地了解自我、接受自我，在"价值拍卖"的过程中明确自己的目标和未来的规划。通过增加团体成员间的互动与交流，尝试与他人建立良好的人际关系，改善少数民族大学生对人际关系的适应并提高自我认知水平，学会人际交往技巧，进而构建良好的人际交往模式。

（三）网络层面

随着信息技术的发展，互联网已成为大学生学习生活紧密相连的一部分，并深刻地影响、改变着大学生的日常工作与交往。同时，也为少数民族大学生心理健康教育提供了前所未有的机遇，应充分利用网络的宣传作用，为心理健康教育的发展与改革拓展空间、丰富资源，提高效率。2018年，中共教育部党组印发了《高等学校学生心理健康教育指导纲要》[1]，提出了高校心理健康教育工作的具体要求，要求："创新宣传方式，主动占领网络心理健康教育新阵地，建设好融思想性、知识性、趣味性、服务性于一体的心理健康教育网站、网页和新媒体平台，广泛运用门户网站、微信、微博、手机客户端等媒介，宣传心理健康知识，倡导健康生活方式，提高心理保健能力。"

1. 充分运用新媒体技术

现在的大学生都是"00后"，他们出生于中国经济高速发展时期，物质丰裕、容易获得各种各样的新鲜资讯，思维更加灵活前卫，手机、电脑平板是当代大学生获取信息的主要媒介。[2] 在网络上他们可

---

[1] http://www.moe.gov.cn/.
[2] 马川. "00后"大学生心理健康水平的实证研究——基于近两万名2018级大一学生的数据分析[J].思想理论教育，2019，（03）：95-99.

以随时随地接收和获取各种信息，随心所欲地发布信息。由于网络的虚拟性、隐秘性，少数民族大学生更愿意在网络上表达自我，在网络上倾诉自己心中的苦闷、压力等不良情绪，对当前少数民族大学生心理健康教育工作产生了深刻影响。

大数据正在成为研究者观测人类个体和群体心理行为特征的重要资源。[①] 大数据技术具有效率高，针对性强，快速便捷等特点，能够打破传统研究方式的局限性，直观而又快速地得到大学生心理健康的分析结果，省时省力，而且既有利于掌握学生整体心理状况，也有利于掌握个体心理状况，为高校心理健康教育提供了新的建设思路。[②] 如在个体心理状况筛查方面，通过对接入的大数据平台数据的统计分析，能及时筛查出少数民族大学生个体的异常行为，形成初步判断，及时提醒教育者关注，教育者以低成本或零成本进行学生心理信息纵向历史比对和横向现实比对，最后得出心理调整或干预方案。

由于互联网的虚拟性、保密性和开放性的特点，少数民族大学生更容易在网络上放下戒备、暴露自己的真实情感，更愿意通过新媒体自由地获取所需的心理健康知识，更愿意通过手机完成学校规定的心理测评、获得心理咨询帮助，甚至在社交媒体上能互相讨论、彼此吐槽。所以学校心理健康教育工作者可以通过大数据分析，通过心理系统的使用情况、朋友圈、微博、微信、空间等上网情况，近期在网络上搜索和关注的主题等掌握学生的心理动态。利用网络向少数民族大学生传播心理知识，还可以在互联网上建立心理健康在线教育的网站，并应针对不同的心理问题创设不同的处理板块，如求学、恋爱、

---

① 刘欢.大数据背景下大学生心理健康教育创新探讨[J].法制博览，2017，(34)：246.

② 肖烟云.大数据时代高校大学生心理建设思路创新——以福建农林大学安溪茶学院校区为例[J].海峡科学，2017，(10)：75-76+86.

就业、人际及在线咨询、心理测试及专家问答等。另外，开展针对性的个别心理辅导，如设立心理咨询热线、心理咨询信箱等，在给少数民族大学生提供帮助的同时保护隐私，可以有效减轻少数民族大学生接受心理健康教育的心理压力。① 因此，应当为少数民族大学生的心理健康提供新的平台，以促进心理健康教育效果的提高。

2. 拓宽心理健康教育的途径

传统的大学生心理健康教育往往局限于小小的教室里，开展心理健康教育课程、面对面心理咨询、心理讲座、心理活动等，这样的心理健康教育途径过于单一，无法满足互联网时代下大学生的实际心理需要。② 而在互联网的环境下，少数民族大学生的心理健康教育摆脱了时间和空间的限制，不管是校内、校外随时随地都能获取知识和帮助，扩大了心理健康教育的覆盖面。另外，在互联网的新时代下，要求学校心理健康教育工作者利用先进的信息技术手段制作适合现代学生获取的心理健康教育产品，向学生传播心理知识，提供心理咨询服务，少数民族大学生也可以通过网络去获取自己所要了解的特定心理健康知识和信息，满足了教学过程中对更多信息的需要。

在心理健康教育内容、途径、方法的选择上，要跟上时代的潮流和特色。首先，创新宣传方式，主动占领网络心理健康教育新阵地，建设好集思想性、知识性、趣味性、服务性于一体的心理健康教育网站、网页和新媒体平台，广泛运用门户网站、微信、微博、手机客户端等媒介，宣传心理健康知识，倡导健康生活方式，提高心理保健能力。其次，利用大数据分析少数民族大学生对心理健康教育活动的喜

---

① 方黛春.高校心理健康教育协同创新路径研究[J].职教通讯，2014,（17）：70-72.
② 丁闽江."互联网+"背景下的大学生心理健康教育工作路径探析[J].锦州医科大学学报（社会科学版），2019, 17（01）：57-61.

好和接纳程度，组织开展符合少数民族大学生心理需求的活动，并根据少数民族大学生的需求向他们主动推送活动信息。最后，充分发挥少数民族大学生的创新潜能，组织开展优秀的心理短片的征集、心理情景剧展演、团体心理活动等①，发挥学生主体作用，创造更加到位的心理健康教育内容，通过丰富多彩的心理健康教育活动，让少数民族大学生在活动中发展人际关系、培育心理健康素质。

3. 结合"线上+线下"丰富心理健康教育的内容

网络平台的新型心理健康教育模式，是借助网络的媒介平台，多种形式、多样化地进行心理健康知识宣传、心理健康测试、心理诊断和网上心理咨询等项目的心理健康教育过程。通过"线上+线下"相结合的模式可以丰富心理健康教育的活动形式和活动内容。如线下举办心理健康教育活动月时，线上可以同时开展不同主题的心理健康宣传教育的公益广告，以及心理健康知识竞赛等；在"5·25"大学生心理健康节活动中，线下宣传"爱我自己"的理念，组织开展各种有益于少数民族大学生身心健康的文体活动和心理素质拓展活动，线上则充分利用广播、影视、动漫等媒介组织学生共同观看或者鼓励学生自主创作心理短剧小视频等，并给予一定的奖励，增强心理健康教育的吸引力和感染力，提高学生参与活动的积极主动性。

网络是一个巨大的信息库，能够为师生提供取之不尽、用之不竭的信息资源，少数民族大学生可以根据自身情况，自由地在网络上搜索、选择适合的内容学习；学校也可以通过监控学生在网络上的搜索情况，重点跟踪搜索过如"自杀""抑郁"等敏感词条的学生，以便及时给予帮助，进一步的开展咨询。通过"线上+线下"相结合的方

---

① 徐国成.大数据背景下大学生心理健康教育的创新路径[J].北华大学学报（社会科学版），2018,（06）：140-144.

式，一方面可以帮助少数民族大学生丰富日常生活，促进人际交往，减轻心理负担；另一方面也可以使心理健康教育以一种更加生动、丰富、形象的方式展现出来，鼓励少数民族大学生主动地了解、学习心理健康知识，帮助学生正确地对待心理健康问题，提升心理调适能力，最大限度地调动少数民族大学生的积极性与主动性，效果也会事半功倍。

4. 小结

提升少数民族大学生心理健康是一项系统工程，既要发挥少数民族大学生自身的主体作用，又要整合社会、学校、家庭等各方面的支持力量。对于少数民族大学生这个特殊群体来说，怎样使心理健康教育工作更见成效，不但需要注重大局，还要把握细节。运用心理学的理论、方法和技术，针对各个民族的特点，开展多种形式的心理健康教育和咨询服务活动，普及心理卫生知识，辅导和帮助他们解除各种心理困扰，提高社会适应能力，优化人格，提高他们的整体心理健康水平。从近期目标看，这些方法和措施有利于提升少数民族大学生的生活满意度和幸福感；从长远目标看，对于未来加速发展我国少数民族区域以及促进我国各民族关系的稳定与和谐，具有十分重要的意义。总之，在我国多民族文化背景下，随着人口流动和文化交流步伐的快速推进，提升少数民族大学生的心理健康素质水平，是高校必须高度重视的重要工作；也是构建中华民族文化认同，增强中华民族向心力和凝聚力，促进民族团结和社会稳定等方面高校必须担当的重要责任。

三、幸福干预策略

（一）培养积极的思维方式，减少过度思虑

人类并不是被动的经历生活中发生的事情，相反所有的生活事件都是经过个人的认知加工[①]，因此可以说每个人生活在自己的主观世界之中。Sonja认为，客观环境因素（收入、环境ect）对人类幸福感影响较小，其原因在于一系列不同的心理过程调节了事件、生活环境和人口因素对幸福感的影响，理解幸福，须从理解维持或增强持久幸福的认知和动机过程角度出发。在Lyubomirsky的研究中发现，不同经验的个体面对生活中的事件会有不同的解释风格，以一种有助于强化其各自情感倾向的方式来解释、记忆和体验真实和假设的生活事件。[②] 快乐的个体以一种以积极的应对方式面对生活事件，而不快乐的人反而会采用悲观的方式解读，同时这也强化了他们的不快乐和消极的自我看法。不快乐的人更容易沉湎于消极或模糊的事件，如此深入的沉思可能会耗尽认知资源，从而带来各种负面后果，这可能会进一步加剧不快乐。因此，通过有意识的练习，主动培养积极的思维方式感知和建构生活环境更利于幸福感的获得，同时将反省反思意识应用到利于个人发展方面，减少不必要的精神内耗，鼓励在令人失望的事情发生后分散注意力，同时面对负性事件采用幽默的化解方式，把从负面事件中获得的积极体验编入记忆中，强化系统的积极思维。

（二）制订合适的目标——唤起个人主动性

目标与幸福感的获得也有不同程度的影响，当（1）个人目标与

[①] Scarr S. Persons in context: How genotypes and environments combine: development and individual differences[M]. 1989.

[②] Lyubomirsky S. Why are some people happier than others? The role of cognitive and motivational processes in well-being[J]. American psychologist, 2001, 56（3）: 239.

生活目标相一致；（2）目标与自我需要和内在动机一致；（3）目标可行现实；（4）契合当下的文化背景；目标与幸福感之间的联系为确定了合适的目标。首先目标的制订具备现实基础，具备一定的可行性，为目标的进一步施行提供了前提；其次要结合当下的时代背景和主流文化，契合当下背景的目标在个人努力下更有大背景的支持；最后制定目标更倾向于内部动机，如社会贡献、个人成长方面，平衡生活目标和个人目标之间的关系，对目标持全面、客观的态度更利于个体幸福感提升。

（三）化积极个人定位，谨防"内卷"

"内卷"是新流行的网络流行语，原指一类文化达到最终模式时，既无法保持原有状态，也不能向新状态过渡，而只能在内部愈演愈杂的现象。而后经网络流传，尤其是引起了青年一代的共鸣，用来代指非理性的内部竞争或"被自愿"竞争。（内卷是什么意思？校级词典）资源有限，付出的努力更多，但得到的回报却更少，活得越来越累。无论是对于个体而言，还是相对于整个社会，面对"内卷"都是一项挑战。在对积极和消极对象的对照实验研究中支持这样一种观点，快乐和不快乐的个体以一种有助于强化其各自情感倾向的方式来解释、记忆和体验真实和假设的生活事件。积极快乐的个体更倾向于谨慎地看待社会比较信息，并有选择地使用它来保护他们的幸福和自尊；面对生活中的正面或负面事件，积极的个体都能从正向的角度看待，或是从负面事件中汲取经验，或是从正向事件中谈及对个人带来的改变。总之，这些发现表明，快乐的人比不快乐的人以更积极的方式感知、评估和思考同一事件。当这种感觉和经历在一生中反复出现时，快乐和不快乐的人可能能够分别保持（甚至促进）他们的快乐和不快乐。因此，自媒体应鼓励或阻止不恰当的社会比较或自我反思等行为

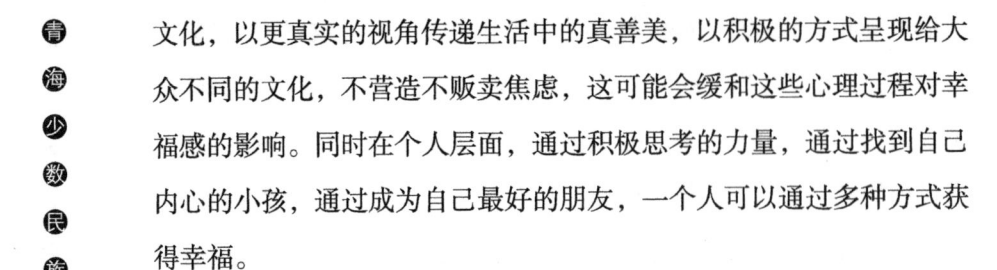

文化，以更真实的视角传递生活中的真善美，以积极的方式呈现给大众不同的文化，不营造不贩卖焦虑，这可能会缓和这些心理过程对幸福感的影响。同时在个人层面，通过积极思考的力量，通过找到自己内心的小孩，通过成为自己最好的朋友，一个人可以通过多种方式获得幸福。

参考文献

[1] Seligman M, Rashid T, Parks A C. Positive Psychotherapy[J]. American Psychologist, 2016, 61: 772-788.

[2] Sin N L, Lyubomirsky S. Enhancing well-being and alleviating depressive symptoms with positive psychology interventions: Apractice-friendly meta-analysis[J]. Journal of Clinical Psychology, 2009, 65（5）: 467-487.

[3] 段文杰, 卜禾.积极心理干预是"新瓶装旧酒"吗?[J].心理科学进展, 2018, 26（10）: 13.

[4] Rich. Positive psychology: An introduction[J]. JHUMPSYCHOL, 2001.

[5] AlexLinley P, Joseph S, Harrington S, et al. Positive psychology: Past, present, and（possible）future[J]. Journal of Positive Psychology, 2006, 1（1）: 3-16.

[6] Csikszentmihalyi M. Legs or Wings? A Reply to R.S.Lazarus[J]. Psychological Inquiry, 2003, 14（2）: 113-115.

[7] 崔丽娟, 张高产.积极心理学研究综述——心理学研究的一个新思潮[J].心理科学, 2005,（02）: 402-405.

[8] 邵迎生.对积极心理学学科定义的梳理和理解[J].华东师范大学学报（教育科学版）, 2008, 26（003）: 54-59.

[9] 张倩, 郑涌.美国积极心理学介评[J].心理学探新, 2003, 23（003）: 6-10.

[10] 翟贤亮,葛鲁嘉.积极心理学的建设性冲突与视域转换[J].心理科学进展,2017,25(2):8.

[11] Cohen S, Alper C M, Doyle W J, et al. Positive emotional style predicts resistance to illness after experimental exposure to rhinovirus or influenza A virus[J]. Psychosomatic Medicine, 2006, 68(6): 809-815.

[12] Ostir G V, Goodwin J S, Markides K S, et al. Differential Effects of Premorbid Physical and Emotional Health on Recovery from Acute Events[J]. Journal of the American Geriatrics Society, 2010, 50(4): 713-718.

[13] Watanuki S, Kim Y K. Physiological responses induced by pleasant stimuli[J]. Journal of physiological anthropology and applied human science, 2005, 24(1): 135-138.

[14] 宋宝萍,于小强,王珂.积极心理学的起源与人本主义心理学的关系探析[J].现代医用影像学,2013,22(06):557-563.

[15] 方舒.试论人本主义治疗理论与积极心理学的治疗观[J].山西师大学报(社会科学版),2012,39(S1):151-153.

[16] 谷子菊.积极心理学:对传统心理学的继承和超越[J].牡丹江教育学院学报,2009,(05):95-96.

[17] Seligman M E, Csikszentmihalyi M. Positive Psychology: An Introduction[J]. American Psychologist, 2000, 55(1): 5-14.

[18] 王婷婷.青少年积极心理品质评价研究综述及教育启示[J].上海教育科研,2018,000(003):58-63.

[19] 李自维.大学生积极品质评价与心理健康教育相应模式研究[D].重庆:西南大学.

[20] Gillam J, Adams-Deutsch Z, Werner J, et al. Character strengths predict subjective well-being during adolescence[J]. The Journal of Positive Psychology, 2011, 6（1）: 31-44.

[21] Cummins R A, Nistico H. Maintaining Life Satisfaction: The Role of Positive Cognitive Bias[J]. Journal of Happiness Studies, 2002, 3（1）: 37-69.

[22] Weinstein, Neil D. Unrealistic optimism about future life events[J]. Journal of Personality & Social Psychology, 1980, 39（5）: 806-820.

[23] Gross J J.The emerging filed of emotion regulation: An integrative review[J]. Review of General Psychology, 1998,（2）: 271-299.

[24] Pandey, Rakesh. Emotion and Health: An overview[J]. SIS Journal of Projective Psychology & MentalHealth, 2010, 17（2）: 135-152.

[25] 周东滨.积极心态：和谐社会构建中的重要心理要素[J].内蒙古师范大学学报（教育科学版）, 2010,（01）: 79-81.

[26] Kashdan T B, Ciarrochi J. Mind fulness, Acceptance, and Positive Psychology: The Seven Foundations of Well-Being[J]. 2013.

[27] Seligman M, Rashid T, Parks A C. Positive Psychotherapy[J]. American Psychologist, 2016, 61: 772-788.

[28] Gruber J, Mauss I B, Tamir M. A Dark Side of Happiness? How, When, and Why Happiness is Not Always Good[J]. Perspectives on Psychological Science, 2011, 6（3）: 222-233.

[29] Isgett S F, Fredrickson B L.The role of positive emotions in

positive psychology. The broaden-and-build theory of positive emotions. [J].American Psychologist, 2004, 359 (1449) : 1367-1377.

[30] Tim, Lomas, Kate, et al. The LIFE Model: A Meta-Theoretical Conceptual Map for Applied Positive Psychology[J].Journal of Happiness Studies, 2015, 16 (5) : 1347-1364.

[31] Crossan M, Mazutis D, Seijts G. In Search of Virtue: The Role of Virtues, Values and Character Strengths in Ethical Decision Making[J]. Journal of Business Ethics, 2013, 113 (4) : 567-581.

[32] Mcgovern T V, Miller S L. Integrating Teacher Behaviors with Character Strengths and Virtues for Faculty Development[J].Teaching of Psychology, 2008, 35 (4) : 278-285.

[33] Banicki, Konrad. Positive psychology on character strengths and virtues. A disquieting suggestion[J]. New Ideas in Psychology, 2014, 33: 21-34.

[34] 张婵.青少年积极品质的成分、测量及其作用[D].长春：东北师范大学, 2013.

[35] 李自维, 张维贵.当代大学生积极品质探析——基于积极心理学视野下的调查分析[J].河南社会科学, 2011, 19 (06) : 119-121.

[36] 刘媛媛.大学生积极心理品质模型构建及培养途径研究[D].天津：天津大学.

[37] Quoidbach J, Wood A M, Hansenne M. Back to the future: the effect of daily practice of mental time trave linto the future on happiness and anxiety[J]. Journal of Positive Psychology, 2009, 4 (5) : 349-355.

[38] Page K M, DAVella-Brodrick. The Working for Wellness Program: RCT of an Employee Well-Being Intervention[J]. Journal of Happiness Studies, 2013, 14（3）: 1007-1031.

[39] Seligman M E P, Csikszentmihalyi M. Positive Psychology: An Introduction[J]. Americ Psychologist, 2000, 55（1）: 5-14.

[40] Emmons R R, Mccullough A E. Counting blessings versus burdens: an experimental investigation of gratitude and subjective well-being indaily life[J]. Journal of Personality&Social Psychology, 2003, 84（2）: 377-89.

[41] Daniel B, Hurley, et al. Results of a Study to Increase Savoring the Moment: Differential Impacton Positive and Negative Outcomes[J]. Journal of Happiness Studies, 2011, 13（4）: 579-588.

[42] Bryant, Fred. Savoring Beliefs Inventory（SBI）: A scale for measuring beliefs about savouring[J]. Journal of Mental Health, 2009, 12（2）: 175-196.

[43] Blass E M. The Psychobiology of Curt Richter[M]. Baltimore: YorkPress, 1976.

[44] Kurtz J L. Looking to the Future to Appreciate the Present: The Benefits of Perceived Temporal Scarcity[J]. Psychological Science, 2010, 19（12）: 1238-1241.

[45] Seligman M, Rashid T, Parks AC. Positive Psychotherapy[J]. American Psychologist, 2016, 61: 772-788.

[46] 姜子云, 谭顶良. 积极心理学背景下儿童积极思维的研究进展[J]. 西北师大学报（社会科学版）, 2018.

[47] Feldman D B, Dreher D E. Can Hope be Changed in 90

Minutes? Testing the Efficacy of a Single-Session Goal-Pursuit Intervention for College Students[J].Journal of Happiness Studies, 2012, 13（4）：745-759.

[48] Cheavens J S, Feldman D B, Gum A, et al. Hope Therapy in a Community Sample：A Pilot Investigation[J]. Social Indicators Research, 2006, 77（1）：61-78.

[49] 陈海贤, 陈洁.希望疗法：一种积极的心理疗法[J].桂林师范高等专科学校学报, 2008,（01）：121-125.

[50] 刘孟超, 黄希庭.希望：心理学的研究述评[J].心理科学进展, 2013, 21（003）：548-560.

[51] Stone N J, Horn L V. Therapeutic life style change and Adult Treatment Panel III：evidence then and now[J]. Current Atherosclerosis Reports, 2002, 4（6）：433-443.

[52] Oxford University Press. The Oxford Dictionary. London/NewYork：Oxford University Press（2006）.

[53] Carver C S, Scheier M F, Segerstrom S C. Optimism[J]. Clinical Psychology Review, 2010, 30（7）：879-889.

[54] Shapira L B, Mongrain M. The benefits of self-compassion and optimism exercises for individuals vulnerable to depression[J].The Journal of Positive Psychology, 2010, 5（5）：377-389.

[55] Seligman M E P. Learned optimism：How to change your mind and your life[M]. Vintage, 2006.

[56] Tansey T N, Smedema S, Umucu E, et al. Assessing college life adjustment of students with disabilities：Application of the PERMA framework[J]. Rehabilitation Counseling Bulletin, 2018, 61（3）：131-

142.

[57] Layous K, Nelson S K, Kurtz J L, et al. What triggers prosocial effort? A positive feedback loop between positive activities, kindness, and well-being[J]. The Journal of Positive Psychology, 2017: 1-14.

[58] Events P. What Do You Do When Things Go Right? The Intrapersonal and Interpersonal Benefits of Sharing Positive Events[J]. Journal of Personality&Social Psychology, 2004, 87（2）: 228-45.

[59] 苗元江, 朱晓红, 龚继峰, 等.积极心理治疗: 理论与应用[J].中小学心理健康教育, 2009（06）: 4-7.

[60] 孙晓杰.从积极心理干预研究探讨主观幸福感的提升途径[J].沈阳大学学报（社会科学版）, 2014,（06）: 831-834.

[61] 邵鹏飞, 范晓琪, 李世洁, 等.基于积极心理学的中学生心理问题认知干预研究[J].中国学校卫生, 2018, 02（v.39; No.290）: 133-135.

[62] 李婷婷, 刘晓明.对普高生和中职生品格优势的纵向干预研究[J].应用心理学, 2016, 22（03）: 245-254.

[63] 段文杰, 卜禾.基于优势的干预实验及其机制研究——以改善大学新生心理健康的干预为例[J].2021,（2018-6）: 42-51.

[64] 孙翠勇, 张瑞芹, 罗艳艳.感恩干预对医学生医师职业精神的影响[J].医学与哲学, 2018, 039（001）: 49-51.

[65] 陈慧瑜.团体感恩干预提升高中生主观幸福感的研究[D].武汉: 华中师范大学.

[66] 闫欣.感恩干预对初中生心理理论和亲社会行为的提升作用[D].西安: 陕西师范大学, 2016.

[67] 李静，李荣，张会敏，等.感恩干预对社区老年高血压病人自我管理水平的影响[J].护理研究，2017，（31）：163-166.

[68] 刘琴，张圆，查勇，等.感恩情绪干预对癌症病人健康促进的影响[J].护理研究，2015，29（29）：3674-3675.

[69] 王睿，张瑞星，康佳迅.积极心理干预对大学生手机成瘾的影响效果研究[J].现代预防医学，2018，45（09）：5.

[70] 侯典牧，刘翔平，李毅.基于优势的大学生乐观干预训练[J].中国临床心理学杂志，2012，（01）：124-128.

[71] 项漪.初中生乐观心理的影响因素及干预研究[D].南昌：江西师范大学.

[72] 何瑾，樊富珉，程化琴，尚思源，陶塑.希望干预改善大学新生学习适应的效果[J].中国临床心理学杂志，2015，23（04）：750-755.

[73] 李永慧.大学生希望特质团体心理辅导干预效果评价[J].中国学校卫生，2019，40（01）：134-137.

[74] 李超，吴昱臻，李冬梅，丁旭东.积极心理团体辅导促进初中生师生关系的干预实验[J].中国健康心理学杂志，2018，26（09）：386-1390.

[75] 刘海鹰.改善青少年亲子关系的干预研究[D].济南：山东师范大学，2007.

[76] 孔荣，牛群会.大学生恋爱关系质量提升的团体心理辅导效果[J].山西高等学校社会科学学报，2019，31（04）：79-82.

[77] Burton C M, King L A. The health benefits of writing about intensely positive experiences[J]. Journal of Research in Personality, 2004, 38（2）：150-163.

[78] Wing J F, Schutte N S, Byrne B. The effect of positive writing onemotional intelligence and life satisfaction[J]. Journal of Clinical Psychology, 2010, 62（10）: 1291-1302.

[79] Layous K, Nelson S K, Lyubomirsky S. What Is the Optimal Way to Deliver a Positive Activity Intervention? The Case of Writing About One's Best Possible Selves[J]. Journal of Happiness Studies, 2013, 14（2）: 635-654.

[80] Seligman M, Steen T A, Park N, et al. Positive Psychology Progress: empirical validation of interventions[J]. Am Psychol, 2005, 60（5）: 410-421.

[81] Quinlan D, Swain N, Vella-Brodrick D A. Character Strengths Interventions: Building on What We Know for Improved Outcomes[J]. Journal of Happiness Studies, 2012, 13（6）: 1145-1163.

[82] Shapiro S L, Jazaieri H, Sousa S D. Meditation and Positive Psychology[M]. 2016.

[83] Quoidbach J, Wood A M, Hansenne M. Back to the future: the effect of daily practice of mental time travel into the future on happiness and anxiety[J]. Journal of Positive Psychology, 2009, 4（5）: 349-355.

[84] 郭玉芳, 王鑫鑫, 王霜霜, 张静平.基于微信地积极心理干预对护士工作倦怠及工作绩效的影响[J].护理学杂志,2019,34（08）: 1-3.

[85] 张小艳.大学生积极心理品质与心理健康状况调查及干预研究[D].重庆：重庆师范大学，2013.

[86] 刘海虹.北京市青少年运动员积极心理品质的干预研究——

以首都体育学院附属竞技体校学生为例[D].首都体育学院，2018.

[87] Hofmann S G, Asnaani A, Vonk IJJ, et al. The Efficacy of Cognitive Behavioral Therapy: A Review of Meta-analyses[J].Cognitive Therapy & Research, 2012, 36（5）: 427-440.

[88] Kazantzis N, Luong H K, Usatoff A S, et al. The Processes of Cognitive Behavioral Therapy: A Review of Meta-Analyses[J]. Cognitive Therapy & Research, 2018.

[89] Layous K, Chancellor J, Lyubomirsky S, et al. Delivering happiness: translating positive psychology intervention research for treating major and minor depressive disorders[J]. JAltern Complement Med, 2011, 17（8）: 675-683.

[90] Cohn M A, Fredrickson B L. In search of durable positive psychology interventions: Predictors and consequence of long-term positive behavior change[J]. J Posit Psychol, 2010, 5（5）: 355-366.

[91] Fredrickson B L, Cohn M A, Coffey K A, et al. Open Hearts Build Lives: Positive Emotions, Induced Through Loving-Kindness Meditation, BuildConsequential Personal Resources[J]. Journal of Personality & Social Psychology, 2008, 95（5）: 1045-62.

[92] Deci, E L, &Ryan, R M, The "what" and "why" of goal pursuits: Human needs and theself-determination of behavior[J]. Psychological Inquiry, 2000, 11（4）: 227-268.

[93] 孟万金, 官群.中国大学生积极心理品质量表编制报告[J].中国特殊教育, 2009,（08）: 71-77.

[94] 熊会芳.当代大学生积极心理品质现状及其培育路径研究[D].长沙：长沙理工大学，2016.

[95] 高晓雷，高蕾，白学军，王永胜.藏族大学生心理健康及教育对策研究[J].西藏大学学报（社会科学版），2015，30（03）：187-193.

[96] 刘媛.大学生积极心理品质的研究及培养[D].西安：西安电子科技大学，2013.

[97] 陈志方，沐守宽.大学生积极心理品质状况调查与分析[J].黄冈师范学院学报，2012，32（02）：43-44.

[98] 罗涤，李颖.高校留守大学生积极心理品质研究[J].中国青年研究，2012,（08）：83-87.

[99] 郭玉芳，张娜，张静平.农村与城镇生源护生积极心理品质及影响因素比较[J].中国公共卫生，2013，29（07）：1041-1045.

[100] 林静，涂巍.大学生积极心理品质与应对方式，领悟社会支持的关系[J].中国健康心理学杂志，2015，23（02）：225-228.

[101] 齐小飞.退役军人的正念与幸福感之间关系：情绪调节和心理弹性的链式中介作用[D].开封：河南大学，2021.

[102] 郭小艳，王振宏.积极情绪的概念、功能与意义[J].心理科学进展，2007，15（05）：810-815.

[103] 董妍，王琦，邢采.积极情绪与身心健康关系研究的进展[J].心理科学，2012，35（02）：487-493.

[104] Finzi E, Wasserman E. Treatment of Depression with Botulinum To xin A：A Case Series[J]. Dermatologic Surgery，2006，32（5）：645-650.

[105] 杨玉娟.大学生存在焦虑对心理幸福感的影响：基本心理需要和网络自我表露的中介作用[D].烟台：鲁东大学，2021.

附　录

附录一：量表

量表一《中国大学生积极心理品质量表》

同学你好：

这是一份心理调查问卷。用于研究大学生的心理整体现状，以无记名方式填写，对您不会有任何不利影响，请如实回答。拜托同学花点时间认真完成，不要漏答（丢题），也不要一个题目有两个答案，保证数据的真实有效，非常感谢你的合作！

第一部分：基本情况

1. 你的专业

2. 你的性别

3. 你的民族

4. 你是否独生子女：①是 ②否

5. 你的家庭所在地：①牧区 ②农村 ③乡镇 ④县城 ⑤城市 ⑥半农半牧

6. 你的家庭经济状况：①很好②较好③一般④较差

7. 你父亲的受教育情况：①未受教育 ②小学 ③中学或中专 ④大学及大学以上

8. 你母亲的受教育情况：①未受教育 ②小学 ③中学或中专 ④大学及大学以上

第二部分

量表一《中国大学生积极心理品质量表》

序号	题项	
1	我经常花时间参加教育类的活动	1非常像我 2比较像我 3一般 4比较不像我 5非常不像我
2	对于眼前的事情我总是从多个角度考虑	1非常像我 2比较像我 3一般 4比较不像我 5非常不像我
3	面对激烈的反对意见时,我总能坚持自己的立场	1非常像我 2比较像我 3一般 4比较不像我 5非常不像我
4	我总是信守诺言	1非常像我 2比较像我 3一般 4比较不像我 5非常不像我
5	当我犯错误时我总会承认	1非常像我 2比较像我 3一般 4比较不像我 5非常不像我
6	我热爱学习新鲜事物	1非常像我 2比较像我 3一般 4比较不像我 5非常不像我
7	我总是看到事物的多个方面	1非常像我 2比较像我 3一般 4比较不像我 5非常不像我
8	在不同的环境中,我知道如何把握自己	1非常像我 2比较像我 3一般 4比较不像我 5非常不像我
9	在朋友眼里,我做事情比较客观	1非常像我 2比较像我 3一般 4比较不像我 5非常不像我
10	在我的生活中有人关心我的感情和幸福就像关心他们自己的一样	1非常像我 2比较像我 3一般 4比较不像我 5非常不像我
11	别人的善举会让我感动	1非常像我 2比较像我 3一般 4比较不像我 5非常不像我
12	当我听到别人极为慷慨的举动时我会激动不已	1非常像我 2比较像我 3一般 4比较不像我 5非常不像我
13	我总是忙于有趣的事情	1非常像我 2比较像我 3一般 4比较不像我 5非常不像我
14	当我听到新鲜的事物会兴奋	1非常像我 2比较像我 3一般 4比较不像我 5非常不像我

续表

序号	题项	
15	我是一个有目标的人	1非常像我2比较像我3一般4比较不像我5非常不像我
16	当有人情绪低落时，我会不怕麻烦让他们振作起来	1非常像我2比较像我3一般4比较不像我5非常不像我
17	有很多人愿意接受我的缺点	1非常像我2比较像我3一般4比较不像我5非常不像我
18	不管是谁，我都会平等对待	1非常像我2比较像我3一般4比较不像我5非常不像我
19	我有能力让小组中的不同成员很好合作	1非常像我2比较像我3一般4比较不像我5非常不像我
20	当我看到美丽的事物会有很深的情感体验	1非常像我2比较像我3一般4比较不像我5非常不像我
21	我每天至少反省一次	1非常像我2比较像我3一般4比较不像我5非常不像我
22	不管面临什么挑战，我都会对将来满怀信心	1非常像我2比较像我3一般4比较不像我5非常不像我
23	我对世界总是充满好奇	1非常像我2比较像我3一般4比较不像我5非常不像我
24	每天我都找机会去学习和发展	1非常像我2比较像我3一般4比较不像我5非常不像我
25	尽管遇到阻碍，我也会把事情坚持做完	1非常像我2比较像我3一般4比较不像我5非常不像我
26	我很擅长制定小组活动计划	1非常像我2比较像我3一般4比较不像我5非常不像我
27	我从来不会吹嘘我的成就	1非常像我2比较像我3一般4比较不像我5非常不像我
28	我能接受别人过去的错误，让他们重新开始	1非常像我2比较像我3一般4比较不像我5非常不像我
29	我对许多不同的活动感到兴奋	1非常像我2比较像我3一般4比较不像我5非常不像我

续表

序号	题项	
30	我是一个真正的终身学习者	1非常像我 2比较像我 3一般 4比较不像我 5非常不像我
31	我总是知道别人做事的动机	1非常像我 2比较像我 3一般 4比较不像我 5非常不像我
32	我的承诺值得信赖	1非常像我 2比较像我 3一般 4比较不像我 5非常不像我
33	无论我的家人和亲密的朋友做什么事情，我都会爱他们	1非常像我 2比较像我 3一般 4比较不像我 5非常不像我
34	在过去的一天里，我花了半个小时去反省自我	1非常像我 2比较像我 3一般 4比较不像我 5非常不像我
35	我的朋友们说我有许多与众不同的新想法	1非常像我 2比较像我 3一般 4比较不像我 5非常不像我
36	我总是坚持我的信念	1非常像我 2比较像我 3一般 4比较不像我 5非常不像我
37	在我的生活中，我总能感觉到爱的存在	1非常像我 2比较像我 3一般 4比较不像我 5非常不像我
38	对我来说，在我的小组中维持融洽的关系非常重要	1非常像我 2比较像我 3一般 4比较不像我 5非常不像我
39	每次行动之前我都会三思	1非常像我 2比较像我 3一般 4比较不像我 5非常不像我
40	我按照自己的信念塑造自我	1非常像我 2比较像我 3一般 4比较不像我 5非常不像我
41	在令人沮丧的情形中我也能保持幽默	1非常像我 2比较像我 3一般 4比较不像我 5非常不像我
42	我总是愿意给别人机会赔礼道歉	1非常像我 2比较像我 3一般 4比较不像我 5非常不像我
43	深思熟虑是我的一个特点	1非常像我 2比较像我 3一般 4比较不像我 5非常不像我
44	我的想法新颖	1非常像我 2比较像我 3一般 4比较不像我 5非常不像我

续表

序号	题项	
45	我擅长觉察别人的感觉	1非常像我2比较像我3一般4比较不像我5非常不像我
46	我对生活有着成熟的看法	1非常像我2比较像我3一般4比较不像我5非常不像我
47	我的朋友们总说我是一个强有力且公平的领导者	1非常像我2比较像我3一般4比较不像我5非常不像我
48	我知道我能够达成我自己制定的目标	1非常像我2比较像我3一般4比较不像我5非常不像我
49	对我来说让我自己享受快乐是很容易的事情	1非常像我2比较像我3一般4比较不像我5非常不像我
50	我的朋友们都知道我的想象力	1非常像我2比较像我3一般4比较不像我5非常不像我
51	即使我有不同意见，我也会尊重我的小组领导	1非常像我2比较像我3一般4比较不像我5非常不像我
52	我是个很小心谨慎的人	1非常像我2比较像我3一般4比较不像我5非常不像我
53	回首我的生活，我会发现许多令我感激的事情	1非常像我2比较像我3一般4比较不像我5非常不像我
54	别人认为谦虚是我的一个最显著的特点	1非常像我2比较像我3一般4比较不像我5非常不像我
55	对我来说，尊重小组的决议是重要的	1非常像我2比较像我3一般4比较不像我5非常不像我
56	没有人曾经用骄傲自大形容我	1非常像我2比较像我3一般4比较不像我5非常不像我
57	别人认为我很公正	1非常像我2比较像我3一般4比较不像我5非常不像我
58	我容易同别人分享情感	1非常像我2比较像我3一般4比较不像我5非常不像我
59	在我的生活中，我得到了许多祝福	1非常像我2比较像我3一般4比较不像我5非常不像我

续表

序号	题项	
60	大家知道我有良好的幽默感	1非常像我 2比较像我 3一般 4比较不像我 5非常不像我
61	人们用富有风趣来形容我	1非常像我 2比较像我 3一般 4比较不像我 5非常不像我
62	当有人对我不好时，我设法去理解他们	1非常像我 2比较像我 3一般 4比较不像我 5非常不像我

量表二《生活满意度量表》

1.我生活中大多数方面接近我的理想

○非常不同意 ○不同意 ○有点不同意 ○中立 ○有点同意 ○同意 ○非常同意

2.我的生活状态是很好的

○非常不同意 ○不同意 ○有点不同意 ○中立 ○有点同意 ○同意 ○非常同意

3.我对自己的生活感到满意

○非常不同意 ○不同意 ○有点不同意 ○中立 ○有点同意 ○同意 ○非常同意

4.迄今为止我的生活中得到了我想要的重要东西

○非常不同意 ○不同意 ○有点不同意 ○中立 ○有点同意 ○同意 ○非常同意

5.如果我能重走人生之路，我几乎不想改变任何东西

○非常不同意 ○不同意 ○有点不同意 ○中立 ○有点同意 ○同意 ○非常同意

量表三《积极情感量表》

1. 活跃的

○轻微或根本没有 ○有一点 ○中等程度 ○很强烈 ○非常强烈

2. 充满热情的

○轻微或根本没有 ○有一点 ○中等程度 ○很强烈 ○非常强烈

3. 快乐的

○轻微或根本没有 ○有一点 ○中等程度 ○很强烈 ○非常强烈

4. 兴高采烈的

○轻微或根本没有 ○有一点 ○中等程度 ○很强烈 ○非常强烈

5. 兴奋的

○轻微或根本没有 ○有一点 ○中等程度 ○很强烈 ○非常强烈

6. 自豪的

○轻微或根本没有 ○有一点 ○中等程度 ○很强烈 ○非常强烈

7. 欣喜的

○轻微或根本没有 ○有一点 ○中等程度 ○很强烈 ○非常强烈

8. 精力充沛的

○轻微或根本没有 ○有一点 ○中等程度 ○很强烈 ○非常强烈

9. 感激的

○轻微或根本没有 ○有一点 ○中等程度 ○很强烈 ○非常强烈

量表四《抑郁—焦虑—应激量表》部分题项

1. 我觉得很难让自己安静下来

○一点不符合 ○部分符合 ○大部分符合 ○非常符合

2. 我感到口干舌燥

○一点不符合 ○部分符合 ○大部分符合 ○非常符合

3. 我完全不能积极乐观起来

○一点不符合○部分符合○大部分符合○非常符合

4. 我感到呼吸困难，不做运动也感到气促

○一点不符合○部分符合○大部分符合○非常符合

5. 我发现很难主动去做事

○一点不符合○部分符合○大部分符合○非常符合

6. 我容易对周围环境反应过敏

○一点不符合○部分符合○大部分符合○非常符合

7. 我曾感到颤抖（如手发抖）

○一点不符合○部分符合○大部分符合○非常符合

8. 我时常感到神经紧张

○一点不符合○部分符合○大部分符合○非常符合

9. 我担心自己可能因为恐慌而出洋相

○一点不符合○部分符合○大部分符合○非常符合

10. 我觉得自己对将来很失望

○一点不符合○部分符合○大部分符合○非常符合

11. 我感到自己变得焦虑不安

○一点不符合○部分符合○大部分符合○非常符合

12. 我感到很难放松下来

○一点不符合○部分符合○大部分符合○非常符合

13. 我感到消沉和沮丧

○一点不符合○部分符合○大部分符合○非常符合

14. 我无法容忍任何妨碍我继续工作的事情

○一点不符合○部分符合○大部分符合○非常符合

量表五 综合幸福问卷

指导语：欢迎您参加本次调查，请仔细阅读每个问题，并且把您的答案填在对应的位置，回答没有正确与错误之分，每个问题只能选择一个答案，请按照您的实际情况回答，谢谢合作！

A：请用下面的评价尺度，描述您的情况（A1-38题）

1——2——3——4——5——6——7

明显　不符合　有些　介于　有些　符合　明显
不符合　　　不符合　中间　符合　　　符合

A1 我的生活大多数方面与我的理想吻合

○明显不符合○不符合○有些不符合○介于中间○有些符合○符合○明显符合

A2 我的生活状况良好

○明显不符合○不符合○有些不符合○介于中间○有些符合○符合○明显符合

A3 我对我的生活满意

○明显不符合○不符合○有些不符合○介于中间○有些符合○符合○明显符合

A4 到目前为止，我得到了我在生活想要的重要的事情

○明显不符合○不符合○有些不符合○介于中间○有些符合○符合○明显符合

A5 回首往事，能够感受到生活的意义和人生的圆满

○明显不符合○不符合○有些不符合○介于中间○有些符合○符合○明显符合

A6 了解并接受自己

○明显不符合○不符合○有些不符合○介于中间○有些符合○符

合○明显符合

　　A7 能够根据自己的意愿选择行为方式，而不受外界影响

　　○明显不符合○不符合○有些不符合○介于中间○有些符合○符合○明显符合

　　A8 不断超越自我，取得更大、更多的成就

　　○明显不符合○不符合○有些不符合○介于中间○有些符合○符合○明显符合

　　A9 理解自己所做事情的价值与意义

　　○明显不符合○不符合○有些不符合○介于中间○有些符合○符合○明显符合

　　A10 我可以自由的决定我的生活

　　○明显不符合○不符合○有些不符合○介于中间○有些符合○符合○明显符合

　　A11 我能够自由的表达我的思想与感情

　　○明显不符合○不符合○有些不符合○介于中间○有些符合○符合○明显符合

　　A12 在我的生活中，经常有人约束我的行为

　　○明显不符合○不符合○有些不符合○介于中间○有些符合○符合○明显符合

　　A13 在我的生活中，我能感觉到我的存在

　　○明显不符合○不符合○有些不符合○介于中间○有些符合○符合○明显符合

　　A14 在我的生活中，并没有太多的机会让我自己做决定

　　○明显不符合○不符合○有些不符合○介于中间○有些符合○符合○明显符合

A15 我觉得我是一个有价值的人，至少与别人一样

○明显不符合○不符合○有些不符合○介于中间○有些符合○符合○明显符合

A16 我觉得我具有许多优良的品质

○明显不符合○不符合○有些不符合○介于中间○有些符合○符合○明显符合

A17 我与大多数人一样，能够把事情做好

○明显不符合○不符合○有些不符合○介于中间○有些符合○符合○明显符合

A18 我对自己持肯定态度

○明显不符合○不符合○有些不符合○介于中间○有些符合○符合○明显符合

A19 总的来说，我对自己比较满意

○明显不符合○不符合○有些不符合○介于中间○有些符合○符合○明显符合

A20 我充满活力与激情

○明显不符合○不符合○有些不符合○介于中间○有些符合○符合○明显符合

A21 我常常感觉到我的精力旺盛好像要爆发出来

○明显不符合○不符合○有些不符合○介于中间○有些符合○符合○明显符合

A22 我的精力非常充沛，精神状况很好

○明显不符合○不符合○有些不符合○介于中间○有些符合○符合○明显符合

A23 我期望着投入每一天新的生活

○明显不符合○不符合○有些不符合○介于中间○有些符合○符合○明显符合

A24 我的感觉很灵敏，情绪很活跃

○明显不符合○不符合○有些不符合○介于中间○有些符合○符合○明显符合

A25 我浑身上下充满着力量

○明显不符合○不符合○有些不符合○介于中间○有些符合○符合○明显符合

A26 我拥有可以依靠的朋友

○明显不符合○不符合○有些不符合○介于中间○有些符合○符合○明显符合

A27 我拥有可以信赖的朋友

○明显不符合○不符合○有些不符合○介于中间○有些符合○符合○明显符合

A28 我拥有亲密、持久的朋友

○明显不符合○不符合○有些不符合○介于中间○有些符合○符合○明显符合

A29 在人们需要的时候，不计报酬的提供帮助

○明显不符合○不符合○有些不符合○介于中间○有些符合○符合○明显符合

A30 为社会美好而努力奋斗

○明显不符合○不符合○有些不符合○介于中间○有些符合○符合○明显符合

A31 为世界变得更加美好而工作

○明显不符合○不符合○有些不符合○介于中间○符

合○明显符合

A32 帮助人们改善他们的生活状况

○明显不符合○不符合○有些不符合○介于中间○有些符合○符合○明显符合

A33 在别人需要的时候帮助他们

○明显不符合○不符合○有些不符合○介于中间○有些符合○符合○明显符合

A34 保持身体健康

○明显不符合○不符合○有些不符合○介于中间○有些符合○符合○明显符合

A35 拥有健康与活力

○明显不符合○不符合○有些不符合○介于中间○有些符合○符合○明显符合

A36 保持良好的健康水平

○明显不符合○不符合○有些不符合○介于中间○有些符合○符合○明显符合

A37 没有疾病

○明显不符合○不符合○有些不符合○介于中间○有些符合○符合○明显符合

A38 保持健康的生活方式

○明显不符合○不符合○有些不符合○介于中间○有些符合○符合○明显符合

B：请使用下面的评价尺度，评估您最近1个星期的情绪情况（B1–B12题）

1 —— 2 —— 3 —— 4 —— 5 —— 6 —— 7

没有时间　　　　　一半时间　　　　　所有时间

B1 愤怒

B2 高兴

B3 耻辱

B4 爱

B5 忧虑

B6 愉快

B7 嫉妒

B8 内疚

B9 感激

B10 快乐

B11 悲哀

B12 自豪

C：使用下列标准，评价在整个生活中你的幸福/痛苦体验

1 —— 2 —— 3 —— 4 —— 5 —— 6 —— 7 —— 8 —— 9

非常　很痛苦　痛苦　　有些　居于　有些　幸福　很幸福　非常
痛苦　　　　　　　　　痛苦　中间　幸福　　　　　　　　幸福

后 记

本书系国家社会科学基金"十三五"规划教育学青年课题"青海少数民族大学生积极心理品质与心理健康水平的动态测评与促进研究"（CMA170246）研究成果。各章节完成人分别为：第一章为陈永涌；第二章为陈永涌；第三章为陈永涌；第四章为陈永涌、任梓荣；第五章为苏静；第六章为陈永涌、殷中钺；第七章为陈永涌、高群；第八章为张一、李艺。感谢通讯评审专家霍涌泉教授、王鉴教授、刘旭东教授、李美华教授、李晓华教授等学者的鉴定及修改建议。感谢徐洁、张娟、张一和李艺同学承担了繁重的统稿任务。根据评审专家的修改建议，我又对全部文稿进行了增加、改写和完善。

此项研究得以完成，首先要感谢青海师范大学高原科学与可持续发展研究院给予的资助，还要感谢青海师范大学教育学院和社会科学处给予的关心和支持。在进行实际调查和成果撰写的过程中，我们得到了许多人的热心帮助，参考、引用了大量已有的研究成果。借此机会，我们对帮助过此项研究的人和所引用的成果的作者们表示衷心的谢忱。也十分感谢中央民族大学出版社周雅丽编辑的精细加工。没有国家社会科学基金和青海师范大学的大力支持，本书的出版很可能还要推迟。

回首审视，感叹，感动，感恩。

感谢所有的遇见！

陈永涌

2024年1月于西宁